Private Elemente in der Strafvollstreckung

Schriften zum Strafrecht und Strafprozeßrecht

Herausgegeben von Manfred Maiwald

Band 77

PETER LANG
Frankfurt am Main · Berlin · Bern · Bruxelles · New York · Oxford · Wien

Lena Barbara Kötter

Private Elemente in der Strafvollstreckung

Zur Privatisierung von Bewährungshilfe, Gerichtshilfe und gemeinnütziger Arbeit

PETER LANG
Europäischer Verlag der Wissenschaften

Bibliografische Information Der Deutschen Bibliothek
Die Deutsche Bibliothek verzeichnet diese Publikation in der Deutschen Nationalbibliografie; detaillierte bibliografische Daten sind im Internet über <http://dnb.ddb.de> abrufbar.

Zugl.: Göttingen, Univ., Diss., 2003

D 7
ISSN 0938-6181
ISBN 3-631-51904-4

www.peterlang.de

Meiner Familie

Vorwort

Die vorliegende Arbeit ist im Wintersemester 2002 / 2003 von der Rechtswissenschaftlichen Fakultät der Georg-August-Universität Göttingen als Dissertation angenommen worden. Die Untersuchung wurde im März 2002 abgeschlossen. Tatsächliche Gegebenheiten, Rechtsprechung und Literatur konnten bis einschließlich März 2002 berücksichtigt werden.

Zunächst gebührt mein herzlicher Dank meinem Doktorvater und langjährigen Chef, Herrn Professor Dr. Jörg-Martin Jehle, der mich beim Erstellen dieser Arbeit durch zahlreiche konstruktiv-kritische Diskussionen sehr unterstützte. Für die sehr zügige Erstellung des Zweitgutachtens sei Herrn Professor Dr. Manfred Maiwald sehr herzlich gedankt. Ihm gilt als Herausgeber der Schriftenreihe „Schriften zum Strafrecht und Strafprozessrecht“ auch mein besonderer Dank für die Aufnahme dieser Arbeit in die Schriftenreihe.

Darüber hinaus bin ich allen Kollegen und Freunden zu Dank verpflichtet, die mir mit Anregungen, kritischer Lektüre und technischem Rat geholfen haben, die Arbeit in der vorliegenden Form zu erstellen. Insbesondere möchte ich Herrn Priv. Doz. Dr. Axel Dessecker danken, der mir geduldig und immer gesprächsbereit mit motivierendem Rat zur Seite gestanden hat.

Es ist mir ein besonderes Anliegen, mich auf diesem Wege auch bei all denjenigen zu bedanken, ohne die mein Untersuchungsvorhaben nicht hätte gelingen können. Namentlich bin ich vor allem Herrn Ministerialdirigent Bölter (Justizministerium Baden-Württemberg), Frau Richterin am OLG van Hoove (Justizministerium Niedersachsen), Herrn Justizangestellten Strubel (Justizministerium Mecklenburg-Vorpommern) und den Herren Kaufmann und Rosenberg (Neustart Österreich) zu großem Dank für ihre unbürokratische Hilfe verpflichtet.

Mein größter Dank gebührt meiner Mutter und Christoph, die mich in jeder Phase meiner Ausbildung vorbehaltlos bei der Verwirklichung meiner Ziele unterstützt haben und in schwierigen Zeiten immer an meiner Seite standen.

Mainz im Januar 2004 Lena Barbara Kötter

INHALT

„Ich kann freilich nicht sagen, ob es besser werden wird, wenn es anders wird; aber soviel kann ich sagen: Es muss anders werden, wenn es gut werden soll.“
Georg Christoph Lichtenberg (1742-1799)[1]

1. Teil: Einführung in das Thema

Kap. 1 Die Privatisierungsdebatte in Deutschland

In den vergangenen Jahrzehnten ist der Wohlfahrtsstaat durch überhand nehmende staatliche Regelungen und Vorsorgen, den weitgehenden Steuer- und Wirtschaftsinterventionismus sowie das Wuchern von Bürokratie zunehmend in die Kritik geraten.[2] Das Bewusstsein, dass ein Übermaß an staatlicher Fürsorge und Gängelung allmählich zu einem Stillstand in vielen Bereichen führen und im übrigen auf Dauer angesichts knapper öffentlicher Kassen auch nicht bezahlbar sein würde, hat maßgeblich dazu beigetragen, dass die Privatisierung öffentlicher Einrichtungen in den vergangenen Jahren nicht nur vermehrt in die Diskussion geraten ist[3] sondern Privatisierungen z.T. schon konkret geplant oder bereits durchgeführt worden sind.

So erfolgte die Privatisierung der *Deutschen Post* schrittweise durch die Postreformen von 1989 und 1994, die der *Deutschen Bundesbahn* durch die Bahnstrukturreform von 1993.[4] Auf kommunaler Ebene wurden vormals städtische Schlachthöfe, Reinigungsdienste, Schwimmbäder, Theater, Verkehrsbetriebe und Stadthallen in private Rechtsformen überführt.[5] Seit 1995 können private Arbeitsvermittler anstelle der staatlichen Arbeitsämter tätig werden[6] und auch in der Debatte um den Bildungsstandort Deutschland soll des Rätsels Lösung z.T. im Privaten liegen: Die Diskussion über die Umwandlung staatlicher Hoch-

---

1 Zitiert nach *Päckert* in *Schäfer / Sievering* 1998, S.115 (115).

2 *Maunz / Zippelius* 1998, S.52f.

3 Ein Indikator ist die Fülle an Publikationen insbesondere im öffentlichen Recht seit Mitte / Ende der achtziger Jahre.

4 Vgl. dazu *Blanke / Sterzel* 1999, S.44ff. mit weiteren Nachweisen.

5 Vgl. *Kulas* 2001, S.1f.

6 Vgl. grundlegend *Hamann* NZS 1995, 493 (493ff.); Beispiele für private Vermittlungen finden sich bei *Bovensiepen* Süddeutsche Zeitung vom 1.3.2002, S.23; *Wübben* Süddeutsche Zeitung vom 6.3.2002, S.48; *Knuf* Berliner Zeitung vom 7.2.2002, S.5.

schulen in private Stiftungsuniversitäten hält an[7] und nicht erst infolge der Pisa-Studie wird der Ruf nach mehr Privatschulen laut.[8] Gleichzeitig prägen zunehmend private Sicherheitsdienste auf Bahn- und Flughäfen, in Einkaufspassagen und Kaufhäusern das Bild.[9]

Während die Privatisierung einerseits als „Zauberwort“[10] gilt und oftmals unreflektiert als Allheilmittel oder Wunderwaffe gehandelt wird, stößt sie andererseits auf ebenso unsubstantiierte und vehemente Ablehnung.[11] Lediglich im Bereich der Aufgaben, die hoheitlich wahrgenommen werden, wird eine Privatisierung mit ungewohnter Einigkeit, allerdings ebenfalls oft ohne stichhaltige Argumente abgelehnt.[12] Zumeist wird angeführt, dass es sich um notwendige oder natürliche Aufgaben des Staates handele, die dieser nicht aus der Hand geben dürfe oder dass die Eingriffsverwaltung schon qua definitione von einer Privatisierung ausgeschlossen sei.[13]

Doch auch in diesem sensiblen Bereich wurden Privatisierungen bereits durchgeführt.[14] So wurden in der Vergangenheit bauordnungsrechtliche Prüfungsaufgaben ebenso auf private Sachverständige übertragen wie die Fluggast- und Gepäckkontrolle auf private Unternehmen oder die Eigensicherung von Flughäfen und der Schutz von Atomanlagen.[15] Auch im Bereich der Abschiebehaft werden mittlerweile private Sicherheitskräfte eingesetzt.[16] Im Strafvollzug wurden bereits Anstalten in Hessen und Mecklenburg-Vorpommern privat geplant, erbaut

7 Siehe dazu aus jüngster Zeit *Battis / Grigoleit* ZRP 2002, 65 (65ff.) mit weiteren Nachweisen.

8 *Rubner* Süddeutsche Zeitung vom 18.12.2001, S.V2 / 12; *Hofritz* Wirtschaftswoche Nr.26 1998, 96 (96ff.); Meldungen in der Berliner Zeitung vom 7.7.2001, S.2 und 4.1.2002, S.14.

9 Zur Zukunft des Sicherheitsgewerbes vgl. *Pitschas / Stober* 1998.

10 Vgl. *Hagelücken* Süddeutsche Zeitung vom 22.2.2002, S.2.

11 *Kulas* 2001, S.2f.

12 Vgl. *Kulas* 2001, S.2f.; vgl. *Weiner* 2001, S.22; vgl. *Groß* BewHi 2001, 99 (99).

13 Vgl. *Kulas* 2001, S.2f.

14 Angesichts zahlreicher - etwa im Bereich des Strafrechts schon lange vorhandener - privater Elemente ist das aus Sicht der Verfasserin nicht überraschend. Zu der bestehenden Beteiligung Privater im Strafrecht siehe *Groß* BewHi 2001, 99 (101f.); umfassend auch *Walter* in *Pitschas / Stober* 1998, S.65 (66ff.).

15 *Weiner* 2001, S.22; zur Flugsicherung vgl. *Blanke / Sterzel* 1999, S.45.

16 *Eschenbacher* ZfStrVo 1994, 158 (158ff.); *Walter* in *Pitschas / Stober* 1998, S.65 (69).

und dann vom Land gemietet.[17] Auch einen möglichen Teilbetrieb durch Private hält man im *Justizministerium Hessen* in engen Grenzen für zulässig,[18] hinsichtlich der tatsächlichen Umsetzung herrscht bisher allerdings noch Zurückhaltung.

Bislang noch nicht umfassend untersucht wurde die Möglichkeit einer verstärkten Privatisierung im Bereich der ambulanten Strafvollstreckung (dort insbesondere der Bewährungs- und Gerichtshilfe).[19] Dies erscheint jedoch nicht nur angesichts der z.T. sehr positiven Erfahrungen im Ausland (Österreich und Niederlande) und der besonderen historischen Tradition privater Straffälligenhilfe in Deutschland sinnvoll zu sein.
Seit Jahren reißt die Debatte um eine Neustrukturierung der Sozialen Dienste nicht ab, werden hohe Fallzahlbelastungen, mangelhafte Ausstattung und ineffektive Arbeitsstrukturen von Bewährungs- und Gerichtshelfern, vereinzelt auch von Staatsanwälten und Richtern kritisiert und beklagt.[20] Gleichzeitig ist in den nächsten Jahren – auch aufgrund verschiedener Reformvorhaben[21] – von weiter steigenden Fallzahlbelastungen auszugehen. Hinzu kommen die bereits erwähnten dauerhaften Sparzwänge.

Es muss daher – um das oben gewählte Zitat aufzugreifen – im Bereich der ambulanten Strafvollstreckung „anders werden, wenn es gut werden soll". Ob die Privatisierung ein rechtlich zulässiges und zweckmäßiges Mittel zur Erreichung dieses Ziels ist, wird im Rahmen der vorliegenden Arbeit gerade auch aufgrund der oben erwähnten pauschalen Bedenken detailliert geprüft werden.

---

17 Telefonische Auskünfte *Schäfers* (*Justizministerium Hessen*) und *Bauers* (*Justizministerium Mecklenburg-Vorpommern*) vom 2.4.2002; *Walter* in *Pitschas / Stober* 1998, S.65 (69); vgl. *Wagner* ZRP 2000, S.169 (169ff.).

18 *Wagner* ZRP 2000, S.169 (171f.).

19 Zu den diesbezüglichen Überlegungen des *Justizministeriums Baden-Württemberg* siehe unten Kap.7 1.

20 Zu der Debatte um notwendige Veränderung siehe unten Kap.7 1.

21 Vgl. dazu u.a. *Däubler-Gmelin* BewHi 2002, 15 (20ff.); *Schneider* MschrKrim 2001, 273 (273ff.).

Kap. 2 Gegenstand der Untersuchung

1. Privatisierung

Verfolgt man die aktuelle Diskussion, so wird schnell deutlich, warum der Begriff der „Privatisierung" zuweilen als „schillernd"[22] bezeichnet wird. Mit dem Terminus werden völlig unterschiedliche Inhalte verknüpft: die bloße Einführung privatwirtschaftlicher Betriebsführungsprinzipien in der öffentlichen Verwaltung, das Leasing privat errichteter Gebäude durch den Staat, die teilweise oder vollständige Überführung öffentlichen Vermögens (Grundstücke, Betriebe, Unternehmensbeteiligungen) und / oder die Übertragung einzelner Verwaltungsfunktionen oder ganzer Aufgabenbereiche auf Private.[23] Auch Begriffe wie „Entstaatlichung", „Entbürokratisierung", „Kommerzialisierung" oder „Konzessionierung" werden oft mit „Privatisierung" gleichgesetzt.[24]

Darüber hinaus lassen sich ideologisch verschiedene Entwicklungsstränge hin zur Privatisierung ausmachen.[25]

Der in der vorliegenden Untersuchung verwendete Terminus „Privatisierung" bedarf somit zunächst sowohl einer begrifflichen Erläuterung als auch ideologischen Einordnung.

Begriffliche Erläuterung

Allgemein lässt sich Privatisierung als eine „Bewegung weg vom Staat und hin zum Privaten"[26] definieren, bei der Staatsvermögen oder bisher staatliche Aufgaben oder Leistungen bzw. deren Durchführung auf Private übertragen wird.[27]

Je nach Grad des verbleibenden Einflusses des Staates wird zwischen formeller und materieller Privatisierung unterschieden.

Kennzeichen der formellen Privatisierung, die auch als formale, unechte oder Organisationsprivatisierung bezeichnet wird, ist es, dass die betreffende Auf-

22 *Di Fabio* JZ 1999, 585 (585); *Jung* in *Jung / Müller-Dietz / Neumann* 1996, S.69 (69).
23 Vgl. *Kulas* 2001, S.19; *von Hagemeister* 1992, S.40; *Weiner* 2001, S.65.
24 Vgl. *von Hagemeister* 1992, S.41f.
25 *Jung* GA 1996, 507 (513); *ders.* in *Jung / Müller-Dietz / Neumann* 1996, S.69 (72).
26 *Kulas* 2001, S.19.
27 *von Hagemeister* 1992, S.40; vgl. auch *Schönrock* 2000, S.10; vgl. *Kulas* 2001, S.19.

gabe ihren Charakter als öffentliche Aufgabe behält und die Verantwortung bei dem zuständigen Träger der öffentlichen Verwaltung verbleibt. Lediglich die Rechts- / Organisationsform ändert sich vom öffentlichen ins private Recht.[28] Eine formelle Privatisierung liegt z.B. vor, wenn eine Kommune ihre Aufgaben durch eine von ihr gegründete Eigengesellschaft oder eine unter ihrer Beteiligung geführte oder von ihr beherrschte GmbH oder Aktiengesellschaft wahrnimmt.[29]

Bei der materiellen Privatisierung oder auch echten oder Aufgabenprivatisierung werden die bis dato öffentlichen Aufgaben vollständig oder teilweise in den privaten Bereich verlagert. Sie verlieren ihren Charakter als staatliche Aufgaben, weil sich die öffentliche Hand aus der Verantwortung zurückzieht.[30] Die Aufgabenprivatisierung kann auf ganz unterschiedliche Weise erfolgen. Ein Privater kann sich um die Übertragung einer Aufgabe bemühen, sie kann ihm aber auch als Pflicht auferlegt werden. Es können öffentlich-rechtliche Kompetenzen auf den Privaten mit übertragen werden. Der Staat kann entweder ein Interesse am weiteren Angebot der Leistung haben oder die weitere Erbringung vom Markt abhängig machen.[31]

Zwischen formeller und materieller Privatisierung steht die sogenannte Vollzugsprivatisierung, die auch als Funktional- oder Verfahrensprivatisierung bezeichnet wird. Im Falle einer funktionalen Privatisierung verbleibt lediglich die Aufgabenverantwortung bei der öffentlichen Hand, die Durchführung der Aufgabe obliegt einem privaten Träger.[32] Dieser Privatisierungstyp basiert auf der Überlegung, dass eine staatliche Aufgabe nicht zwingend mit staatseigenen Kräften durchgeführt werden muss.[33] Gängige Beispiele für die Vollzugsprivatisierung sind die Übertragung von Museen, Schwimmbädern, Stadien oder Theatern auf Private sowie die Übertragung von Aufgaben wie Gebäudereinigung, Kantinenbetrieb oder der Bewachung öffentlicher Gebäude.[34]

Die später in Kap.7 2. unterbreiteten Privatisierungsvorschläge zielen weder auf eine vollständige Verlagerung der Strafvollstreckungsaufgaben auf Private,

28 *Schönrock* 2000, S.10; *Blanke / Sterzel* 1999, S.41; *Weiner* 2001, S.67.

29 *Blanke / Sterzel* 1999, S.41f.

30 *Schönrock* 2000, S.11; *Blanke / Sterzel* 1999, S.42ff.; vgl. *Weiner* 2001, S.68; *von Hagemeister* 1992, S.51.

31 *Kulas* 2001, S.19.

32 *Blanke / Sterzel* 1999, S.43; *Weiner* 2001, S.69; *Kulas* 2001, S.24; *Bonk* JZ 2000, 435 (437).

33 *Weiner* 2001, S.69.

34 *Kulas* 2001, S.24.

noch auf eine bloße Änderung der Organisationsform ab. Sie lassen sich vielmehr der Vollzugsprivatisierung zuordnen.

Ideologische Einordnung

Die verschiedenen ideologischen Ansätze, die hinter der Forderung nach Privatisierung stehen, lassen sich vereinfacht zwei Hauptrichtungen zuordnen: einerseits einer ökonomisch, andererseits einer partizipatorisch orientierten Richtung.[35]

Vertreter der ersten, auch als „Marktschiene"[36] bezeichneten Richtung, setzen Privatisierung zumeist mit Kommerzialisierung gleich. Wo sich der Staat infolge chronischer Überlastung als nicht mehr hinreichend leistungsfähig erweist, soll der Markt einspringen. Auf dem freien Markt herrscht ein vielseitiger Wettbewerb, der den ständigen Nachweis der Leistungsfähigkeit fordert und den Staat nicht länger privilegiert.[37]

In der vorliegenden Untersuchung soll Privatisierung nur sehr bedingt mit Kommerzialisierung gleichgesetzt werden. Zwar wird eine wettbewerbsbedingte Leistungssteigerung im Bereich der Durchführung der Strafvollstreckung erwartet, jedoch soll es nicht darum gehen, wirtschaftliche Profite zu erzielen. Eine Wahrnehmung einzelner Aufgaben im Bereich der Strafvollstreckung[38] durch kommerzielle Unternehmen erscheint nicht grundsätzlich ausgeschlossen, solange die Qualität der erbrachten Leistung stimmt. Üblich und sinnvoll ist jedoch die Wahrnehmung durch eine gemeinnützige Institution, deren Rechtsform variabel ist,[39] weil eine solche Institution ihre Aufgaben ohne den Zwang einer Gewinnerzielung wahrzunehmen vermag.

---

35 *Jung* GA 1996, 507 (513); *ders.* in *Jung / Müller-Dietz / Neumann* 1996, S.69 (72); vgl. *Walter* in *Pitschas / Stober* 1998, S.65 (73f.). Die Vertreter der beiden genannten Richtungen stellen in erster Linie unterschiedliche Gründe für eine Privatisierung in den Vordergrund ihrer Argumentation. Das bedeutet jedoch nicht, dass sich die vorgebrachten Begründungen zwangsläufig gegenseitig ausschließen, vielmehr sind Überschneidungen denkbar.

36 Begriff nach *Jung* GA 1996, 507 (513).

37 Vgl. *Walter* in *Schäfer / Sievering* 1999, S.21 (23);
vgl. *ders.* in *Pitschas / Stober* 1998, S.65 (74f.).

38 Zu den in Frage kommenden Aufgaben siehe sogleich Kap.2 3.

39 Denkbare Rechtsformen sind Verein, Stiftung und gemeinnützige GmbH.

Die verschiedenen Vertreter der zweiten, u.a. als „Partizipationsschiene"[40] bezeichneten Richtung, verbindet die Vorstellung, dass der Staat nicht zwingend alle Aufgaben selbst wahrnehmen muss.[41] Unter anderem aus rechtsstaatlichen, sozialstaatlichen und philosophischen Erwägungen heraus wird für eine Entstaatlichung und stärkere Einbeziehung Privater plädiert.[42]

Aus Sicht der Verfasserin ist es für den Staat schon jetzt schwierig und wird es in Zukunft noch weniger möglich sein, anstehende Aufgaben in dem bisher üblichen Maße ohne größere Qualitätseinbußen selbst zu erfüllen. Es ist daher unerlässlich, in allen Bereichen zu prüfen, ob und ggf. in welcher Form eine Übertragung der Aufgaben auf Private rechtlich zulässig und zweckmäßig ist. Sofern das Ergebnis der Prüfung positiv ausfällt, sollte eine Privatisierung durchgeführt werden.[43]

2. Strafvollstreckung

Unter der Überschrift „Strafvollstreckung" werden im ersten Abschnitt des Siebten Buches der StPO (§§ 449-463 d StPO) verschiedene Maßnahmen und Anordnungen zusammengefasst, die die Verwirklichung, Abänderung oder Aufhebung einer von einem Strafgericht erlassenen Entscheidung betreffen.[44] Die Verwendung des Begriffes „Strafvollstreckung" in diesem Zusammenhang ist jedoch zu „eng"[45] und „ungenau"[46], denn die §§ 449 ff. StPO betreffen nicht

---

40 Begriff nach *Jung* GA 1996, 507 (513).

41 Vgl. *Walter* in *Pitschas / Stober* 1998, S.65 (78f.), der versucht, die mittlerweile unüberschaubare Fülle von Meinungen verschiedenen Konzepten zuzuordnen.

42 Vgl. z.B. *Keller* in *Sack / Voß / Frehsee / Funk / Reinke* 1995, S.88 (88f.); *Cohen* KrimJ 1988, 10 (10ff.); *Jung* in *Jung / Müller-Dietz / Neumann* 1996, S.69 (69ff.); *Steinert* in *Maelicke / Ortner* 1988, S.34 (34ff.).

43 Auf den ersten Blick scheinen die Ergebnisse der genannten ökonomischen und partizipatorischen Bewegungen mit kommunitaristisch orientierten Denkansätzen übereinzustimmen (*Jung* GA 1996, 507 (509f.)). Vertreter des Kommunitarismus zeichnet oftmals ein Misstrauen gegenüber professionellem Engagement aus. Sie räumen vielmehr den Selbstheilungskräften der Gemeinschaft uneingeschränkte Priorität ein (vgl. *Etzioni* Blätter für deutsche und internationale Politik 1997, 232 (233f.); *Barth* BewHi 1998, 280 (280f.)). Gerade im Bereich der Strafvollstreckung ist aber eine professionelle Wahrnehmung eines Großteils der Aufgaben unerlässlich. Privatisierung soll in der vorliegenden Untersuchung somit nicht im kommunitaristischen Sinne verstanden werden.

44 Vgl. *Meyer-Goßner* 2001 Vor § 449 StPO Rn.1; vgl. *Pfeiffer* 2001 Vor § 449 Rn.1.

45 Vgl. *Isak / Wagner* 1999 S.1 Rn.1.

46 Vgl. *Bringewat* 1993 Einleitung Rn.1f. (S.21f.).

nur die Vollstreckung von Strafen, sondern auch die Vollstreckung anderer strafrichterlicher Maßnahmen und Anordnungen.[47]

Im Rahmen der vorliegenden Arbeit sollen nicht alle Maßnahmen und Anordnungen im Bereich der Vollstreckung untersucht werden.

Sanktionen, deren Wirkung sich schon unmittelbar aus der Rechtskraft der Entscheidung ergibt,[48] sollen nicht näher betrachtet werden, da dort eine Strafvollstreckung im Sinne einer Einleitung und generellen Überwachung der Entscheidungsdurchsetzung nicht notwendig ist.[49] Wo Strafvollstreckung nurmehr in den zusätzlich erforderlichen Maßnahmen zur Verwirklichung (vgl. etwa § 463 b StPO) oder zur Abänderung (vgl. § 456 c StPO) besteht, bietet sich der Einbau privater Elemente nicht an.

Im Bereich der stationären Strafvollstreckungsmaßnahmen ist eine Privatisierung hingegen durchaus denkbar. Anders als im ambulanten Bereich zeichnet sich die Vollstreckung strafgerichtlicher Entscheidungen, die eine freiheitsentziehende Rechtsfolge beinhalten, dadurch aus, dass es neben einem vollstreckungsrechtlichen, einen eigenständigen vollzuglichen Aufgabenbereich gibt, für den eine eigene Vollzugsbehörde zuständig ist. Die mögliche (Teil-) Privatisierung der von der Strafvollstreckungsbehörde unabhängigen Anstalten wird und wurde jedoch in der Literatur bereits eingehend diskutiert.[50]

Gegenstand der vorliegenden Arbeit sollen daher als ausgewählte ambulante Strafvollstreckungsmaßnahmen gegenüber Erwachsenen[51] die Vollstreckungsaussetzung zur Bewährung[52], der Täter-Opfer-Ausgleich (TOA)[53] und die

47 Vgl. *Bringewat* 1993 Einleitung Rn.1f. (S.21f.). Es wird daher u.a. angeregt, stattdessen von „Vollstreckung der Entscheidung der Strafgerichte“ (so *Isak / Wagner* 1999 S.1 Rn.1) oder der „Vollstreckung strafrichterlicher Entscheidungen“ (so *Bringewat* 1993 Einleitung Rn.1f. (S.21f.)) zu sprechen.

48 Das ist z.B. beim Fahrverbot (§ 44 II StGB), beim Verfall (§ 73 e I StGB), der Einziehung (§ 74 e I StBG) und dem Berufsverbot (§ 70 IV 1 StGB) der Fall.

49 Vgl. *Meyer-Goßner* 2001 Vor § 449 Rn.6; *Bringewat* 1993 Einleitung Rn. 37f. (S.39); *Löwe / Rosenberg-Wendisch* 2001 Vor § 449 Rn.4.

50 Vgl. in letzter Zeit u.a. *Kulas* 2001; *Stober* 2001; *Nibbeling* 2001.

51 Im Bereich der Strafvollstreckung gegenüber Jugendlichen spielen private Träger insbesondere der Jugendhilfe schon heute eine bedeutsame Rolle, vgl. §§ 3 II 1, 4 II SGB VIII. Ausführlich dazu *Scheunemann* 1999.

52 Vgl. §§ 56-58 StGB, 453-454 a StPO.

53 Vgl. § 46 a StGB, § 153 a StPO.

Möglichkeit der Abwendung der Ersatzfreiheitsstrafe durch gemeinnützige Arbeit (GA) nach Art. 293 EGStGB sein.[54]

3. Privatisierung in der Strafvollstreckung

Der Einbau privater Elemente setzt bei den die Strafvollstreckung und die vorbereitenden Maßnahmen durchführenden Institutionen an. Die Strafvollstreckung erfolgt gem. § 451 StPO grundsätzlich durch die Staatsanwaltschaft als Vollstreckungsbehörde. Gem. § 31 II 1 RPflG sind die vollstreckungsbehördlichen Geschäfte regelmäßig den Rechtspflegern übertragen.

In zahlreichen Fällen bedienen sich die Vollstreckungsbehörden der sog. Sozialen Dienste in der Justiz, d.h. der Bewährungshilfe, der Gerichtshilfe, der Führungsaufsicht und des Sozialdienstes des Justizvollzugs, soweit in ihnen beamtete oder staatlich angestellte Sozialarbeiter tätig sind.[55]

Im Rahmen der vorliegenden Arbeit sollen nicht die Vollstreckungsbehörden im eigentlichen Sinne auf Privatisierungsmöglichkeiten hin untersucht werden sondern einerseits die Bewährungshilfe, die schwerpunktmäßig im Bereich der Vollstreckung strafrichterlicher Entscheidungen tätig wird, und andererseits die Gerichtshilfe, die darüber hinaus auch an der Vorbereitung der genannten Entscheidungen mitwirkt. Des weiteren wird auch die gegenwärtige und künftige Situation der Vermittlungs- / Beschäftigungsstellen für gemeinnützige Arbeit und der Vermittlungsstellen für Täter-Opfer-Ausgleich näher beleuchtet werden.

Die Sozialen Dienste in der Justiz und die Vermittlungs- / Beschäftigungsstellen bieten nämlich unterschiedliche Ansatzpunkte für eine Privatisierung. Während im Falle einer Privatisierung der Sozialen Dienste in der Justiz ein bisher bestehender Teil des staatlichen Justizapparates grundlegende Veränderungen erfahren würde, würde es sich im Bereich der externen Vermittlungs- und Beschäftigungsstellen um eine Ausweitung justizfremder Einrichtungen handeln.

4. Untersuchungsbereiche

Ziel der Untersuchung ist es, in einem ersten Schritt Anknüpfungspunkte für eine Ausweitung privater Elemente im Bereich der Strafvollstreckung und der

54 Vgl. Art. 293 EGStGB, §§ 459 e, 459 f StPO.

55 Zum Begriff der Sozialen Dienste in der Justiz siehe auch *Block* 1997, S.17.

vorbereitenden Maßnahmen herauszuarbeiten. Zu diesem Zweck wird die derzeitige Situation in den Bereichen Bewährungs-, Gerichtshilfe, Täter-Opfer-Ausgleich und gemeinnützige Arbeit dargestellt und kritisch beleuchtet. Gleichzeitig erfolgt eine Bestandsaufnahme der dort bereits existierenden privaten Elemente.

In einem zweiten Schritt sollen, basierend auf den zuvor gewonnenen Erkenntnissen sowie auf ausländischen – insbesondere österreichischen – Erfahrungen, konkrete Vorschläge für eine Ausweitung der privaten Elemente unterbreitet werden.

In einem dritten Schritt steht zunächst eine Auseinandersetzung mit möglichen Vor- und Nachteilen, die eine Umsetzung der erörterten Vorschläge mit sich bringen könnte, im Vordergrund. Abschließend wird der verfassungsrechtliche und einfachgesetzliche Rahmen aufgezeigt, innerhalb dessen sich zulässigerweise Veränderungen in Richtung Privatisierung bewegen können.

2. Teil: Derzeitige private Elemente in der Strafvollstreckung

Da die Organisation der Sozialen Dienste in der Justiz sowie die Durchführung der Abwendung der Ersatzfreiheitsstrafe durch Gemeinnützige Arbeit und des TOA in den Kompetenzbereich der Länder fällt[56], ist die rechtliche und tatsächliche Situation der Sozialen Dienste in der Justiz unterschiedlich und durch eine Vielzahl landesrechtlicher Bestimmungen geregelt.[57] Eine umfassende Darstellung der diesbezüglichen rechtlichen und tatsächlichen Situation in allen sechzehn Bundesländern würde an dieser Stelle zu weit führen.[58] Die Bestandsaufnahme soll daher exemplarisch anhand der Situation des Landes Niedersachsen und im Bereich der GA zusätzlich anhand der Situation des Landes Mecklenburg-Vorpommern erfolgen.[59]

56 Die Ermächtigungen dazu finden sich für die Gerichtshilfe in Art. 294 EGStGB, für die Bewährungshilfe in Art. 5 des 3. Strafrechtsänderungsgesetzes vom 4.8.1953 und für die Abwendung der Ersatzfreiheitsstrafe durch Gemeinnützige Arbeit in Art. 293 EGStGB.

57 Eine Bestandsaufnahme der verschiedenen landesrechtlichen Regelungen in Gesamtdeutschland findet sich bei *Block* 1997.

58 Zur Situation der Sozialen Dienste bundesweit *Kurze* 1999.

59 Es werden somit vorliegend zwei Ansätze - ein bereichsspezifischer und ein sanktionsspezifischer - verfolgt.

Kap. 3 Soziale Dienste in der Justiz[60]

1. Die rechtlich vorgegebene Situation

1.1 Organisationsstruktur und Aufgaben der Gerichtshilfe

Organisationsstruktur und Aufgaben der niedersächsischen Gerichtshilfe sind in der StPO (§§ 160 III 2 und 463 d StPO), sowie in der AV d. MJ v. 24.5.1976 zu Anordnung, Organisation, Aufgaben und Dienstbetrieb der Gerichtshilfe[61] geregelt.

In Niedersachsen sind gem. § 1 AV[62] die Gerichtshilfestellen den Staatsanwaltschaften bei den Landgerichten zugeordnet.[63] Gem. § 2 AV stellt die Generalstaatsanwaltschaft die Einstellungsbehörde dar, die als Gerichtshelfer staatlich anerkannte Sozialarbeiter und Sozialpädagogen mit praktischen Erfahrungen in der Sozialarbeit einstellt. Gem. § 3 AV richtet sich das Dienstverhältnis nach den Vorschriften des Beamtenrechts oder nach den Vorschriften des Bundes-Angestelltentarifvertrages (BAT). Der leitende Oberstaatsanwalt übt gem. § 6 AV die Dienstaufsicht aus. Gem. § 6 II AV kann er dabei zu seiner Unterstüt-

---

60 Die folgende Bestandsaufnahme zur Lage der Sozialen Dienste in der Justiz in Niedersachsen ebenso wie zur Lage im Bereich der GA in Niedersachsen und Mecklenburg-Vorpommern wurde im Laufe des Jahres 2000 erstellt. Anfang 2002 wurden die zentralen Ergebnisse nochmals überprüft und die neu gewonnenen Erkenntnisse entsprechend vermerkt. Eine aktuelle und detaillierte Auswertung der Situation der Sozialen Dienste in der Justiz im Landgerichtsbezirk Hannover findet sich in dem unveröffentlichten Bericht der „Kleinen Gerichtskommission" über die Sozialen Dienste der Justiz (Bremen Oktober 2001).

61 Nds. Rpfl 1976, S.127-129. Ergänzend sowohl für Gerichts- als auch Bewährungshilfe V d. MJ v. 18.5.1994 bzgl. Dienstposten des gehobenen Sozialdienstes im Bereich der Bewährungshilfe, Gerichtshilfe und Führungsaufsicht (Nds. Rpfl 1994, S.177).
Zu weiteren rechtlichen Grundlagen siehe *Nds. MJ* 2001, S.11ff.

62 Es handelt sich im Abschnitt 1.1 jeweils um die AV d. MJ v. 24.5.1976 (Anordnung über Organisation, Aufgaben und Dienstbetrieb der Gerichtshilfe).

63 In Niedersachsen werden die Aufgaben von Bewährungs- und Gerichtshilfe – anders als z.B. in den meisten ostdeutschen Bundesländern – nicht gemeinsam sondern in althergebrachter Weise jeweils eigenständig, organisatorisch und räumlich voneinander getrennt wahrgenommen.

zung einen Gerichtshelfer heranziehen.[64] Gem. 6 III 1 AV wird bei dem Gerichtshelfer spätestens alle zwei Jahre eine Geschäftsprüfung durchgeführt. Die örtliche Zuständigkeits- und Geschäftsverteilung obliegt gem. § 7 AV dem Generalstaatsanwalt. Bestimmungen zu Dienstreisen, Diensträumen und Geschäftsbedarf finden sich in den §§ 17 und 18 der AV.

Auftraggebende Stellen können nach §§ 160 III 2, 463 d StPO die Staatsanwaltschaft, das Gericht oder eine mit Gnadensachen befasste Behörde sein. § 10 I AV lässt darüber hinaus als auftraggebende Stellen auch Führungsaufsichtsstellen und Stellen, die mit Vergünstigungen nach dem Bundeszentralregistergesetz befasst sind, als Auftraggeber der Gerichtshilfe zu. Die verschiedenen Aufgabenbereiche der Gerichtshilfe bestimmen sich in Niedersachsen nach §§ 160 III 2, 463 d StPO i.V.m. § 9 AV. Als drei Aufgabenbereiche lassen sich der in § 160 III 2 StPO i.V.m. § 9 III AV vorgesehene Einsatz im Ermittlungsverfahren,[65] der in § 463 d StPO i.V.m.
§ 9 IV AV genannte Aufgabenbereich im Rahmen der dem Urteil nachfolgenden Entscheidung sowie die Übertragung weiterer Aufgaben (vgl. § 9 V, VI, VII AV) nennen. Zu den weiteren Aufgaben der Gerichtshilfe wie Haftentscheidungshilfe, Täter-Opfer-Ausgleich und der gemeinnützigen Arbeit hat das *Niedersächsische Justizministerium* weitere Regelungen erlassen.[66] Gem. § 20 AV sollen neu eingestellte Gerichtshelfer an einem Einführungsseminar teilnehmen. Später sind sie zur Teilnahme an den Tagungen der regionalen Arbeitsgemeinschaft der Gerichtshelfer verpflichtet.

Arbeitsweise, Gesprächsführung und Gerichtshilfebericht sind in §§ 11 und 12 AV geregelt. Vorschriften zum Geschäftsgang (Schriftverkehr, Akten- und Registerführung, Statistik) finden sich in §§ 14, 15, 16 AV.

---

64 Laut *Block* 1997, S.79 ist Niedersachsen das einzige Land, in dem eine solche Möglichkeit besteht.

65 Gem. § 9 III 1 AV soll der Gerichtshelfer „in erster Linie“ im Ermittlungsverfahren herangezogen werden.

66 Die Haftentscheidungshilfe ist in der unveröffentlichten RV d. MJ v. 30.10.1987 (siehe dazu Anhang II) nach Maßgabe der Erlasse v. 3.3.1988, 16.2.1990 und 1.8.1990, die Gemeinnützige Arbeit in der Verordnung über die Abwendung der Vollstreckung von Ersatzfreiheitsstrafe durch freie Arbeit vom 19. April 1996 (Nds. GVBl 1996, S.215-216) und der Täter-Opfer-Ausgleich in der Richtlinie für den Täter-Opfer-Ausgleich im allgemeinen Strafrecht (TOA-Richtlinie) durch den Gem. RdErl. d. MJ u. d. MI vom 10.3.2000 (Nds. Rpfl 2000, S.95-97) geregelt.

1.2 Organisationsstruktur und Aufgaben der Bewährungshilfe

Organisationsstruktur und Aufgaben der niedersächsischen Bewährungshilfe bestimmen sich nach § 56 d StGB sowie dem Gesetz über Bewährungshelfer (GüB) vom 25.10.1961[67] und der AV d. MJ v. 20.12.1995 zur Organisation der hauptamtlichen Bewährungshilfe.[68]

Die Bewährungshilfe ist in Niedersachsen gem. § 2 des GüB bei den Landgerichten angesiedelt. Einstellungsvoraussetzung ist für hauptamtliche Bewährungshelfer gem. § 3 GüB eine sozialpädagogische Vorbildung und die staatliche Anerkennung als Sozialarbeiter oder eine gleichwertige Vorbildung. Einstellungsbehörden sind gem. Nr. 2 II AV[69] die Oberlandesgerichte. Die Dienstaufsicht über die Bewährungshelfer führt nach Nr. 2 I AV das Landgericht, für dessen Bezirk sie eingestellt sind.[70] Bei Durchführung ihrer Aufgaben im Einzelfall unterliegen die Bewährungshelfer gem. § 4 S.3 GüB nur den Anweisungen des Richters. An der Spitze der Bewährungshelfer eines jeden niedersächsischen Landgerichtsbezirks ist ein Koordinator vorgesehen (vgl. Nr. 4 AV), der gem. Nr. 4 II i) AV auch bei der Geschäftsverteilung mitwirkt[71] und die Geschäftsprüfung vornehmen kann (Nr. 4 II f) AV). Hinsichtlich der Arbeitszeit verweist Nr. 15 I AV grundsätzlich auf die niedersächsische Verordnung über die Arbeitszeit der Beamten und den Bundesangestelltentarifvertrag. Gem. Nr. 15 II AV sind die Zeiten dienstlicher Tätigkeit den Erfordernissen des Amtes anzupassen. Geschäftsräume, Geschäftsbedarf und Aufwendungen sind in den Nr. 13, 23, 25, 26, 27 detailliert geregelt.

Als auftraggebende Stellen der niedersächsischen Bewährungshilfe sind in den niedersächsischen Bestimmungen nur indirekt im Rahmen der Aufgabenbeschreibung Gericht und Gnadenbehörden genannt. Die Aufgaben der nieder-

---

67 Nds. GVBl 1961, S.315; geändert durch Art. 41 des ersten Anpassungsgesetzes vom 24.6.1970 (Nds. GVBl 1970, S.237 (246)), das Gesetz zur Änderung des Gesetzes über Bewährungshelfer vom 17.12.1973 (Nds. GVBl 1973, S.579) und Art. 40 des zweiten Anpassungsgesetzes vom 2. 12.1974 (Nds. GVBl 1974, S.535 (541)).

68 Nds. GVBl 1996, S.23-29. Ergänzend durch die AV d. MJ v. 21.4.1997 (Nds. Rpfl S.93-96) zur Vorbereitung der Entlassung aus der Strafhaft. Zu weiteren rechtlichen Grundlagen siehe *Nds. MJ* 2000, S.9ff.

69 Es handelt sich im Abschnitt 1.2 jeweils um die AV d. MJ v. 20.12.1995.

70 Die Fachaufsicht obliegt ebenfalls dem Präsidenten des zuständigen Landgerichts (*Nds. MJ* 2000, S.26).

71 Grundsätzlich kann ein Bewährungshelfer namentlich vom Richter bestellt werden oder aufgrund des Geschäftsverteilungsplans zuständig sein, vgl. Nr. 5 I AV.
Gem. Nr. 10 AV ist ein Wechsel der Person des Bewährungshelfers möglich.

sächsischen Bewährungshelfer sind in § 56 d III StGB und Nr. 3 AV geregelt. Gem. Nr. 3 I AV stehen die Bewährungshelfer „den ihrer Aufsicht und Leitung unterstellten Verurteilten helfend und betreuend zur Seite. Im Einvernehmen mit dem Gericht oder der Gnadenbehörde überwachen sie die Erfüllung der Auflagen und Weisungen sowie der Anerbieten und Zusagen. Sie berichten über die Lebensführung des Verurteilten in Zeitabständen, die das Gericht bestimmt. Gröbliche und beharrliche Verstöße gegen Auflagen, Weisungen, Anerbieten oder Zusagen teilen sie unverzüglich dem Gericht oder der Gnadenbehörde mit [....]". Gem. Nr. 3 IV AV können den Bewährungshelfern weitere Aufgaben übertragen werden. Dazu gehört u.a. auch die Anleitung von ehrenamtlichen Bewährungshelfern. Darüber hinaus kann gem. Nr. 3 V AV die Mitarbeit bei einem privaten Träger der Straffälligen- und Bewährungshilfe als dienstliche Tätigkeit anerkannt werden. Regelungen zur Arbeitsweise der Bewährungshelfer finden sich in Nr. 5 AV (Zuständigkeit und Aufnahme der Betreuungstätigkeit) sowie in Nr. 9 AV (Aktenvermerke). Gem. Nr. 5 III verschaffen sich die Bewährungshelfer „ein umfassendes Bild von Persönlichkeit und Lebensverhältnissen der Verurteilten. Dies geschieht in jedem Falle durch das persönliche Gespräch mit dem Verurteilten, in der Regel auch durch Hausbesuche. Sobald sie sich über die persönlichen und wirtschaftlichen Verhältnisse der Verurteilten unterrichtet haben, berichten sie dem Gericht darüber, welche Maßnahmen der Betreuung sie für erforderlich halten". Gem. Nr. 5 V muss den Verurteilten „zu Beginn der Betreuung deutlich gemacht werden, dass den [...] Bewährungshelfern nicht das Recht zusteht, dem Gericht Tatsachen über die Lebensführung der Verurteilten zu verschweigen, die für die richterliche Entscheidung von Bedeutung sein könnten".

Eine generelle Aussagegenehmigung der Bewährungshelfer, in Strafverfahren vor Gericht und außergerichtlich auszusagen oder Erklärungen abzugeben, ist in Nr. 12 AV geregelt.

Der Geschäftsgang der niedersächsischen Bewährungshilfe ist Nr. 16ff. AV detailliert geregelt.

1.3 Der Begriff der privaten Elemente

Die Ausgestaltung privater Elemente im Bereich der Strafvollstreckung und der vorbereitenden Maßnahmen kann auf unterschiedliche Weise erfolgen. Nach dem Grad der Privatisierung kann man zwischen gänzlicher / vollkommener Ersetzung staatlicher Funktionsträger durch haupt- oder ehrenamtlich tätige Private einerseits und einer (bloßen) Kooperation mit den Genannten andererseits unterscheiden.

1.4 Private Elemente in der Gerichtshilfe

Weder in den bundes- noch in den landesrechtlichen Bestimmungen, sind ehrenamtliche Gerichtshelfer vorgesehen. Niedersächsische Gerichtshelfer sind entweder Beamte oder Angestellte des öffentlichen Dienstes. [72] Vorgesehen ist jedoch die Zusammenarbeit der staatlichen Gerichtshilfe mit Privaten. Diesbezüglich muss weiter differenziert werden. Zum einen kann die Gerichtshilfe mit Privaten zusammenarbeiten, wenn es lediglich um zusätzliche Hilfestellungen für die Probanden geht. So ist z.B. im Bereich der Haftentscheidungshilfe vorgesehen, dass die Gerichtshilfe feststellt, ob ein Heimplatz vorhanden ist oder ambulante oder stationäre Therapieeinrichtungen bereit sind, den Beschuldigten aufzunehmen.[73]

Zum anderen ist auch die Übertragung der Durchführung einer „Maßnahme" an Private – z.B. im Bereich des TOA – denkbar. Die Durchführung des TOA wird zwar in den landesrechtlichen Regelungen[74] grundsätzlich als „Dienstleistungsangebot der Justiz" bezeichnet, es ist jedoch ebenfalls ausdrücklich bestimmt, dass z.B. im Landgerichtsbezirk Hannover der TOA im allgemeinen Strafrecht vom *Verein für Konfliktschlichtung und Wiedergutmachung WAAGE e.V.* durchgeführt wird. Darüber hinaus können weitere freie Träger bei entsprechender Bereitschaft und Qualifikation „nach Maßgabe der örtlichen Verhältnisse in geeigneten Fällen von Staatsanwaltschaft oder Gericht herangezogen werden, sofern sie die für sie maßgeblichen Standards offengelegt haben"[75].

Auch im Bereich der gemeinnützigen Arbeit arbeitet die Gerichtshilfe mit privaten Beschäftigungsstellen zusammen.[76]

1.5 Private Elemente in der Bewährungshilfe

Im Bereich der niedersächsischen Bewährungshilfe ist die Mitwirkung Privater schon rein rechtlich stärker verankert als bei der Gerichtshilfe. Sowohl in bundes- als auch in landesrechtlichen Bestimmungen ist die Arbeit ehrenamtlicher Bewährungshelfer ausdrücklich vorgesehen. So bestimmt § 56 d V StGB, dass

---

72 Vgl. § 3 AV d. MJ v. 24.5.1976.

73 Vgl. Nr. 2 S.3 d. RV d. MJ v. 30.10.1987 (Anhang II).

74 Nr. 4 I S.2 der Richtlinie für den Täter-Opfer-Ausgleich im allgemeinen Strafrecht (TOA-Richtlinie) Gem. RdErl. d. MJ u. d. MI v. 10.3.2000 (Nds. Rpfl S.95-97).

75 Nr. 4 II ebenda. Darüber hinaus wird in Nr. 2 S.4 festgehalten, dass der Staat Konfliktstellen stellt oder fördert.

76 Vgl. dazu ausführlich unten Kap.4 2.2.2.

die Tätigkeit des Bewährungshelfers haupt- und ehrenamtlich ausgeübt wird. Dies wird in § 1 des GüB in der Form vom 17.12.1973[77] wiederholt.[78] Gem. § 8 I GüB 1961 wird ein ehrenamtlicher Bewährungshelfer vom Gericht bestellt, von diesem über seine Aufgaben belehrt und zu einer gewissenhaften Durchführung der ihm übertragenen Aufgaben verpflichtet. Er erhält eine Bestallungsurkunde. Darüber hinaus wird die Aufwandsentschädigung für ehrenamtliche Bewährungshelfer gesondert geregelt.[79] Gem. I Nr. 1 AV d. MJ v. 23.8.1993 beträgt die Aufwandsentschädigung 100 DM monatlich.

Neben der gänzlichen Aufgabenwahrnehmung durch Private ist im Bereich der Bewährungshilfe auch die Möglichkeit der Zusammenarbeit von hauptamtlichen Bewährungshelfern mit privaten Trägern der Straffälligenhilfe ausdrücklich vorgesehen.[80] Vorrangiges Ziel der Zusammenarbeit soll dabei die Erschließung von Hilfeleistungen in Form von Geld- und Sachwerten für den Verurteilten sein.[81]

2. Die historische Tradition privater Straffälligenhilfe

Die Aufgaben der Bewährungshilfe werden nunmehr seit Anfang der fünfziger Jahre, die der Gerichtshilfe seit Mitte der siebziger Jahre primär von staatlichen Stellen wahrgenommen. Durch diese langjährige Praxis könnte der unzutreffende Eindruck entstehen, dass im Falle einer Privatisierung der genannten Sozialen Dienste eine Art „heilige Kuh“ im Bereich der Strafvollstreckung „geschlachtet“ werden würde. Der folgende kurze historische Abriss belegt jedoch die besondere historische Tradition privater Straffälligenhilfe auch in den Bereichen Bewährungs- und Gerichtshilfe.

19. Jahrhundert

Das Engagement Privater im Bereich der Straffälligenhilfe begann im 19. Jahrhundert mit der Betreuung (vor allem gnadenweise vorzeitig) entlassener Strafgefangener. Es bildeten sich verschiedene Gemeinschaften, so u.a. 1826 die *Rheinisch-Westfälische Gefängnis-Gesellschaft* in Wuppertal, 1827 der *Verein*

---

77 Gesetz zur Änderung des Gesetzes über Bewährungshelfer vom 17.12.1973 (Nds. GVBl 1973, S.579).

78 Einen Überblick über die rechtlichen Strukturen der ehrenamtlichen Bewährungshilfe in den anderen deutschen Bundesländern findet sich bei *Block* BewHi 1998, 121-132.

79 AV d. MJ v. 23.8.1993 Aufwandsentschädigung für ehrenamtliche Bewährungshelferinnen und Bewährungshelfer (Nds. Rpfl S.231).

80 Nr. 28 der AV d. MJ v. 20.12.1995.

81 Nr. 28 I 1 der AV d. MJ v. 20.12.1995.

für die Besserung der Strafgefangenen in Berlin und 1830 der *Württembergische Verein zur Fürsorge für entlassene Strafgefangene.*[82] Seit Ende des 19. Jh. engagierten sich private Vereinigungen auch in der sog. Schutzaufsicht,[83] die in Fällen der seit 1871 reichsgesetzlich geregelten (nachträglichen) Aussetzung des Strafrestes bzw. der gnadenweisen anfänglichen Strafaussetzung zur Bewährung als zusätzliche Maßnahme angeordnet wurde.[84]

Jahrhundertwende und zwanziger Jahre

Um die Jahrhundertwende trat neben Schuld- und Sühnegedanken sowie die Maxime der Generalprävention die Idee der Gesamtwürdigung von Tat und Täter.[85] In zunehmendem Maße waren u.a. Informationen über den persönlichen Werdegang, über die Lebensumstände, über Beweggründe für die Tat und eventuelle Möglichkeiten der Besserung des Straftäters gefragt.[86]

1915 wurde in Bielefeld durch Geheimrat *Bozi* die *Zentralstelle für Soziale Gerichtshilfe* gegründet.[87] Nach den positiven Bielefelder Erfahrungen entstanden bald in verschiedenen deutschen Städten Gerichtshilfestellen, so 1921 in Halle, 1922 in Kassel und 1924 in Magdeburg.[88] Während die Jugendgerichtshilfe 1923 gesetzlich verankert wurde, „blieb die Gerichtshilfe für Erwachsene allerdings auf den Großmut und das Gespür lokaler Vereinigungen für die Erfordernisse sozialisationsbemühter Strafrechtspflege angewiesen“[89]. Es gab zwar Versuche, die Erwachsenengerichtshilfe gesetzlich zu verankern, jedoch blieben die entsprechenden Reformvorschläge[90] zunächst erfolglos.[91] Grund für das

---

82 *Wahl* in *Kerner* 1990, S.101 (101); *Kerner* BewHi 2002, 5 (8f.).

83 Die Schutzaufsicht wurde im überwiegenden Maße von der Polizei wahrgenommen und daher auch als Polizeiaufsicht bezeichnet. Charakteristisch für die Schutzaufsicht war nicht das Element der Fürsorge, sondern das der Aufsicht (vgl. *Damian* in *Kerner* 1990, S.55 (82)).

84 *Damian* in *Kerner* 1990, S.55 (82).

85 *Deutsche Bewährungshilfe* 1991, S.7.

86 *Deutsche Bewährungshilfe* 1991, S.7.

87 *Bozi* bewirkte zusammen mit dem Theologen *von Bodelschwingh*, dass „besserungsfähige“ Landstreicher und Bettler nicht in Arbeitshäuser verbracht wurden. Um die „Besserungsfähigkeit“ näher zu belegen, mussten dem Gericht entsprechende Unterlagen vorgelegt werden (*Koch* 1999, S.16; vgl. *Block* 1997, S.67).

88 *Koch* 1999, S.16.

89 *Bottke* MschrKrim 1981, 62 (63).

90 In dem Entwurf eines Einführungsgesetzes zur Ergänzung der §§ 160, 161 StPO von 1930 wurde vorgeschlagen, § 160 folgenden dritten Absatz hinzuzufügen: „Die Ermittlungen der Staatsanwaltschaft sollen sich auch auf die Umstände erstrecken, die für die Strafbe-

Scheitern dürfte u.a. die unüberschaubare Vielfalt der Organisationsformen gewesen sein.[92] Träger der Gerichtshilfe waren auf der einen Seite private Vereine wie z.B. Gefängnis- / Entlassenenvereine, freie Wohlfahrtsverbände wie z.B. *Arbeiterwohlfahrt, Caritas, Innere Mission* usw. und eigens dafür gegründete Vereine. Auf der anderen Seite waren Gerichtshilfestellen den kommunalen Wohlfahrtsbehörden oder den Jugendämtern angegliedert, oder sie waren organisatorisch den Justizbehörden zugeordnet.[93] Je nach Einstellung ihrer Träger verstanden sich die Gerichtshilfestellen entweder eher als Fürsorge- oder Rechtseinrichtung.[94]

Drittes Reich

1932 existierten im Deutschen Reich ca. 200 bis 300 Gerichtshilfestellen,[95] die unter den Nationalsozialisten ab 1933 zunächst nahezu vollständig aufgelöst wurden.[96] Ab 1937 wurde die Gerichtshilfe wieder eingeführt, allerdings nicht unter einem fürsorgerischen Grundgedanken, sondern als reine „Ermittlungshilfe", deren Funktion gewissermaßen auf polizeiliche Aufgaben beschränkt war[97] und die von Ehrenamtlichen geleistet wurde.[98] Letztere waren jedoch nicht in der Lage, die geforderten Ermittlungsaufgaben zu erfüllen, so dass die Gerichtshilfe schließlich 1939 wieder abgeschafft wurde.[99]

---

messung, insbesondere den bedingten Straferlass und für die Anordnung oder Zulassung von Maßregeln der Sicherung und Besserung von Bedeutung sind." Ein neuer zweiter Absatz von § 161 StPO sollte lauten: „Zu dem in § 160 Abs.3 bezeichneten Zweck kann die Staatsanwaltschaft sich der Unterstützung der Gerichtshilfe bedienen" (*Deutsche Bewährungshilfe* 1991, S.8).

91 *Bottke* MschKrim 1981, S.62 (63).

92 *Bottke* MschrKrim 1981, S.62 (63).

93 *Lange* in *Kerner* 1990, S.107 (112).

94 *Deutsche Bewährungshilfe* 1991, S.8; *Lange* in *Kerner* 1990, S.107 (111).

95 *Block* 1997, S.67; *Lange* in *Kerner* 1990, S.107 (111);
Bottke MschKrim 1981, S.62 (63).

96 *Koch* 1999, S.17.

97 *Block* 1997, S.67.

98 *Koch* 1999, S.17.

99 *Koch* 1999, S.17.

Fünziger, sechziger und siebziger Jahre

Nach dem Zweiten Weltkrieg wurden die früheren Vereine für soziale Gerichtshilfe – von wenigen Ausnahmen[100] abgesehen – nicht wieder ins Leben gerufen.[101] Stattdessen trat die Bewährungshilfe als neue Bewegung in Erscheinung. In Berlin begann die praktische Erprobung der Bewährungshilfe nach entscheidendem Einfluss durch die englischen Alliierten im Oktober 1950 mit der Ernennung eines ersten Bewährungshelfers, dem bald weitere folgten.[102] In der Bundesrepublik wurde ab Anfang der fünfziger Jahre in den sog. „Godesberger Gesprächen" unter Juristen, Sozialarbeitern und interessierten Wissenschaftlern die Idee der bundesweiten Einführung einer Bewährungshilfe diskutiert. Nachdem von politischer Seite Zustimmung und erste finanzielle Mittel zugesagt worden waren, wurde im Jahre 1951 schließlich in Bonn der *Verein Bewährungshilfe e.V.* zu dem Zweck gegründet, einen Anstellungsträger für die ersten bundesdeutschen hauptamtlichen Bewährungshelfer zu erhalten.[103] Diese Bewährungshelfer wurden im Rahmen einer ebenfalls 1951 beginnenden praktischen Versuchsreihe tätig. Zweck der Reihe war es, Erfahrungswerte für die geplante spätere gesetzliche Festschreibung der Strafaussetzung zur Bewährung mit Bewährungshilfe zu gewinnen.[104] Aufgrund der positiven Ergebnisse der Versuchsreihe wurde die Strafaussetzung zur Bewährung mit Bewährungshilfe 1953 im JGG und 1954 im StGB gesetzlich verankert. In den Ländern wurde die Bewährungshilfe stetig ausgearbeitet und die Bewährungshelfer wurden nach und nach in den Staatsdienst übernommen.[105] Insbesondere das 1969 erlassene erste Strafrechtsreformgesetz, welches stark erweiterte Anwendungsmöglichkeiten der Strafaussetzung zur Bewährung enthielt und erstmals den Aspekt der sozialen Hilfe – neben den Aufsichtspflichten – betonte, bewirkte ein starkes Anwachsen der Probandenzahlen und einen weiteren Ausbau der Bewährungshilfe.[106]

Nachdem die Bemühungen der Gefangenenfürsorge und Bewährungshilfe, einige Funktionen aus dem Aufgabenkatalog „Sozialer Gerichtshilfe" – insbesondere im Bereich der Ermittlungshilfe – mit zu übernehmen, weitgehend gescheitert waren, kam es – wohl auch angesichts der positiven Resultate der Erprobungsreihe Bewährungshilfe – zu einer breiten Diskussion um die Wie-

---

100 Zu den Ausnahmen siehe *Lange* in *Kerner* 1990, S.107 (115).

101 *Wahl* in *Kerner* 1990, S.101 (104).

102 *Wahl* in *Kerner* 1990, S.101 (104); *Block* 1997, S.133.

103 *Wahl* in *Kerner* 1990, S.101 (104).

104 *Kerner* BewHi 2002, 5 (10f.).

105 *Kerner* BewHi 2002, 5 (11).

106 *Block* 1997, S.133.

dereinführung der Gerichtshilfe.[107] Angesichts der Diskussionen, aber auch erster Gerichtshilfestellen, die sich organisatorisch außerhalb der Justiz gründeten, nahm sich 1957 die 26. Justizministerkonferenz des Themas Gerichtshilfe an.[108] „Weniger aus Überzeugung von der Notwendigkeit dieser Einrichtung als aus Furcht, justizfremde Kräfte könnten Gerichtshilfeorganisationen aufbauen, auf die die Justiz dann keinen Einfluss nehmen könne, entschloss man sich, die Frage der Wiedereinführung einer Gerichtshilfe zu prüfen."[109] Zu diesem Zweck wurde 1959 der *Verein Deutsche Bewährungshilfe* mit der Durchführung einer Entwicklungsreihe betraut.[110] Die Aufgaben der Gerichtshilfe wurden hauptamtlichen Fürsorgern übertragen, die beim Verein angestellt waren.[111] Nach Ende der Erprobungsreihe empfahl die 36. Justizministerkonferenz 1968 erst nach intensiver Aufklärungs- und Überzeugungsarbeit u.a. des *Vereins Deutsche Bewährungshilfe* sowie der bereits bestehenden Gerichtshifestellen die gesetzliche Festschreibung der Gerichtshilfe und eine bundesweite Ausdehnung. Sechs Jahre später wurde die Gerichtshilfe für Erwachsene in den §§ 160 III und 463 d StPO verankert.

Die bisherige Darstellung zeigt die Schlüsselrolle, die Private bei der Etablierung von Bewährungs- und Gerichtshilfe gespielt haben.[112] Es stellt sich daher auch aus historischer Sicht die Frage, ob man heute weiterhin - nach innovativer Vorarbeit und Erprobung durch Private - das jeweilige Institut in staatliche Hände geben sollte oder ob es nicht vielmehr sinnvoll wäre, Private unter staatlicher Aufsicht mit der Aufgabenwahrnehmung zu betrauen. Die Gründe, die früher gegen eine private Wahrnehmung sprachen – Gefahr des Einflusses justizfremder Kräfte und Mangel an qualifizierten hauptamtlichen Sozialarbeitern – haben aus Sicht der Verfasserin heute keine zwingende Gültigkeit mehr.[113]

3. Die tatsächliche Situation

Die heutige tatsächliche Situation der Sozialen Dienste in der Justiz und insbesondere der dort vorhandene Grad der Privatisierung soll in drei Schritten dargestellt werden. Um den Grad der Privatisierung sowohl im Bereich der

---

107 *Koch* 1999, S.17.

108 *Lange* in *Kerner* 1990, S.107 (116f.).

109 *Lange* in *Kerner* 1990, S.107 (117f.).

110 *Lange* in *Kerner* 1990, S.107 (119).

111 *Lange* in *Kerner* 1990, S.107 (119).

112 In jüngerer Zeit sind u.a. privaten Initiativen die großen Fortschritte in den Bereichen TOA und GA zu verdanken; siehe dazu sogleich Kap.3 3.3 und Kap.4 2.2 und 3.2.

113 Siehe dazu näher oben Kap.8 3.

Gerichtshilfe als auch im Bereich der Bewährungshilfe besser verdeutlichen zu können, aber auch um eine Basis für spätere Vorschläge zu schaffen, wird zunächst in einem ersten und zweiten Schritt die Situation und Tätigkeit der staatlichen Stellen mit Hilfe statistischer Angaben und einer Schilderung der Arbeitsfelder von Gerichts- und Bewährungshilfe beschrieben. In einem dritten Schritt werden die privaten Elemente näher beleuchtet.

3.1 Statistische Daten von Gerichts- und Bewährungshilfe

Gerichtshilfe

Zum Stichtag 1.1.2000 waren in Niedersachsen 29 Planstellen für beamtete und angestellte Gerichtshelfer vorgesehen. Der Anteil der Angestellten ist dabei mit 7,5-8% in den vergangenen fünf Jahren nahezu gleich geblieben.[114] Der Anteil der Vollzeit arbeitenden Gerichtshelfer lag nach Untersuchungen *Kurzes* 1994 bei 86 %.[115] Aus dem vom *Niedersächsischen Ministerium der Justiz* (*Nds. MJ*) herausgegebenen Verzeichnis der Sozialen Dienste in der Strafrechtspflege und im Justizvollzug (Stand: Mai 1999) ergibt sich,[116] dass von den 32 in der niedersächsischen Gerichtshilfe tätigen Personen ca. 60% weiblich und 40% männlich sind. Im Durchschnitt arbeiten in einer Dienststelle drei Gerichtshelfer.[117] Nach Berechnungen von *Kurze* ergab sich 1994 folgende Altersstruktur der niedersächsischen Gerichtshelfer:

Altersklassen	männlich	weiblich	gesamt
bis 35 Jahre	-	42,9 %	21,4%
36 bis 40 Jahre	42,9%	57,1%	50,0%
41 bis 45 Jahre	28,6%	-	14,3%
46 bis 50 Jahre	14,3%	-	7,1%
älter als 50 Jahre	14,3%	-	7,1%

---

114 Schriftliche Mitteilung des *Niedersächsischen Ministeriums der Justiz* vom 8.8.2000.

115 Es handelt sich um Berechnungen aus Daten, die im Rahmen eines bei der *Kriminologischen Forschungsstelle Wiesbaden* durchgeführten Forschungsprojekts zu den Sozialen Diensten in der Strafrechtspflege Mitte der neunziger Jahre erhoben wurden. Zur Konzeption des Forschungsprojekts vgl. *Jehle* in *Jehle / Sohn* 1994, S.13 (21ff.).

116 Vgl. zu dieser Erhebungsmethode *Kurze* 1999, S.65.

117 Oftmals pendeln Gerichtshelfer aber insbesondere in ländlichen Gebieten an mehreren Tagen der Woche zu Sprechstunden und Auswärtsterminen in benachbarte Gemeinden.

Besonders wichtig – auch im Hinblick auf spätere Änderungsvorschläge – ist die Tatsache, dass nach *Kurzes* Zahlen nur ca. 14,2% der niedersächsischen Gerichtshelfer 1994 älter als 45 Jahre alt waren. Zumindest im Bereich der Gerichtshilfe ist in den nächsten zehn Jahren somit nicht mit einer besonders hohen Fluktuation zu rechnen.

Im Jahr 1999 wurden nach vorläufigen Berechnungen des *Nds. MJ* von jedem Gerichtshelfer durchschnittlich 293,6 Aufträge bearbeitet. Damit ist nach Angaben des *Nds. MJ* die Fallzahlbelastung in den letzten fünf Jahren gestiegen. Insbesondere durch die zunehmend wahrgenommene Möglichkeit der Abwendung der Vollstreckung der Ersatzfreiheitsstrafen durch gemeinnützige Arbeit und durch die Einführung des TOA auch im Erwachsenenstrafrecht ist die Aufgabenlast der Gerichtshelfer bereits in den letzten Jahren gestiegen und wird auch weiterhin steigen.[118]

Bewährungshilfe

Zum Stichtag 1.1.2000 waren in Niedersachsen 251 Planstellen für die Bereiche Bewährungshilfe und Führungsaufsicht vorgesehen.[119] Auch im Bereich der Bewährungshilfe ist der Anteil der Angestellten mit 7,5-8% in den vergangenen fünf Jahren nahezu gleich geblieben.[120] Der Anteil der Vollzeit arbeitenden Bewährungshelfer war nach Berechnungen *Kurzes* mit ca. 88 % 1994 ähnlich hoch wie der bei der Gerichtshilfe. Im Gegensatz zur Gerichtshilfe sind im Bereich der Bewährungshilfe mit ca. 65% mehr Männer als Frauen tätig.[121] Durchschnittlich arbeiten in jedem Landgerichtsbezirk insgesamt 22 Bewährungshelfer in verschiedenen Dienststellen, die durchschnittlich mit 5

118 Vgl. schriftliche Mitteilung des *Nds. MJ* vom 8.8.2000.

119 Auskunft des *Nds. MJ* vom 8.8.2000, wonach es in Niedersachsen in jedem Landgerichtsbezirk eine Führungsaufsichtsstelle mit insgesamt 14 Mitarbeitern des gehobenen Sozialdienstes gibt. „Einige dieser Mitarbeiterinnen und Mitarbeiter haben sogenannte Mischarbeitsplätze inne, d.h. die sind neben der Tätigkeit in der Führungsaufsicht in der Bewährungshilfe tätig. Die Anzahl der Planstellen für die Führungsaufsicht werden im Haushaltsplan nicht gesondert aufgeführt und können deswegen nicht genau angegeben werden."

120 Auskunft des *Nds. MJ* vom 8.8.2000.

121 Im Bereich der Führungsaufsicht arbeiten sogar ca. 88% Männer. vgl. *Niedersächsisches Ministerium der Justiz und für Europaangelegenheiten*: Verzeichnis der Sozialen Dienste in der Strafrechtspflege und im Justizvollzug (Stand: Mai 1999).

Bewährungshelfern besetzt sind.[122] Nach Berechnungen *Kurze*s ergab sich 1994 folgende Altersstruktur der niedersächsischen Bewährungshilfe:

Altersklassen	männlich	weiblich	gesamt
bis 35 Jahre	4,2	18,8	7,9
36 bis 40 Jahre	23,2	21,9	22,8
41 bis 45 Jahre	28,4	31,3	29,1
46 bis 50 Jahre	20,0	18,8	19,7
älter als 50 Jahre	24,2	9,4	20,5

Somit waren 1994 40,2 % der niedersächsischen Bewährungshelfer über 45 Jahre alt. Im Gegensatz zur Gerichtshilfe ist demnach im Bereich der Bewährungshilfe in den nächsten zehn Jahren mit einer größeren Fluktuation zu rechnen.

Am 31.12.1999 lag die durchschnittliche Fallbelastung in der Bewährungshilfe nach Planstellen bei 62,8 Probanden.[123] Auch die Bewährungshelfer hatten in den vergangenen fünf Jahren mit einer gestiegenen Fallzahlbelastung zu kämpfen.[124]

3.2 Arbeitsfeld von Gerichts- und Bewährungshilfe

Die tatsächliche Situation der staatlichen niedersächsischen Gerichts- und Bewährungshelfer war Ende der neunziger Jahre nicht einfach. Während steigende Fallzahlen, eine zunehmend schwierige Klientel[125] und eine mäßige technische

---

122 Verzeichnis der Sozialen Dienste in der Strafrechtspflege und im Justizvollzug (Stand: Mai 1999).

123 Nach Auskunft des *Nds. MJ* auf eine Kleine Anfrage aus dem *Nds. Landtag* (Drs. 14 / 907) lag die Belastung im Mai 1999 bei 63,84 Probanden pro Planstelle. Aufgrund von nicht besetzten Stellen bzw. Freistellung für Leitungsfunktionen, Praxisberatung, Personalvertretung war die tatsächliche Belastung höher. Die Belastung für Personen, die ausschließlich für die Betreuungsarbeit zur Verfügung standen, lag tatsächlich bei durchschnittlich 69,77 Probanden (Drs. 14 / 907, S.2).

124 So lag 1978 die Fallzahlbelastung „nach Planstellen bei 46,9 Probanden pro Stelle, während die tatsächliche Belastung 51 Probanden pro Bewährungshelferin bzw. Bewährungshelfer betrug“ (Drs.14 / 907, S.3).

125 Vgl. *Nds. MJ* 2000, S.7; mündliche Auskunft *Brügmanns* (*Bewährungshilfe Göttingen*) vom 23.6.2000. Nach telefonischer Auskunft *Vosgeraus* (*Arbeitsgemeinschaft Deutsche*

Ausstattung[126] den hauptamtlichen Bewährungshelfern zu schaffen machten,[127] kamen insbesondere auf die Gerichtshelfer bei ähnlich ungünstigen Bedingungen neue, anspruchsvolle Aufgaben in den Bereichen TOA und GA zu.[128] Gleichzeitig machten knappe finanzielle Ressourcen und Sparzwänge in den öffentlichen Haushalten bis dato übliche, kostenintensive Verbesserungen der Situation unmöglich.[129] In dieser schwierigen Lage organisierte die Strafrechtsabteilung des *Niedersächsischen Justizministeriums* Projekte, in denen niedersächsische Bewährungs- und Gerichtshelfer Standards erarbeiteten, „die ihre Tätigkeit beschreiben, das Leistungsprofil [...] nach außen verdeutlichen und nach innen Maßstäbe setzen“ sollten.[130] In den nunmehr veröffentlichten „Standards der Bewährungshilfe“[131] und „Standards der Gerichtshilfe“[132] werden die Arbeitsfelder beider Institutionen detailliert und ausführlich dargestellt. Im Folgenden sollen daher lediglich besonders wichtige Aspekte dargestellt werden.[133]

Bewährungshelferinnen und Bewährungshelfer e.V. Niedersachsen (ADB)) vom 26.2.2002 neigen die niedersächsischen Richter dazu, immer häufiger „vorsorglich“ einen Bewährungshelfer für die zunehmend problembelasteten Verurteilten zu bestellen. Allein im Jahr 2001 sei in Niedersachsen eine Zunahme um ca. 800 Unterstellungen zu verzeichnen gewesen.

126 Zur Ausstattung der einzelnen niedersächsischen Bewährungshilfestellen vgl. Bwh-Info 18 / 2000, S.6f.

127 Neben einer zunehmenden - auch nach außen spürbaren – Unzufriedenheit der Bewährungshelfer, kann sich die große Belastung der Bewährungshelfer auch in häufigen krankheitsbedingten Fehlzeiten äußern, die im schlimmsten Fall zur Frühpensionierung führen (mündliche Auskunft *Brügmanns* vom 23.6.2000). Veröffentlichte amtliche Zahlen für ganz Niedersachsen werden dazu allerdings – aus verständlichen Gründen – nicht herausgegeben. Zur Situation im Landgerichtsbezirk Hannover siehe den Bericht der „Kleinen Gerichtshilfekommission“, S.27ff.

128 Vgl. *Nds. MJ* 2001, Vorwort; bestätigt durch mündliche Auskunft *Clesius-Somés* (*Gerichtshilfe Göttingen*) vom 1.9.2000.

129 Vgl. *Nds. MJ* 2000, S.5, *Nds. MJ* 2001, S.5.

130 Die Projekte sind Bestandteil des Rahmenkonzeptes der Landesregierung für die Staatsmodernisierung und wurden durch die *Niedersächsische Staatskanzlei* gefördert (*Nds. MJ* 2000, Vorwort; vgl. auch *Nds. MJ* 2001, Vorwort).

131 *Nds. MJ* 2000. Mit Beginn des Jahres 2002 gelten die „Standards der Bewährungshilfe“ in leicht veränderter Form als verbindliches Regelwerk für alle niedersächsischen Bewährungshelfer (telefonische Auskunft *Traudens* (*Nds. MJ*) vom 25.2.2002).

132 *Nds. MJ* 2001.

133 Die Darstellung orientiert sich an der in der Praxis üblichen chronologischen Vorgehensweise der Gerichts- und Bewährungshelfer.

Gerichtshilfe

Aufgabenbereich der Ermittlung und Berichterstattung

Auch wenn nach Angaben des *Niedersächsischen Justizministeriums* die Arbeitsbereiche GA und TOA immer mehr Arbeitszeit der Gerichtshilfe beanspruchen,[134] dürfte es sich bei der ermittelnden Tätigkeit aber noch nach wie vor – wie im übrigen auch gesetzlich vorgesehen[135] – um das Hauptaktionsfeld der Gerichtshilfe handeln.

Ermittlungsberichte werden sowohl im Ermittlungs-,[136] als auch im Vollstreckungs-,[137] Bewährungs-[138] und Gnadenverfahren[139] verfasst.[140] Nach Eingang eines entsprechenden Antrags erfolgt eine Zuständigkeitsprüfung. Die Zuständigkeit des einzelnen Gerichtshelfers ergibt sich aus dem Geschäftsverteilungsplan. Grundsätzlich ist jeder Mitarbeiter in seinem Bezirk für sämtliche Aufgaben der Gerichtshilfe zuständig.[141] Ist die Zuständigkeit gegeben, werden nach dem Aktenstudium die für die Bearbeitung erforderlichen allgemeinen Daten erhoben[142] und hernach ein Handlungsplan erstellt, der folgende Punkte beinhalten kann: Einholen weiterer Informationen / Heranziehen von Beiakten, Informationen an Verfahrensbetroffene / Verfahrensbeteiligte, Planung der Kontaktaufnahme, Einschaltung weiterer Personen / Institutionen, erforderliche

---

134 Mitteilung des *Niedersächsischen Justizministeriums* vom 8.8.2000. Bestätigt durch *Clesius-Somé* (*Gerichtshilfe Göttingen*) am 1.9.2000.

135 Vgl. § 9 III 1 AV d. MJ v. 24.5.1976 (Nds. Rpfl S.127).

136 Im Ermittlungsverfahren liefert die Gerichtshilfe Informationen, die für die Bestimmung der Rechtsfolgen und die Strafzumessung Bedeutung haben. So werden Erkenntnisse zur Sozialanamnese, zur wirtschaftlichen und gesundheitlichen Situation, zum sozialen Umfeld sowie zur Einstellung des Betroffenen zum Tatvorwurf zusammengetragen.
Ggf. wird eine Prognose erstellt (*Nds. MJ* 2001, S.18).

137 Die Gerichtshilfe ermittelt die persönliche und wirtschaftliche Situation des Verurteilten, um so zu einer Entscheidung über die weitere Vollstreckung beizutragen (*Nds. MJ* 2001, S.20).

138 Im Bewährungsverfahren kann der zuständige Gerichtshelfer zu einer Änderung von Auflagen und Weisungen und zu einem Widerruf der Bewährung Stellung nehmen (*Nds. MJ* 2001, S.20).

139 Im Gnadenverfahren prüft die Gerichtshilfe die persönlichen Verhältnisse des Betroffenen und seine Angaben im Gnadenbesuch und berichtet darüber (*Nds. MJ* 2001, S.20).

140 *Nds. MJ* 2001, S.18.

141 *Nds. MJ* 2001, S.14.

142 So kann z.B. eine Auskunft aus dem Bundeszentralregister oder der allgemeinen Verfahrensliste der Staatsanwaltschaft angefordert werden. *Nds. MJ* 2001, S.15.

Rücksprachen mit Auftraggebern, Überwachung von Auflagen.[143] Die Kontaktaufnahme erfolgt in der Regel schriftlich, fernmündlich oder persönlich unverzüglich nach Eingang des Auftrags. Der Gerichtshelfer kann den Betroffenen in sein Büro einladen, um Rückmeldung bitten oder einen Hausbesuch ankündigen.[144] Er informiert zunächst den Betroffenen über den Auftraggeber, das Auftragsziel und die Aufgaben der Gerichtshilfe.[145] Sofern notwendig, finden nach dem Erstgespräch Folgekontakte statt.[146] Grundsätzlich erfordert die Arbeit der Gerichtshilfe ein zeitlich flexibles Arbeiten im Innen- wie auch Außendienst. Feste Sprechzeiten sind jedoch vorgeschrieben.[147] Ggf. ist insbesondere eine verfahrensübergreifende Zusammenarbeit mit den anderen Sozialen Diensten der Justiz, der Polizei, den Justizvollzugsanstalten, den Sozialbehörden sowie Einrichtungen karitativer, kirchlicher und freier Träger notwendig.[148] Je nach Art des Verfahrens endet die Tätigkeit der Gerichtshilfe mit der Berichterstattung an den Auftraggeber.[149] Die Berichte, die in der Regel mit einer fachlichen Stellungnahme verbunden sind, sind „geprägt durch eine sachliche, objektive und prägnante Darstellung von Sachverhalten, in die grundsätzlich nur entscheidungsrelevante Informationen einfließen"[150].

Aufgabenbereich des TOA

Ebenfalls zum Arbeitsfeld der Gerichtshilfe gehört der TOA,[151] der im Bereich des Erwachsenenstrafrechts in Niedersachsen überwiegend von der staatlichen Gerichtshilfe durchgeführt wird.[152] Zahlreiche niedersächsische Gerichtshelfer haben in den vergangenen Jahren Fortbildungen zu Konfliktschlichtern ge-

---

143 *Nds. MJ* 2001, S.15.

144 Oftmals ist bei der immer schwieriger werdenden Klientel eine mehrmalige Kontaktaufnahme durch den Gerichtshelfer notwendig. *Clesius-Somé* (*Gerichtshilfe Göttingen*) spricht in diesem Zusammenhang von „aufsuchender Sozialarbeit".

145 So erläutert er u.a. die Sach- und Rechtslage, belehrt den Betroffenen über seine Rechte und Pflichten und die Schweigepflicht nach § 203 I Nr. 5 StGB (*Nds. MJ* 2001, S.16).

146 *Nds. MJ* 2001, S.17.

147 *Nds. MJ* 2001, S.16.

148 *Nds. MJ* 2001, S.23.

149 Kommt dem Bericht der Gerichtshilfe für die Strafzumessung eine besondere Bedeutung zu, so kann der zuständige Gerichtshelfer ggf. persönlich an der Hauptverhandlung teilnehmen (*Nds. MJ* 2001, S.17).

150 *Nds. MJ* 2001, S.22.

151 Umfassend zum TOA in Deutschland vgl. *Bundesministerium der Justiz* 1998.

152 Schriftliche Auskunft des *Nds. MJ* vom 8.8.2000.

macht, um die steigende Zahl von TOA-Verfahren[153] bewältigen und ein flächendeckendes Angebot in Niedersachsen gewährleisten zu können. Üblicherweise wird ein TOA wie folgt durchgeführt:[154]

Nachdem den Gerichtshelfern der Fall[155] zugewiesen worden ist, setzen sie sich sowohl mit Täter als auch Opfer üblicherweise schriftlich in Verbindung und stellen fest, ob beide Seiten zu einem TOA bereit sind. Sollte dies der Fall sein, so sprechen sie zunächst getrennt mit beiden Seiten. Sie erläutern ihnen die Rahmenbedingungen des TOA, erfragen subjektive Sichtweisen der Tat, ihre Erwartungen, Forderungen und Ängste.[156] In der Praxis kommt es häufig vor, dass niedersächsische Gerichtshelfer dazu insbesondere die Opfer nach Absprache abends oder an den Wochenenden zu Hause aufsuchen und erhebliche Anfahrtswege in Kauf nehmen.[157] Sind beide, Täter und Opfer, zu einer direkten Konfrontation bereit, so folgt ein Ausgleichsgespräch ebenfalls möglicherweise an Abenden oder Wochenenden zumeist in den Räumen der Gerichtshilfe. Bei diesem Treffen besprechen die Beteiligten im Beisein des Vermittlers den Konflikt und die Möglichkeiten einer außergerichtlichen Einigung. Möglich ist aber auch eine Verhandlung durch wechselseitige Einzelgespräche mit dem Gerichtshelfer, wenn eine der Seiten eine direkte Konfrontation ablehnt. Haben sich beide Seiten mündlich geeinigt, so wird die Vereinbarung schriftlich festgehalten und deren Einhaltung – z.B. die Abwicklung bestimmter Wiedergutmachungsleistungen – durch den Gerichtshelfer kontrolliert. Der Gerichtshelfer teilt das Ergebnis seiner auftraggebenden Stelle mit.[158]
Um die beschriebenen Aufgaben bewältigen zu können, sorgt die Justizverwaltung laut Festlegung in den Standards für „die notwendige sachliche, personelle, technische[159] und räumliche Ausstattung“[160]. Der Qualitätssicherung sollen Fort-

153 Konkrete Zahlenangaben zu den in Niedersachsen in den letzten fünf Jahren durchgeführten TOA-Verfahren können nach Auskunft des *Nds. MJ* vom 8.8.2000 nicht gemacht werden, weil die Erhebungsgrundlage erst durch die TOA-Richtlinie vom 1.5.2000 vereinheitlicht wurde.

154 Vgl. dazu *Netzig* 2000, S.59f.; siehe auch *Nds. MJ* 2001, S.20f. Fallbeispiele zum TOA finden sich bei *Hassemer* in *Bundesministerium der Justiz* 1998, S.433-461.

155 In der Regel im Vorverfahren von der Staatsanwaltschaft, denkbar aber auch im Hauptverfahren vom Gericht.

156 *Netzig* 2000, S.59f.

157 Mündliche Auskunft *Clesius-Somés* (*Gerichtshilfe Göttingen*) vom 12.12.2000.

158 *Netzig* 2000, S.59ff.

159 So ist gemäß *Nds. MJ* 2001, S.26 „eine zeitgemäße technische Büroausstattung sicherzustellen“.

160 *Nds. MJ* 2001, S.25.

bildung, kollegialer Austausch, Dienstbesprechungen und Supervision dienen.[161]

Bewährungshilfe

Anders als es der Wortlaut des § 56 d I StGB vermuten lässt, ist die Unterstellung eines Probanden in Niedersachsen nicht nur auf Grund namentlicher richterlicher Bestellung, sondern auch nach dem Geschäftsverteilungsplan in Verbindung mit bürointernen Vereinbarungen der Bewährungshelfer möglich[162] und in der Praxis der häufigere Fall.[163]

Ein Erstkontakt zu den Probanden soll spätestens innerhalb von 14 Tagen nach Eingang der Bewährungssache aufgenommen werden. Erscheint der Proband auch nach weiteren drei Aufforderungen zur Kontaktaufnahme nicht, erfolgt die Mitteilung an das aufsichtsführende Gericht.[164] In der Praxis kommt es häufig vor, dass Probanden mehrmals zu einem Gespräch gebeten werden müssen. Die Bewährungshelfer sind jedoch bemüht, verschiedene Möglichkeiten der Kontaktaufnahme (schriftlich, telefonisch, persönlich) zu nutzen, bevor sie sich an das Gericht wenden.[165] Nach dem Erstgespräch finden weitere Folgekontakte statt. Die Kontakthäufigkeit hängt vom Einzelfall ab. Wegen der Aufsichtspflichten des Bewährungshelfers sollte in der Regel mindestens alle acht Wochen ein Kontaktgespräch geführt werden.[166] Üblicherweise findet ein Treffen einmal monatlich statt, in Krisensituation auch einmal wöchentlich. Lediglich zum Ende der Unterstellung werden die Abstände größer und betragen dann bis zu acht Wochen.[167]

Sowohl bzgl. der Auflagen und Weisungen als auch bzgl. des Hilfe- und Betreuungsbedarfs treffen Bewährungshelfer und Proband Absprachen und ver-

---

161 *Nds. MJ* 2001, S.27f.

162 *Nds. MJ* 2000, S.14, siehe dort auch die Vergabekriterien im Einzelnen.

163 Mündliche Auskunft *Brügmanns* (*Bewährungshilfe Göttingen*) vom 23.6.2000. Zu einem ganz ähnlichen Ergebnis kommt auch *Kurze* laut telefonischer Auskunft vom 26.6.2000 in seiner oben genannten Untersuchung, nach der die niedersächsischen Gerichte nur in 7,7% der Fälle eine Bestellung persönlich vornehmen.

164 *Nds. MJ* 2000, S.15f.

165 Mündliche Auskunft *Brügmanns* (*Bewährungshilfe Göttingen*) vom 23.6.2000.

166 *Nds. MJ* 2000, S.17.

167 Mündliche Auskunft *Brügmanns* (*Bewährungshilfe Göttingen*) vom 23.6.2000, der darauf hinwies, dass zu häufige Kontakte durchaus auch kontraproduktiv wirken könnten, weil die Probanden versucht seien, ihr Leben nicht in ausreichendem Maße selbst in die Hand zu nehmen.

einbaren Ziele.[168] Das Betreuungsangebot der niedersächsischen Bewährungshilfe umfasst u.a. die allgemeine Lebensberatung mit der Zielsetzung der Hilfe zur Selbsthilfe, rechtliche Beratung im Rahmen der AV d. MJ v. 20.12.1995, Motivationsarbeit zur Überwindung bestehender Suchtprobleme, finanzielle Beratung / Geldverwaltung, Schuldnerberatung, Partnerberatung, schulische und berufliche Beratung, Freizeitberatung, psychosoziale Beratung, Thematisierung der Straftat und ihrer Folgen, Hilfestellung bei der Formulierung von Schreiben, Mitwirkung bei Wohnraumbeschaffung und Abgabe von Stellungnahmen an andere Institutionen auf Wunsch des Probanden.[169]

Die Aufsicht der Probanden richtet sich in Art und Umfang nach den Erfordernissen des Einzelfalls, wobei die inhaltliche Ausgestaltung der Auflagen und Weisungen allein dem Gericht obliegt. Eine Delegation der inhaltlichen Ausgestaltung an den Bewährungshelfer ist nicht möglich, jedoch kann die „nähere Ausgestaltung der Auflage oder Weisung“ an den Bewährungshelfer übertragen werden. Ein Anweisungsrecht gegenüber dem Probanden hat der Bewährungshelfer nicht.[170] Dennoch sollten die potentiellen Kontrollmöglichkeiten der niedersächsischen Bewährungshelfer nicht unterschätzt werden. Die Übertragung der näheren Ausgestaltung ist in Niedersachsen gängige Praxis und der Einfluss der Bewährungshelfer auf die Auflagen und Weisungen als relativ hoch einzuschätzen, da die Gerichte den „Anregungen“ der Bewährungshelfer üblicherweise folgen.[171]

Neben regelmäßigen Aktenvermerken z.B. über Zeitpunkt, Anlass und Inhalt von Kontakten, setzen die Bewährungshelfer die Gerichte durch Berichte über den Verlauf der Bewährung in Kenntnis. Die Berichte enthalten Informationen über die Anschrift und Wohnsituation, die wirtschaftliche und soziale Situation, die Arbeitssituation, Auflagen und Weisungen, den Betreuungsverlauf sowie Kontakt zum Bewährungshelfer, besondere Probleme (z.B. Sucht, Verschuldung und Ähnliches), neue Ermittlungsverfahren und Empfehlungen zu weiteren Maßnahmen. Die „Berichte werden nach gerichtlicher Aufforderung, Vereinbarung mit dem Gericht oder aus besonderem Anlass erstellt. Sie sind [...] dem Probanden in geeigneter Form zur Kenntnis zu bringen“[172].

Funktioniert die Zusammenarbeit zwischen Proband und Bewährungshelfer nicht oder nur sehr schwierig, so ist auf Wunsch des Probanden oder des Be-

---

168 *Nds. MJ* 2000 S.18.

169 *Nds. MJ* 2000, S.18f.

170 *Nds. MJ* 2000, S.20.

171 Mündliche Auskunft *Brügmanns* (*Bewährungshilfe Göttingen*) vom 23.6.2000.

172 *Nds. MJ* 2000, S.21f.

währungshelfers ein Wechsel des Bewährungshelfers möglich.[173] In der Praxis versucht man dem vorzubeugen, in dem bereits bei der internen Verteilung innerhalb einer Bewährungshilfestelle darauf geachtet wird, dass persönliche Schwierigkeiten zwischen Proband und Betreuer nicht schon vorprogrammiert sind.[174]

Um die beschriebenen umfangreichen Aufgaben bewältigen zu können, bedarf es eines Mindestmaßes an personeller, technischer und räumlicher Ausstattung sowie effizienter Arbeitsstrukturen.[175] Hinsichtlich der schwierigen Personalsituation wird in den „Standards"[176] auf eine Erhebung des *Landesrechnungshofes* von 1986 verwiesen, nach der eine Überlastung der Bewährungshelfer bei 55 Probanden nicht festgestellt werden konnte. Es wird daher in den „Standards" auf die Festlegung einer angemessenen Fallzahlbelastung verzichtet und festgestellt, dass die Einhaltung der Standards im übrigen auch bei einer erheblichen höheren Belastung soweit möglich zu gewährleisten sei, ihre vollständige Einhaltung [dann] aber nicht erwartet werden könne.[177] Bezüglich der technischen Ausstattung wird festgelegt, dass „eine zeitgemäße technische Büroausstattung sicherzustellen" sei.[178]

Eine fachliche Qualitätssicherung soll durch Fortbildung, Teamarbeit, kollegiale Beratung, Fallbesprechung, Supervision, Dienstbesprechung, Leitungsfunktion, Mitarbeitergespräch und Geschäftsprüfung sichergestellt werden.[179] In der Praxis finden die genannten Maßnahmen zur Qualitätssicherung sämtlich statt.[180]

3.3 Private Elemente in der Gerichtshilfe

Der Grad der Einbeziehung Privater ist in den verschiedenen Aufgabenbereichen der Gerichtshilfe unterschiedlich hoch. Im Folgenden soll daher die Situation in den traditionellen und in den neuen Aufgabenbereichen der Gerichtshilfe getrennt dargestellt werden.

---

173 *Nds. MJ* 2000, S.23; bestätigt durch mündliche Auskunft *Brügmanns* (*Bewährungshilfe Göttingen*) vom 23.6.2000.

174 Mündliche Auskunft *Brügmanns* (*Bewährungshilfe Göttingen*) vom 23.6.2000.

175 Vgl. *Nds. MJ* 2000, S.26.

176 *Nds. MJ* 2000, S.26.

177 *Nds. MJ* 2000, S.26.

178 *Nds. MJ* 2000, S.27.

179 *Nds. MJ* 2000, S.29f.

180 Mündliche Auskunft *Brügmanns* (*Bewährungshilfe Göttingen*) vom 23.6.2000.

3.3.1 Traditionelle Aufgabenbereiche[181]

Traditionellerweise fungiert die Gerichtshilfe als „ein besonderes, von den herkömmlichen Strafverfolgungsbehörden getrenntes, mit der Aufklärung der persönlichen Verhältnisse und des sozialen Umfeldes des Beschuldigten befasstes Ermittlungsorgan"[182]. Im Rahmen der traditionellen Ermittlungstätigkeit beschränkt sich die Einbindung Privater auf ein bloßes Kennenlernen oder Befragen von Privatpersonen oder privaten Institutionen aus dem Umfeld des Probanden. Nach *Kurze*[183] wird im Rahmen der Ermittlungstätigkeit in 94 % der erledigten Aufträge ein ausführliches Gespräch mit dem Betroffenen geführt. Darüber hinaus sprechen Gerichtshelfer u.U. mit dem Partner des Betroffenen, seinen Familienangehörigen, behandelnden Ärzten und Therapeuten. Vermieter, Arbeitgeber und potentielle Gläubiger werden hingegen kaum oder nur sehr selten befragt.[184]

Ebenfalls eher zu den traditionellen Tätigkeiten der Gerichtshilfe – wenn auch nicht zu deren Hauptaufgaben – gehört die Einleitung von Hilfemaßnahmen in offenkundig gewordenen Notlagen.[185] Die Einleitung von (sofortigen) Hilfemaßnahmen erfolgt zumeist in Fällen, in denen familiäre, psychische oder finanzielle Probleme vorliegen. Oftmals gibt es auch Schwierigkeiten in den Bereichen Wohnung, Arbeit oder Partnerschaft.[186] Alle niedersächsischen Gerichtshilfestellen verfügen über Verzeichnisse und Karteien, in denen staatliche und nichtstaatliche Institutionen vermerkt sind, auf deren Hilfeangebote die Gerichtshilfe möglicherweise zurückgreifen kann.[187] *Kurze* kommt in seiner Studie allerdings zu dem Ergebnis, dass die Gerichtshelfer „nur in wenigen Fällen [...] die Ressourcen anderer Dienste oder Hilfseinrichtungen in Anspruch zu nehmen scheinen, um ihren Klienten über berichtsorientierte ermittelnde Tätigkeiten hinaus Hilfsmaßnahmen zur Verbesserung ihrer Situation zu erschließen"[188].

---

181 Im Sinne von Aufgaben, die der staatlichen Gerichtshilfe seit ihrer endgültigen – gesetzlich verankerten - Etablierung im Jahre 1975 ausdrücklich per Gesetz zugewiesen sind.

182 *Löwe / Rosenberg-Rieß* 1989 § 160 Rn.73; *Deutsche Bewährungshilfe* 1991, S.10; vgl. *Koch* 1999, S.36f.

183 *Kurze* 1999, S.204.

184 *Kurze* 1999, S.204f.

185 *Deutsche Bewährungshilfe* 1991, S.15.

186 *Kurze* 1999, S.204f.

187 Im Falle drohender Obdachlosigkeit eines Probanden vermag die *Göttinger Gerichtshilfe* z.B. auf das Hilfsangebot der *„Anlaufstelle – Kontakt in Krisen"* zurückgreifen, die übergangsweise Wohnraum zur Verfügung stellen kann.

188 *Kurze* 1999, S.207. Die seltene Einleitung von Hilfsmaßnahmen entspricht jedoch ganz der in § 9 VI AV d. MJ v. 24.5.1976 festgelegten Intention des Landesgesetzgebers,

3.3.2 Neuere Aufgabenbereiche

Im Gegensatz zu den traditionellen Aufgabenbereichen, sind es die in den vergangenen Jahren „boomenden" Bereiche der GA und des TOA, in denen schon heute eine nennenswerte Einbindung Privater zu verzeichnen ist. Da die Zusammenarbeit staatlicher und privater Stellen im Bereich der GA im Rahmen von Kapitel 5 ausführlich dargestellt wird, soll im Folgenden die Arbeit Privater im Bereich des TOA näher untersucht werden.

Anders als im Bereich des Jugendstrafrechts wird der TOA im Erwachsenenstrafrecht in Niedersachsen noch überwiegend von der Gerichtshilfe wahrgenommen[189] und liegt damit bisher mehrheitlich in staatlicher Hand. Auch in diesem Bereich werden aber spätestens seit Beginn der 90er Jahre die rein staatlichen Strukturen etwas „aufgebrochen". Auf dem Gebiet des TOA für Erwachsene ist in Niedersachsen einerseits der Verein *WAAGE Hannover e.V.* als fest etablierter freier Träger tätig, andererseits gibt es einige neue freie Träger, die beginnen, in diesem Bereich Fuß zu fassen. Im Folgenden soll zunächst die Entstehungsgeschichte und die Arbeit des Vereins *WAAGE* dargestellt werden. Im Anschluss wird kurz auf neuere Modellprojekte eingegangen.

3.3.2.1 Der Verein *WAAGE* als etablierter freier Träger

Entstehungsgeschichte und Anfangsschwierigkeiten[190]

Im Jahre 1989 wurde von Mitarbeitern des *Kriminologischen Forschungsinstituts Niedersachsen (KFN)* auf Anregung von dessen damaligem Direktor *Pfeiffer* ein erster Konzeptentwurf für ein TOA-Projekt in freier Trägerschaft erstellt.[191] Noch im gleichen Jahr wurde von staatlicher Seite Zustimmung zu einem entsprechenden Modellversuch signalisiert und daraufhin 1990 der Verein *WAAGE Hannover – Verein für Konfliktschlichtung und Wiedergutmachung* gegründet.[192] Das Modellprojekt „TOA im allgemeinen

---

entsprechende Tätigkeiten nur in „offenkundig gewordenen Notlagen" zuzulassen. Darüber hinaus steht die seltene Einleitung von Hilfsmaßnahmen auch im Einklang mit dem überwiegend vertretenen Verständnis von der Gerichtshilfe als Ermittlungsorgan und nicht als Fürsorgebehörde (vgl. *Koch* 1999, S.32).

189 Schriftliche Auskunft des *TOA-Servicebüros* Köln vom 11.7.2000.

190 Im Folgenden soll ein kurzer Überblick der für den Gegenstand dieser Arbeit besonders wichtigen Ereignisse gegeben werden. Ausführliche Darstellungen finden sich insbesondere bei *Pfeiffer* 1997 und *Netzig* 2000.

191 *Netzig / Petzold* in *Pfeiffer* 1997, S.9 (13).

192 *Netzig / Petzold* in *Pfeiffer* 1997, S.9 (13).

Strafrecht" wurde zunächst für drei Jahre eingerichtet. Das *Niedersächsische Ministerium der Justiz* bewilligte dem Verein jährliche Mittel i.H.v. ca. 170000 DM,[193] die Volkswagenstiftung bewilligte dem *KFN* Forschungsgelder i.H.v. 834000 DM für die dreijährige Begleitforschung.[194] Darüber hinaus wurde die *WAAGE* vom OLG Oldenburg in das Verzeichnis gemeinnütziger Einrichtungen aufgenommen und konnte somit auch Geldbußen empfangen.[195] Mitte 1992 nahm der Verein seine Arbeit auf.[196]

Trotz sorgfältiger Vorbereitung des Projekts[197] und einer an sich günstigen Ausgangslage,[198] hatte der Verein zunächst mit erheblichen Anfangsschwierigkeiten zu kämpfen. Insbesondere die Dezernenten der Staatsanwaltschaft Hannover verweigerten zunächst weitgehend die angestrebte Kooperation.[199] Obwohl *Hartmann* aufgrund einer von ihr durchgeführten Aktenanalyse zu der Einschätzung gelangte, dass grundsätzlich ca. 16 % der von der Staatsanwaltschaft Hannover bearbeiteten Fälle TOA-geeignet sind,[200] wurden der *WAAGE* in den ersten sechs Monaten ihrer Tätigkeit tatsächlich nur 1% der grundsätzlich geeigneten Fälle zugewiesen.[201] Von den TOA-geeigneten Verfahren fielen potentiell 58 % in die Aufgabenbereiche der Amtsanwaltschaft, die verbleibenden 42% kamen aus den Dezernaten der Staatsanwaltschaft.[202] Im Gegensatz dazu wurden nach einer Untersuchung von *Christochowitz* der *WAAGE* jedoch tat-

---

193 Denn auch im Ministerium hatte man zu diesem Zeitpunkt erkannt, dass angesichts zunehmender sozialer Verschärfungen und Ausgrenzungsprozesse fachliche Verbundsysteme zwischen öffentlichen und privaten Trägern gefördert werden mussten (vgl. *Best* in BewHi 1994, S.131 (131f.)).

194 *Netzig / Petzold* in *Pfeiffer* 1997, S.9 (14).

195 *Netzig / Petzold* in *Pfeiffer* 1997, S.9 (14).

196 *Netzig / Petzold* in *Pfeiffer* 1997, S.9 (15).

197 So hatte z.B. eine aus Vertretern der *Staatsanwaltschaft Hannover*, der *WAAGE* und des *Kriminologischen Forschungsinstituts Niedersachsen* zusammengesetzte Arbeitsgruppe in den Monaten vor Beginn des Modellversuchs Vorschläge für die praktische Umsetzung des TOA-Konzepts ausgearbeitet (*Netzig* 2000, S.72).
Auch fanden mehrere Informationsveranstaltungen und Aufklärungsgespräche insbesondere mit Vertretern von Staats- und Amtsanwaltschaft statt. Der leitende Oberstaatsanwalt erließ eine Hausverfügung zum TOA (*Netzig / Petzold* in *Pfeiffer* 1997, S.9 (14f.)).

198 Vgl. *Pfeiffer* in *Pfeiffer* 1997, S.1 (1).

199 *Pfeiffer* in *Pfeiffer* 1997, S.1 (2).

200 *Hartmann* in *Pfeiffer* 1997, 129 (201).

201 *Pfeiffer* in *Pfeiffer* 1997, S.1 (3); *Hartmann* in *Pfeiffer* 1997, S.129 (166f.).

202 *Hartmann* in *Pfeiffer* 1997, S.129 (167).

sächlich 95 % der von ihr bearbeiteten Fälle von den Amtsanwälten zugewiesen.[203]

Trotz der Implementationsschwierigkeiten wurde sowohl von Seiten des Vereins als auch von Seiten der Generalstaatsanwaltschaft und der Amtsleitung der Staatsanwaltschaft u.a. mit Hilfe zahlreicher Informationsveranstaltungen und Gespräche, erneuter Hausverfügungen[204] sowie schließlich auch mit der Einrichtung je eines Sonderdezernates bei Amts- und Staatsanwaltschaft[205] versucht, die Kooperationsbereitschaft der zuständigen Stellen zu fördern.[206] Zwar blieb die Zahl der zugewiesenen Fälle bis zum Ablauf der dreijährigen Laufzeit des Projekts weit hinter den anfangs gehegten Erwartungen zurück, dennoch bewilligten die Abgeordneten des *Niedersächsischen Landtages* Anfang 1995 trotz angespannter Haushaltslage und rigider Sparmaßnahmen in allen Bereichen die Weiterfinanzierung der *WAAGE* Hannover.[207]

Aktuelle Situation

Insbesondere nach der Einführung der TOA-Sonderdezernate nahm die Zahl der von der *WAAGE* durchgeführten TOA von 1994 bis 1997 auf 345 abgeschlossene Verfahren pro Jahr zu[208] und verdoppelte sich bis Ende 2001 nochmals auf ca. 600.[209] Aufgrund der weitgehend stabilen Zahlen zugewiesener Fälle wurde das Sonderdezernat TOA zum Ende des Jahres 2000 aufgelöst. Während es sich in der Etablierungsphase des Modellprojekts bewährt hatte, kam es später darauf an, dass möglichst viele Dezernenten selbst und unmittelbar gute Erfahrungen mit dem Verein *WAAGE* machen konnten.[210]

Die Kosten der Durchführung der TOA trug zunächst das *Niedersächsische Ministerium der Justiz* zu 90 %. Die verbleibenden 10% wurden durch Spenden

---

203 *Pfeiffer* in *Pfeiffer* 1997, S.1 (3).

204 Welche jedoch nach der Studie von *Christochowitz* von den von ihr befragten Staatsanwälten als nicht so verbindlich wie andere Hausverfügungen eingestuft wurden (*Christochowitz* in *Pfeiffer* 1997, S.217 (270)).

205 Einzelne Amts- und Staatsanwälte konnten geeignete Fälle ohne Aufwand behördenintern an den für die Zusammenarbeit mit der *WAAGE* zuständigen Sonderdezernenten abgeben. Dieser prüfte die Fälle, leitete sie an das TOA-Projekt weiter und entschied nach Rückgabe über den Abschluss des Verfahrens (*Netzig* 2000, S.73).

206 *Netzig / Petzold* in *Pfeiffer* 1997, S.9 (16ff.).

207 *Netzig / Petzold* in *Pfeiffer* 1997, S.9 (24).

208 Schriftliche Mitteilung *Netzigs* (*WAAGE* Hannover) von September 2000.

209 Telefonische Auskunft *Netzigs* (*WAAGE* Hannover) vom 26.2.2002.

210 So *Netzig* in einer telefonischen Erklärung vom 3.11.2000.

und Geldbußen bestritten.[211] Mittlerweile sieht sich die *WAAGE* nach entsprechenden Vorgaben durch das Ministerium gezwungen, ihren Eigenmittelanteil zu verdoppeln.[212]

Die *WAAGE* hat drei Vermittlerstellen und eine 2/3 Stelle für die Geschäftsstellenleitung. Drei der Mitarbeiter sind seit vielen Jahren als Ausbilder in den Bereichen TOA und Mediation tätig. Die vierte Mitarbeiterin absolvierte sowohl eine Mediationsausbildung als auch die von der *Deutschen Bewährungshilfe* angebotene „Grundqualifikation für den TOA“.[213] Bisher sind in der *WAAGE* keine Ehrenamtlichen tätig. Von Seiten des Ministeriums wurde jedoch – vermutlich aus Kostengründen – der Wunsch geäußert, dass man im Verein ein entsprechendes Arbeitskonzept erstellen möge.

3.3.2.2 Neuere freie Träger

Außer dem Verein *WAAGE* im Landgerichtsbezirk Hannover werden auch in anderen niedersächsischen Landgerichtsbezirken freie Träger im Bereich des TOA nach allgemeinem Strafrecht tätig.

In Oldenburg ist seit 1989 der Verein *Konfliktschlichtung e.V.* im Bereich des TOA tätig.[214] 1993 bewilligte das *Nds. Justizministerium* eine Modellprojektförderung, die zur Erprobung des TOA im allgemeinen Strafrecht durch den Verein in der Stadt Oldenburg führte.[215] Aufgrund ähnlich bedrückender Implementationsschwierigkeiten wie bei der *WAAGE* in Hannover – auch in Oldenburg wurden dem Verein nicht genügend Fälle von der Staatsanwaltschaft zugewiesen – wurde jedoch die Förderung durch das Ministerium wohl auch angesichts der angespannten Haushaltslage des Landes eingestellt.[216] Sonderdezernate hatte es in Oldenburg nicht gegeben.[217]

Dennoch führte der Verein *Konfliktschlichtung* weiterhin den TOA mit erwachsenen Beschuldigten und deren Geschädigten mit Hilfe ehrenamtlicher Mitarbeiter durch. Seit Oktober 1999 gibt es bei der *Konfliktschlichtung* wieder eine feste Mitarbeiterstelle für den TOA im allgemeinen Strafrecht.[218] Bis zum

---

211 *Netzig* in einer telefonischen Erklärung vom 3.11.2000.

212 Telefonische Auskunft *Netzigs* (*WAAGE* Hannover) vom 26.2.2002.

213 Telefonische Auskunft *Netzigs* (*WAAGE* Hannover) vom 26.2.2002.

214 *Konfliktschlichtung e.V.* 1999, S.2.

215 *Konfliktschlichtung e.V.* S.15.

216 *Konfliktschlichtung e.V.* S.5, 15.

217 Fermündliche Auskunft *Gütlings* (*Konfliktschlichtung* Oldenburg) vom 22.11.2000.

218 *Konfliktschlichtung* 1999, S.2.

Beginn der Kostenübernahme durch das Ministerium ab 1.1.2000 wurde die Stelle zunächst durch eine Großspende und dann mit Hilfe von Geldbußen finanziert. Im Jahr 2001 wurde der Verein zu ca. 60% durch das *Niedersächsische Justizministerium*, zu 30% von der Stadt Oldenburg und zu 10% aus Eigenmitteln finanziert.[219] Mittlerweile läuft die Zusammenarbeit zwischen der Staatsanwaltschaft Oldenburg und dem Verein nahezu reibungslos. Es finden gemeinsame Seminare statt. Die Staatsanwaltschaft verweist die für einen TOA in Frage kommenden Fälle zu gleichen Teilen an die staatliche Gerichtshilfe und die *Konfliktschlichtung e.V.*. Nach einer kurzfristigen zuweisungsbedingten Überlastung des Vereins,[220] sind nunmehr mit ca. 200 Aktenzeichen im Jahr 2001 für vier hauptamtliche Pädagogen und eine Verwaltungskraft[221] sowie ca. drei ehrenamtliche Mitarbeiter noch Kapazitäten frei.[222] Der Verein arbeitet nach den vom *TOA-Servicebüro Köln* herausgegebenen TOA-Qualitätsstandards.[223]

Im Landkreis Wittmund wird der TOA für Erwachsene seit dem 1.11.1999 vom *Präventionsrat im Harlingerland e.V.* durchgeführt.[224] Der *Präventionsrat im Harlingerland e.V.* ist ein gemeinnütziger Verein. Er besteht seit 1996. Unterschiedliche soziale und präventive Projekte werden von ihm unterstützt, ehrenamtlich geleitet und organisatorisch entwickelt. Der TOA wird von einer hauptamtlichen, Vollzeit tätigen Dipl. Pädagogin durchgeführt, die eine einjährige Grundqualifizierung für TOA vom *TOA-Servicebüro Köln* vorweisen kann. Ihre Stelle wurde vom 1.11.1999 bis 31.3.2001 zunächst in vollem Umfang vom Arbeitsamt bezahlt. Zusätzlich standen Einnahmen aus Geldbußen zur Verfügung.[225] Seit April 2001 trägt das *Nds. Justizministerium* die Hauptkostenlast.[226] Nach einer Anlaufzeit, in der Staatsanwaltschaft und Polizei erst noch Vertrauen zu dem neuen Angebot fassen bzw. Erfahrungen sammeln mussten, war zunächst eine Zunahme der Fälle festzustellen. Bedingt durch Umstrukturierungen bei der Staatsanwaltschaft kam es dann jedoch erneut zu einem Rückgang

219 Telefonische Auskunft *Ihnens* (*Konfliktschlichtung* Oldenburg) vom 26.2.2002.

220 Fernmündliche Auskunft *Gütlings* vom 22.11.2000.

221 Die hauptamtlichen Pädagogen haben 30-Stunden-Stellen, die Verwaltungskraft hat eine 19,5-Stunden-Stelle.

222 Telefonische Auskunft *Ihnens* (*Konfliktschlichtung* Oldenburg) vom 26.2.2002.

223 *Konfliktschlichtung e.V.* 1999, S.3.

224 Schriftliche Mitteilung *Nicolais* (*Präventionsrat im Harlingerland*) vom 21.11.2000.

225 Schriftliche Mitteilung *Nicolais* (*Präventionsrat im Harlingerland*) vom 21.11.2000.

226 Nach telefonischer Auskunft *Nicolais* (*Präventionsrat im Harlingerland*) vom 25.2.2002 zahlte das Ministerium im Jahr 2001 einen Zuschuss von 30000 DM.

der Zuweisungen, weil bei den zuständigen Amts- und Staatsanwälten erneut Informations- und Überzeugungsarbeit geleistet werden musste.[227]

In der Stadt Emden und im Landkreis Aurich führt seit Oktober 2000 das *VHS-Mediationsbüro* TOA für Erwachsene durch.[228] Bereits seit April 1998 war die Etablierung eines TOA-Büros von Mitarbeitern der Jugendgerichtshilfe Emden sowie Dozenten und Studenten der Fachhochschule geplant. Bei dem Versuch, das Projekt bei einem sich anbietenden Träger anzusiedeln, kam es jedoch zu Schwierigkeiten, und die Planung geriet ins Stocken. Erst im Dezember 1999 konnte die *VHS Emden* als Träger gewonnen werden. Aufgrund einer Zwischenfinanzierung der *Klosterkammer* konnte das Projekt am 1.10.2000 offiziell begonnen werden, ehe ab März 2001 eine Bezuschussung durch das *Niedersächsische Ministerium der Justiz* erfolgte. Momentan wird das Büro zu 2/3 vom Ministerium sowie darüber hinaus von der Stadt Emden, dem Landkreis Aurich und durch Bußgelder finanziert. Im Jahr 2001 konnten die zwei zuständigen Pädagoginnen, die sich eine Stelle teilen, ca. 80 Fälle abschließen.[229]

In Lingen wird seit Februar 2001 Täter-Opfer-Ausgleich für Erwachsene vom *Sozialdienst Katholischer Männer* (*SKM*) angeboten, nachdem der Dienst bereits vorher im Jugendbereich entsprechende Erfahrungen gesammelt hatte.[230] Die Arbeit der zwei zuständigen Mitarbeiter, die sich eine 30-Stunden-Stelle teilen, wird vom Niedersächsischen Ministerium der Justiz und der Stadt Lingen finanziell unterstützt. Die hohe Fallbelastung mit ca. 100 Fällen im Jahr 2001 ist darauf zurückzuführen, dass die zunächst zuständige Gerichtshilfe den bereits funktionierenden Bereich TOA – wohl aufgrund der positiven Erfahrungen im Jugendbereich – komplett an den *SKM* abgetreten hat.[231]

3.4 Private Elemente in der Bewährungshilfe

Auch im Bereich der Bewährungshilfe ist der Grad der Einbeziehung Privater unterschiedlich hoch. Wie bereits erwähnt,[232] besteht die Möglichkeit, die Betreuung und Überwachung eines Verurteilten gänzlich einem privaten, ehrenamtlich tätigen Bewährungshelfer zu übertragen. In Niedersachsen waren zum

---

227 Telefonische Auskunft *Nicolais* (*Präventionsrat im Harlingerland*) vom 25.2.2002.

228 Diese und alle weiteren Aussagen über die Arbeit des *Mediationsbüros* in Emden basieren auf der schriftlichen Mitteilung *Heppners* (*Mediationsbüro* Emden) vom 15.11.2000.

229 Telefonische Auskunft *Heppners* (*VHS-Mediationsbüro*) vom 25.2.2002.

230 Telefonische Auskunft *Lammels* (*SKM*) vom 25.2.2002.

231 Telefonische Auskunft *Lammels* (*SKM*) vom 25.2.2002.

232 Siehe oben Kap.3 1.5.

Stichtag 31.12.1999 43 ehrenamtliche Bewährungshelfer tätig.[233] Die Zahl der Ehrenamtlichen ist seit Jahren rückläufig.[234] Insgesamt wurden 1999 von staatlicher Seite 60600 DM Aufwandsentschädigung an die ehrenamtlichen Bewährungshelfer gezahlt, durchschnittlich ca. 1212 DM pro Person.[235] Im Gegensatz zu den hauptamtlichen Bewährungshelfern, die jeweils gemeinsam in einer Dienststelle arbeiten, sind die ehrenamtlichen Bewährungshelfer „Einzelkämpfer". Sie betreuen in der Regel ein bis zwei Probanden von zu Hause aus. Ein fachlicher Austausch mit den Hauptamtlichen findet nur sehr selten statt. Oft erfahren letztere erst dann von der Existenz eines ehrenamtlichen Kollegen, wenn dieser die Betreuung eines Probanden vorzeitig abgibt und nun den Hauptamtlichen der Proband zugewiesen wird.[236] Auch gibt es keine landesweite Vereinigung der ehrenamtlichen Bewährungshelfer, innerhalb derer ein Informations-[237] und Gedankenaustausch oder notwendige Fortbildungsmaßnahmen erfolgen könnten.[238] Als ehrenamtliche Bewährungshelfer sind oft Menschen tätig, die aus beruflichen Gründen entweder bereits mit Straffälligen zu tun haben (z.B. Mitarbeiter von Anlaufstellen) oder zumindest im sozialen Bereich (z.B. Jugend- oder Sozialamt) beschäftigt sind.

Wie die Gerichtshelfer, arbeiten auch die hauptamtlichen Bewährungshelfer im Rahmen ihrer Betreuungstätigkeit mit privaten Institutionen – u.a. mit freien Trägern der Straffälligenhilfe – zusammen. So vermitteln sie ihre Probanden z.B. an Schuldner- und Drogenberatungsstellen, Anlaufstellen oder Therapie-

---

233 Insgesamt waren 1999 laut telefonischer Auskunft *Vosgeraus* (*ADB Niedersachsen*) vom 15.8.2000 50 ehrenamtliche Bewährungshelfer tätig.

234 Schriftliche Auskunft des *Nds. MJ* vom 8.8.2000.

235 Telefonische Auskunft *Vosgeraus* (*ADB Niedersachsen*) vom 15.8.2000.

236 Mündliche Auskunft *Brügmanns* (*Bewährungshilfe Göttingen*) vom 23.6.2000.

237 Schon der Weg zu einer Bestellung als ehrenamtlicher Bewährungshelfer scheint in der Praxis mühsam zu sein, wenn man nicht direkt gefragt wird. Telefonische Anfragen in mehreren niedersächsischen Amts- und Landgerichten ergaben, dass die Unkenntnis schon über die Möglichkeit einer Bestellung als solcher sehr weit verbreitet ist. Angaben zum Procedere einer Bewerbung oder einer notwendigen Qualifikation konnten nur in einem Fall (*LG Osnabrück*) gemacht werden. Gewünscht wurde dort ein Lebenslauf und eine kurze Begründung, warum der Bewerber interessiert ist und sich für geeignet hält. Die Bewerbungsunterlagen würden dann geprüft und im Falle einer positiven Bescheidung würden die zuständigen Strafrichter in Kenntnis gesetzt (telefonische Auskunft des *LG Osnabrück* vom 29.1.2001).

238 Schriftliche Mitteilung des *Nds. MJ* vom 8.8.2000; telefonische Auskunft *Vosgeraus* (*ADB Niedersachsen*) vom 15.8.2000; vgl. zu entsprechenden Fortbildungsmaßnahmen im Rheinland *Bruns* ZfStrVo 2000, 295-297.

einrichtungen und bemühen sich ggf. auch um materielle Unterstützung für die ihnen unterstellten Personen durch Straffälligenhilfe-Vereine.[239]

Daneben vermitteln die Bewährungshelfer ihre Probanden, sofern diesen entsprechende Arbeitsauflagen / -weisungen auferlegt wurden, an (freie) Beschäftigungsstellen. Um diese Aufgabe bewerkstelligen zu können, pflegen auch die Bewährungshelfer einen engen Kontakt zu den Einsatzstellen und versuchen, kontinuierlich weitere neue Beschäftigungsgeber zu gewinnen.[240] Darüber hinaus engagieren sich die hauptamtlichen Bewährungshelfer zuweilen zusätzlich noch ehrenamtlich für ihre Probanden und andere Straffällige in Projekten, die sie nicht im Rahmen ihrer regulären hauptamtlichen Tätigkeit betreuen können.[241]

---

239 Mündliche Auskunft *Brügmanns* (*Bewährungshilfe Göttingen*) vom 23.6.2000; *Nds. MJ* 2000, S.18f.; vgl. zu den Kontakten der Bewährungshelfer zu anderen Behörden und Diensten *Kurze* 1999, S.406ff.; zu den Außenkontakten der Bewährungshelfer generell *Sobottka* 1990, S.87ff.

240 Mündliche Auskunft *Brügmanns* (*Bewährungshilfe Göttingen*) vom 23.6.2000.

241 Im Göttinger Verein *Ausgleich e.V.* etwa wurde das Instrument der gemeinnützigen Arbeit zur Schadenswiedergutmachung entwickelt. Probanden, die Schadenswiedergutmachungsauflagen wegen Zahlungsunfähigkeit nicht direkt erfüllen können, zahlt der Verein aus Vereinsmitteln (Geldbußen und Mitgliedsbeiträgen) für jede geleistete Stunde gemeinnützige Arbeit eine symbolische Entlohnung von 10 DM. Das „erarbeitete Geld" bekommt jedoch nicht der Straftäter, sondern es wird vom Verein direkt zur Entschädigung an die Opfer in der vorgesehenen Höhe weitergeleitet (Informationsblatt des Vereins *Ausgleich e.V.*).

Kap. 4 Vermittlungs- und Beschäftigungsstellen für gemeinnützige Arbeit

Die Bestandsaufnahme bezüglich der privaten Elemente in den Sozialen Diensten in der Justiz erfolgte anhand der Situation in Niedersachsen. Es soll nunmehr hinsichtlich der Vermittlungs- und Beschäftigungsstellen für gemeinnützige Arbeit sowohl die Lage in Niedersachsen als auch die Lage in Mecklenburg-Vorpommern betrachtet werden. Mecklenburg-Vorpommern ist im Bereich der Abwendung der Ersatzfreiheitsstrafe durch gemeinnützige Arbeit bereits einen Schritt weitergegangen als Niedersachsen, indem es – zunächst im Rahmen eines Modellprojekts – auch die Vermittlung und Überwachung der GA privaten Trägern überantwortet hat.[242]

1. Bundesrechtliche Regelungen

Das deutsche Strafrecht ermöglicht die Anordnung der Ableistung GA in verschiedenen Stadien des Verfolgungs- und Sanktionierungsprozesses.[243] Eine Arbeitsauflage kann zum einen bei der Einstellung des Verfahrens durch den Staatsanwalt (§ 153 a I 2 Nr. 3 StPO) oder durch das Gericht (§ 153 a II, I 2 Nr. 3 StPO) angeordnet werden. Zum anderen ist eine entsprechende Bewährungsauflage bei der Aussetzung einer Freiheitsstrafe zur Bewährung (§ 56 b II 1 Nr. 3 StGB) möglich. Darüber hinaus kann eine Arbeitsauflage bei der Aussetzung einer zeitigen Freiheitsstrafe nach der Hälfte der Verbüßung (§§ 57 II, III 1, 56 b II 1 Nr. 3 StGB) sowie bei der Aussetzung einer Ersatzfreiheitsstrafe nach der Hälfte der Verbüßung (§§ 57 II, III 1, 56 b II 1 Nr. 3 StGB) angeordnet werden. Schließlich besteht die Möglichkeit der Abwendung der Ersatzfreiheitsstrafe bei uneinbringlichen Geldstrafen durch GA (Art. 293 EGStGB).[244] Im Folgenden soll in erster Linie die rechtliche und tatsächliche Situation der Vermittlungs- und Beschäftigungsstellen dargestellt werden, die im Bereich der Abwendung der Ersatzfreiheitsstrafe durch GA tätig sind. Zum einen sind in Niedersachsen und Mecklenburg-Vorpommern aufgrund der Ermächtigung in Art. 293

---

242 Nach einer Recherche *Morgensterns* (Lehrstuhl Prof. Dr. *Dünkel / Ernst-Moritz-Arndt-Universität* Greifswald) werden in Baden-Württemberg, Rheinland-Pfalz, Saarland, Bremen und Schleswig-Holstein zumindest teilweise Freie Träger mit der Vermittlung GA im Rahmen der Abwendung der Ersatzfreiheitsstrafe beauftragt (schriftliche Auskunft *Morgensterns* vom 17.12.2000; vgl. auch *Block* in *Jehle / Feuerhelm / Block* 1990, S. 97 (106f.)).

243 Vgl. dazu insbesondere *Feuerhelm* 1997, S.6ff.; *ders.* in NKrimPol 1999, S.22 (22f).

244 *Feuerhelm* in NKrimPol 1999, S.22 (27).

EGStGB detaillierte Ausführungsverordnungen erlassen worden, zum anderen wurde gerade für diesen Bereich in Mecklenburg-Vorpommern das Modellprojekt „Ausweg - Vermeidung von Ersatzfreiheitsstrafen durch freie, gemeinnützige Arbeit" eingerichtet. Im übrigen sind die Vermittlungs- und Beschäftigungsstellen ohnehin zumeist auch für die Durchführung der oben genannten Arbeitsauflagen zuständig.[245]

2. Die Situation in Niedersachsen

2.1 Die rechtlich vorgegebene Situation

Mit der Gestattung, Vermittlung und Durchführung GA sind in Niedersachsen drei verschiedene Institutionen – Vollstreckungsbehörden, Gerichtshilfen und Beschäftigungsstellen – betraut.[246] Die Vollstreckungsbehörde[247] ist für das „ob" der Abwendung der Ersatzfreiheitsstrafe durch GA zuständig, d.h. für die Gestattung (§§ 1-3 der Verordnung über die Abwendung der Vollstreckung von Ersatzfreiheitsstrafe durch freie Arbeit vom 19. April 1996[248]), die Belehrung (§ 6 I), einen evtl. Widerruf und die Beendigung der Gestattung (§ 8). Die Gerichtshilfe und die Beschäftigungsstellen sind für das „wie" verantwortlich. So wählt die Gerichtshilfe möglichst unter Berücksichtigung von Vorschlägen der Verurteilten, im Auftrag der Vollstreckungsbehörde eine geeignete Beschäftigungsstelle aus und unterrichtet diese über die Zuweisung (§ 6 II). Sie weist auch die Verurteilten in die Beschäftigungsstelle ein und überwacht die freie Arbeit (§ 6 III). Ferner unterrichtet sie die Vollstreckungsbehörde über Widerrufsgründe (§ 6 IV) und leistet der Vollstreckungsbehörde Ermittlungshilfe bzgl. des Vorliegens der Voraussetzungen für die Ableistung GA (§ 3 I 2). Die Beschäftigungsstellen schließlich bestimmen die konkrete Ausgestaltung der Arbeit. Ihren Anweisungen ebenso wie den Absprachen mit der Gerichtshilfe und den Weisungen der Vollstreckungsbehörde hat der Verurteilte Folge zu leisten (§ 8 I Nr. 2). Gem. § 1 II muss es sich lediglich um gemeinnützige, unentgeltliche Tätigkeiten handeln, inhaltliche Vorgaben enthält die VO nicht.

245 Detaillierte Ausführungsbestimmungen gibt es zu den Arbeitsauflagen in Niedersachsen und Mecklenburg-Vorpommern nicht.

246 Die Aufgaben der niedersächsischen Gerichtshilfe im Zusammenhang mit der GA werden in anderen Bundesländern z.T. von Rechtspflegern oder Vereinen wahrgenommen (vgl. *Block* in *Jehle / Feuerhelm / Block* 1990, S.97 (106); *Feuerhelm* 1991, S.154f.).

247 Hier zumeist gem. § 31 II 1 RPflG der zuständige Rechtspfleger.

248 Nds. GVBl 1996, S.215-216. Alle weiteren §§ unter Kap.4 2.1 sind solche der genannten Verordnung.

Gem. § 5 I 1 wird die Vollstreckung eines Tages Ersatzfreiheitsstrafe durch sechs Stunden freie Arbeit abgewendet.[249] Anforderungen an die Beschäftigungsstellen etwa in organisatorischer oder personeller Hinsicht werden in der VO nicht festgelegt. Sie müssen lediglich zum Zweck der Ableistung geeignet sein (vgl. § 3 II Nr. 3). Die Beschäftigung eines jeden einzelnen Verurteilten bei ihnen hängt von ihrer Einverständniserklärung ab. Stellt sich eine Weiterbeschäftigung des Verurteilten als unzumutbar für die Beschäftigungsstelle heraus, kann die Gestattung widerrufen werden (§ 8 I Nr. 3).

2.2 Die tatsächliche Situation

Wurde der Antrag eines Geldstrafenschuldners, ihm zu gestatten, die Ersatzfreiheitsstrafe durch die Leistung GA abzuwenden,[250] von der Vollstreckungsbehörde positiv beschieden, so ergeben sich folgende Beziehungen zwischen den Beteiligten:

2.2.1 Gerichtshilfe und Geldstrafenschuldner

Der zuständige Gerichtshelfer nimmt eine aufklärende, beratende und vermittelnde aber auch eine kontrollierende Rolle ein. Er macht sich in einem ersten persönlichen Gespräch ein Bild von dem Geldstrafenschuldner und dessen sozialer Situation (z.B. Familienstand, Bildungsstand, Beruf, Einstellung zur Arbeit, Neigungen, Finanzielle Situation, Wohnort)[251]. Bei Bedarf erklärt er dem Verurteilten noch einmal das Vollstreckungsverfahren und überlegt gemeinsam mit dem Verurteilten, ob nicht doch eine (Raten-) Zahlung möglich ist. Sollte sich eine Tilgung tatsächlich als unmöglich erweisen, informiert und berät er den Geldstrafenschuldner über die verschiedenen Möglichkeiten des Arbeitseinsatzes.[252] Er stellt ggf. den Kontakt zu einer geeigneten Beschäftigungsstelle her und legt im Falle eines entsprechenden Einverständnisses der Beschäftigungsstelle den Arbeitsplatz und den Tilgungsmaßstab schriftlich fest. Dem Verurteilten weist er die Einsatzstelle schriftlich zu. Der Adressat wird bei dieser

249 Gem. § 5 I 2 „kann die Vollstreckungsbehörde den Anrechnungsmaßstab nach Gesamtwürdigung der persönlichen Verhältnisse der Verurteilten und der Art der freien Arbeit bis auf drei Stunden herabsetzen".

250 Spätestens die schriftliche Ladung zum Strafantritt enthält den Hinweis, dass ein entsprechender Abwendungsantrag gestellt werden kann. Ein Musterschreiben für eine Ladung findet sich bei *Best* in *Steinhilper* 1984, S.209 (237).

251 Zu den Merkmalen der Geldstrafenschuldner im Einzelnen siehe *Feuerhelm* 1991, S.80ff.

252 *Best* in *Steinhilper* 1984, S.209 (218f.).

Gelegenheit auch über seine Pflichten und die Möglichkeiten des Widerrufs oder des Endes der Gestattung belehrt.[253] Die Suche nach einer passenden Arbeitsstelle gestaltet sich trotz der Vielfalt der Einsatzstellen jedoch oft nicht einfach, denn die Gerichtshelfer weisen immer wieder darauf hin, dass sich ihre Klientel (insbesondere auch die Geldstrafenschuldner) in den vergangenen Jahren verändert hat. Zunehmend kämen viele arbeitsentwöhnte – oftmals zusätzlich durch Alkohol- und Drogenprobleme belastete – Personen zu ihnen.[254] Während des Arbeitseinsatzes überwacht der Gerichtshelfer mit Hilfe der Beschäftigungsstelle die ordnungsgemäße Arbeitsableistung durch den Probanden. Kommt der Verurteilte seinen Verpflichtungen nicht ordnungsgemäß nach oder ergeben sich sonstige Schwierigkeiten bei der Arbeitsstelle, so versucht der Gerichtshelfer in fernmündlichen oder persönlichen Gesprächen, die Schwierigkeiten zu beheben und ggf. sogar eine andere Beschäftigungsstelle zu finden.[255] Zwei- bis dreimalige Wechsel der Beschäftigungsstellen sind dabei keine Seltenheit.[256] Hält der Verurteilte die Absprachen mit der Gerichtshilfe nicht ein oder arbeitet nicht mit ihr zusammen, so meldet die Gerichtshilfe dies an den zuständigen Rechtspfleger der Vollstreckungsbehörde ebenso wie andere Widerrufsgründe weiter. Die Gestattung wird dann ggf. aufgehoben.

2.2.2 Gerichtshilfe und Beschäftigungsstellen

Da die Vollstreckung der Ersatzfreiheitsstrafe nur durch die Ableistung GA bei einer Beschäftigungsstelle abgewendet werden kann, ist die Zusammenarbeit der Gerichtshilfe mit verschiedenen Beschäftigungsstellen zwingend notwendig. Anders als in den anderen Bereichen der Strafvollstreckung (TOA, Hilfsmaßnahmen) vermag sie nicht alleine tätig zu werden.

In jedem niedersächsischen Landgerichtsbezirk greifen die zuständigen Gerichtshelfer daher auf einen „Pool" von Beschäftigungsstellen zurück, die grundsätzlich bereit sind, GA für Geldstrafenschuldner anzubieten.[257] Aufgabe der Gerichtshelfer ist es, den Kontakt zu den Einsatzstellen kontinuierlich zu

---

253 *Best* in *Steinhilper* 1984, S.209 (218f.). Ein entsprechendes Musterschreiben findet sich bei *Best* in *Steinhilper* 1984, S.209 (238); vgl. auch die in Anhang III abgedruckten „Hinweise für Beschäftigungsgeber und Betroffene".

254 Mündliche Auskunft *Clesius-Somés* (*Gerichtshilfe Göttingen*) vom 12.12.2000.

255 *Best* in *Steinhilper* 1984, S.209 (218).

256 Mündliche Auskunft *Clesius-Somés* (*Gerichtshilfe Göttingen*) vom 12.12.2000.

257 So verfügt die Gerichtshilfe am *Landgericht Göttingen* laut mündlicher Auskunft *Clesius-Somés* (*Gerichtshilfe Göttingen*) vom 12.12.2000 über einen Pool von ca. 120 Einsatzstellen.

pflegen und vor allem immer wieder neue, verschiedenartige Arbeitsplätze[258] hinzuzugewinnen.[259] Nur so besteht die Möglichkeit, jedem Geldstrafenschuldner eine seinen Fähigkeiten entsprechende Tätigkeit in erreichbarer Nähe zu vermitteln. Wie bereits erwähnt, wurden vom Verordnungsgeber hinsichtlich der Art und Form der GA keine inhaltlichen Vorgaben gemacht. Es muss sich lediglich um gemeinnützige und unentgeltliche Tätigkeiten handeln.[260] In der Praxis wird daher ein breites Spektrum von Tätigkeiten in unterschiedlichen Bereichen vermittelt: „Der Einsatzbereich umfasst z.B. bei den Forstämtern das Säubern des Waldes, das Ausbessern von Spazierwegen, das Ausheben von Gräben, die mechanische Unkrautbekämpfung sowie die Erhaltung von Schutzhütten, Grillplätzen oder Trimm-Dich-Pfaden. Ansonsten stehen meist Transport-, Instandhaltungs- und Aufräumarbeiten zur Verfügung. Auch zu gärtnerischen Aufgaben bei der Pflege von Außenanlagen sollen die arbeitswilligen Geldstrafenschuldner vielfach herangezogen werden. Für Frauen reicht die Tätigkeitspalette von Wasch- und Putzhilfen über die Mitarbeit in der Küche, bei der Essensausgabe oder in der Alt-Kleider-Sammelstelle bis Mithilfe beim Umbetten von Kindern, Alten und Kranken."[261] Nach einer Befragung von *Block* werden vornehmlich Renovierungs-, Reparatur- und Hausmeisterarbeiten, Gartenarbeiten, die Pflege von Außenanlagen sowie Reinigungs- und Putzarbeiten geleistet.[262] Oftmals handelt es sich um Arbeiten, die zwar nützlich sind, sonst jedoch nicht erledigt würden.[263] Als Beschäftigungsstellen kommen z.B. Krankenhäuser, Altenheime, Kirchengemeinden, Tierheime, Sportvereine, städtische Einrichtungen, Vereine, kulturelle Einrichtungen, Bürgerhäuser, *DRK*,

---

258 Die Arbeitsplätze setzen nicht nur unterschiedliche Fertigkeiten der Geldstrafenschuldner voraus, sondern sind auch z.T. mit Auflagen bzgl. des Delikts verbunden. Nach einer Untersuchung von *Block* macht mehr als ein Viertel aller Stellen Auflagen bezüglich des Deliktes, diese betreffen primär Eigentums- und Sittlichkeitsdelikte. Wegen der Schwere der Arbeit oder im Hinblick auf ihr Klientel beschäftigen manche Stellen z.T. keine Frauen (*Block* in *Jehle / Feuerhelm / Block* 1990, S.97 (113)).

259 *Best* in *Steinhilper* 1984, S.209 (218). In der Praxis führt das dazu, dass die Gerichthelfer viel unterwegs sind, da sie oft mehrmals wöchentlich verschiedene Beschäftigungsstellen besuchen.

260 Drucksache des Nds. LT 14 / 1471, S.3.

261 *Zimmermann* in BewHi 1982, S.113 (123).

262 *Block* in *Jehle / Feuerhelm / Block* 1990, S.97 (112f.); zu möglichen Tätigkeiten vgl. auch *Feuerhelm* 1997, S.265ff.; *Best* in *Steinhilper* 1984, S.209 (216f.); *Block* in *Jehle / Feuerhelm / Block* 1990, S.97 (113ff.); Drucksache des Nds. LT 14 / 1471, S.3.

263 *Best* in *Steinhilper* 1984, S.209 (216). Vorschläge zu einer inhaltlichen Strukturierung der GA macht *Feuerhelm* 1997, S.360ff.

Johanniter Unfallhilfe, Arbeitsprojekte, Heime, Initiativen und betreute Einrichtungen in Betracht.[264]

Der Gerichtshelfer holt für jeden Verurteilten die Zustimmung der Beschäftigungsstelle ein.[265] Die Einsatzstellen entscheiden jeweils neu, ob sie zu einer Zusammenarbeit mit dem vorgeschlagenen Geldstrafenschuldner bereit sind. Sie sind nicht verpflichtet, Verurteilte zu beschäftigen und bekommen für ihre Leistung keine finanzielle Entschädigung vom Staat.[266] Allerdings müssen und dürfen sie für die geleistete Arbeit auch nichts zahlen.[267] Obwohl die Abwendungsleistung vom Verurteilten primär unter ihrer Anleitung und Kontrolle ausgeführt wird, sie regelmäßig gewissermaßen anstelle des Staates Strafe vollstrecken, gibt es keine Verträge oder bindenden Absprachen zwischen ihnen und den Gerichtshilfestellen, generell eine bestimmte Anzahl von Geldstrafenschuldnern zu beschäftigen.[268] Auf einem Hinweiszettel von der Gerichtshilfe werden der Einsatzstelle ihre Pflichten sowie generelle Informationen mitgeteilt.[269] Weitergehende Informationsveranstaltungen oder Informationsmaterialien z.B. zu Haftungsfragen sind nicht üblich.[270] Hat der Proband die vorgeschriebene Stundenzahl an GA bei einer Beschäftigungsstelle abgeleistet, so bestätigt sie dies dem Geldstrafenschuldner auf einem Bestätigungsformblatt.[271]

Auch wenn es in der Hand der Gerichtshilfe liegt, eine Beschäftigungsstelle für geeignet zu halten und Widerrufsgründe zu beurteilen, so stehen doch den Einsatzstellen im Gegenzug ebenfalls umfangreiche Rechte zu. Das Verhältnis zwischen Gerichtshilfe und Einsatzstelle ist daher eines der Gleichordnung und nicht der Über-Unterordnung.

---

264 Vgl. *Block* in *Jehle / Feuerhelm / Block* 1990, S.97 (116).

265 Das genaue Procedere ist dabei einzelfallabhängig. Hat der Gerichtshelfer die generelle Zusage einer Beschäftigungsstelle, Probanden zu schicken, so fragt er nicht für jeden Probanden individuell an. Ist ihm die Beschäftigungsstelle bisher nicht näher bekannt oder bestehen Zweifel hinsichtlich eines Einverständnisses der Beschäftigungsstelle, so bittet er den Probanden, ein schriftliches Einverständnis der Einsatzstelle einzuholen (telefonische Auskunft *Clesius-Somés* (*Gerichtshilfe Göttingen*) vom 6.2.2001).

266 Mündliche Auskunft *Clesius-Somés* (*Gerichtshilfe Göttingen*) vom 12.12.2000.

267 Vgl. „Hinweise für Beschäftigungsgeber und Betroffene", Anhang III.

268 Mündliche Auskunft *Clesius-Somés* (*Gerichtshilfe Göttingen*) vom 12.12.2000.

269 Vgl. „Hinweise für Beschäftigungsgeber und Betroffene", Anhang III.

270 Mündliche Auskunft *Clesius-Somés* (*Gerichtshilfe Göttingen*) vom 12.12.2000. Zu Haftungsfragen vgl. aber *Best* in *Steinhilper* 1984, S.209 (219ff.).

271 Zu einem entsprechenden Musterexemplar siehe *Best* in *Steinhilper* 1984, S.209 (240).

2.2.3 Beschäftigungsstellen und Geldstrafenschuldner

Wie bereits erwähnt, entscheiden die Beschäftigungsstellen für jeden Geldstrafenschuldner neu, ob sie mit ihm zusammenarbeiten wollen oder nicht. Üblicherweise findet ein kurzes Vorstellungsgespräch mit dem Verurteilten statt, in dem sich beide Seiten kennenlernen und prüfen können, ob eine Beschäftigung sinnvoll erscheint.[272] Zwar schließen die Beschäftigungsstellen keine Verträge mit den Geldstrafenschuldnern, weil ein Arbeitsverhältnis nicht begründet wird, allerdings verpflichtet sich der Verurteilte oft schriftlich zur Einhaltung betrieblicher Regeln und Pflichten.[273] Grundsätzlich müssen die Verurteilten alle Arbeiten erledigen, die ihnen von ihren Vorgesetzten zugewiesen werden. Es gibt keine Regelung, wann eine Arbeit unzumutbar ist.[274] Der genaue Inhalt der Arbeit wird durch die Mitarbeiter der Beschäftigungsstelle bestimmt, die Arbeit wird primär von ihnen beaufsichtigt und kontrolliert.[275] Nach einer Untersuchung von *Block* stellt die Unzuverlässigkeit bzw. die mangelnde Arbeitsdisziplin der Geldstrafenschuldner das Hauptproblem dar. Nach Angabe der Beschäftigungsstellen seien die Schuldner z.T. überhaupt nicht einplanbar, da manche nur sporadisch erscheinen und häufig unentschuldigt fehlen oder sich verspäten würden.[276] Fast durchgängig seien Stellen bemüht, Probleme mit den Probanden durch klärende Gespräche oder Ermahnungen zu lösen, um so einem möglichen Abbruch der Maßnahme vorzubeugen. Die Intensität der Bemühungen ist jedoch unterschiedlich.[277] Grundsätzlich fällt die Einschätzung der Mitarbeiter in der Untersuchung *Blocks* positiv aus. „Für knapp die Hälfte der Mitarbeiter bedeutet die Gemeinnützige Arbeit der Geldstrafenschuldner eine Hilfe, nur jeder achte Befragte meint, dass eine Belastung durch die Geldstrafenschuldner überwiege, mehr als ein Drittel behauptet, dass Hilfe und Belas-

---

272 Mündliche Auskunft *Clesius-Somés* (*Gerichtshilfe Göttingen*) vom 12.12.2000; mündliche Auskunft *Eckerichs* (Beschäftigungsstelle *Neue Arbeit Brockensammlung*, Göttingen) vom 05.12.2000; mündliche Auskunft *Zinns* (Beschäftigungsstelle *Anlaufstelle Kontakt in Krisen*, Göttingen) vom 13.11.2000.

273 Vgl. bspw. „Betriebliche Pflichten und Regeln" der *Neuen Arbeit Brockensammlung*, Göttingen, Anhang IV.

274 Mündliche Auskunft *Clesius-Somés* vom 12.12.2000, *Eckerichs* vom 05.12.2000 und *Zinns* vom 13.11.2000.

275 *Block* in *Jehle / Feuerhelm / Block* 1990, S.97 (113).

276 *Block* in *Jehle / Feuerhelm / Block* 1990, S.97 (114). Diese Aussage wurde durch *Eckerich* (*Neue Arbeit Brockensammlung*, Göttingen), *Zinn* (*Anlaufstelle Kontakt in Krisen*, Göttingen) und *Clesius-Somé* (*Gerichtshilfe Göttingen*) bestätigt.

277 *Block* in *Jehle / Feuerhelm / Block* 1990, S.97 (114).
Angaben bestätigt durch *Eckerich, Zinn* und *Clesius-Somé*.

tung sich die Waage halten."[278] Auch drei Viertel der von *Block* befragten Geldstrafenschuldner äußerten sich positiv über das Verhältnis zu den Mitarbeitern der Beschäftigungsstellen. „Letztere verhielten sich ihnen gegenüber sehr nett, die Antragstellung wird von keinem der Befragten bereut, der Großteil ist mit der Handhabung sehr zufrieden."[279]

3. Die Situation in Mecklenburg-Vorpommern

3.1 Die rechtlich vorgegebene Situation

Die Verordnung über die Abwendung der Vollstreckung einer Ersatzfreiheitsstrafe durch freie Arbeit des Landes Mecklenburg-Vorpommern unterscheidet sich im wesentlichen lediglich in einem – allerdings sehr entscheidenden – Punkt von der niedersächsischen VO.[280] Durch die erste Änderungsverordnung vom 20.9.1999[281] können in Mecklenburg-Vorpommern die Aufgaben der Gerichtshilfe im Zusammenhang mit der GA nunmehr auch durch einen freien Träger der Straffälligenhilfe übernommen werden (Art. 1 der Änderungsverordnung).

3.2 Die tatsächliche Situation

Seit dem 1. Oktober 1998 läuft in Mecklenburg-Vorpommern das Praxis- und Forschungsprojekt „Ausweg".[282] Vorrangiges Ziel des Projekts ist die Vermei-

---

278 *Block* in *Jehle / Feuerhelm / Block* 1990, S.97 (115). Erfahrungsberichte von Beschäftigungsstellen und Gerichtshelfern finden sich bei *Best* in *Steinhilper* 1984, S.209 (224ff.).

279 *Block* in *Jehle / Feuerhelm / Block* 1990, S.97 (115).

280 Von einer detaillierten Schilderung der Vorschriften Mecklenburg-Vorpommerns soll daher an dieser Stelle abgesehen werden; vgl. insofern den im Anhang V vollständig abgedruckten Verordnungstext.

281 Siehe Anhang VI.

282 Das Projekt „Ausweg" ist Teil des Gesamtprojekts „Neue Wege der Haftvermeidung". Neben dem Projekt in Mecklenburg-Vorpommern wird in Bayern das Teilprojekt „Schadenswiedergutmachung im Strafverfahren als Beitrag zur Reduzierung von Freiheitsstrafen" und in Niedersachsen das Teilprojekt „Vermeidung und Verkürzung von Untersuchungshaft durch frühzeitige Strafverteidigung" durchgeführt (vgl. *Dünkel / Scheel / Grosser* BewHi 2002, 56 (62ff.)).

dung von Ersatzfreiheitsstrafen durch GA.[283] Das Modellprojekt wird vom *Ministerium für Justiz und Angelegenheiten der Europäischen Union Mecklenburg-Vorpommern* in Kooperation mit dem *Landesverband für Straffälligenhilfe e.V.* durchgeführt.[284] Die Laufzeit des Projekts ist auf drei Jahre angelegt und wird durch die *Internationale Stiftung zur Förderung von Kultur und Zivilisation München* mit einem Betrag von insgesamt ca. 1 Millionen DM finanziell unterstützt.[285] Im Rahmen des Projekts wurden in zwei von vier Landgerichtsbezirken Mecklenburg-Vorpommerns (Schwerin und Rostock) freie Träger mit der Vermittlung und Kontrolle von GA sowie der Beratung von Geldstrafenschuldnern beauftragt. Im Landgerichtsbezirk Stralsund war bereits vor Projektbeginn eine auf die Betreuung und Überwachung von Geldstrafenschuldnern spezialisierte und räumlich bei der Staatsanwaltschaft untergebrachte Gerichtshelferin tätig.[286] Im Landgerichtsbezirk Neubrandenburg wurde das Vermittlungsmodell aus Stralsund zum Oktober 2000 eingeführt, nachdem dort zuvor Gerichtshelfer bei den Landgerichten zuständig waren.[287]

Da die Rechtsbeziehungen zwischen den bereits[288] genannten verschiedenen Institutionen und Personen in Mecklenburg-Vorpommern nur in wenigen Punkten von denen in Niedersachen abweichen, soll im Folgenden nur auf die Unterschiede eingegangen werden.[289] Zunächst werden jedoch schwerpunktmäßig die Beziehungen zwischen dem Staat – hier dem Land Mecklenburg-Vorpommern vertreten durch das Justizministerium – und den freien Trägern dargestellt.

---

283 Zur Ausgangssituation / Problemlage in Mecklenburg-Vorpommern vgl. *Dünkel / Grosser* in NKrimPol 1999, S.28 (28f.). Zu den Beweggründen für das Modellprojekt siehe *Dünkel / Scheel / Grosser* BewHi 2002, 56 (56ff.).

284 *Dünkel / Scheel / Grosser* BewHi 2002, 56 (58).

285 *Dünkel / Scheel / Grosser* BewHi 2002, 56 (59). Der Verlauf des Modellprojekts wird durch Prof. Dr. *Dünkel* (Lehrstuhl für Kriminologie der *Ernst-Moritz-Arndt-Universität* Greifswald) wissenschaftlich begleitet. Das Forschungsprojekt wird durch Mittel der *Volkswagen-Stiftung* finanziert. Zur empirischen Begleitforschung vgl. *Dünkel / Grosser* NKrimPol 1999, S.28 (32); *Dünkel / Scheel / Grosser* BewHi 2002, 56 (62ff.).

286 *Dünkel / Scheel / Grosser* BewHi 2002, 56 (61).

287 *Dünkel / Scheel / Grosser* BewHi 2002, 56 (61). Man stellte also erst im Verlauf des Projektes von einem „dreigleisigen" auf ein „zweigleisiges" System um.

288 Siehe oben Kap.4 2.

289 Die ebenfalls im Rahmen des Modellprojekts eingeführte Möglichkeit der Vermittlung gemeinnütziger Arbeit aus dem Vollzug der Ersatzfreiheitsstrafe heraus soll vorliegend nicht ausführlich dargestellt werden. vgl. dazu *Dünkel / Scheel / Grosser* BewHi 2002, 56 (62).

3.2.1 Staat und freie Vermittlungsstellen

Wie bereits erwähnt, wurden in den Landgerichtsbezirken Schwerin und Rostock die Aufgaben der Gerichtshilfe im Zusammenhang mit der Abwendung der Ersatzfreiheitsstrafe durch GA auf freie Träger übertragen.

In Schwerin übernahmen das *Diakonische Werk Mecklenburg e.V.* und in Rostock der *Verein zur Resozialisierung Phönix e.V.* am 1.10.1998 die Vermittlung und Überwachung freier, gemeinnütziger Arbeit. In beiden Bezirken wurden zum 1.10.2000 weitere freie Träger als Untervermittler in Gemeinden eingesetzt, die eine besonders hohe Fallzahlbelastung aufwiesen.[290] Der Entscheidung für freie Träger lagen mehrere Überlegungen zugrunde: zum einen waren diese aufgrund ihrer langjährigen Erfahrungen auf dem Gebiet der Straffälligenhilfe bereits eng mit bestehenden und potentiellen Beschäftigungsstellen vernetzt.[291] Es war zu erwarten, dass sie neben den Leistungsangeboten zur freien Arbeit eine Reihe von „Begleitangeboten" aus „einer Hand" würden vermitteln können, z.B. Schuldnerberatung, Therapieangebote, Suchtberatung, Familienberatung, Hilfe bei Wohnungslosigkeit oder bei deren Bedrohung.[292] Zum anderen würden sich die für die GA zuständigen Mitarbeiter der freien Träger ausschließlich auf dieses Aufgabenfeld konzentrieren können und so eine hohe Professionalität erlangen, die es ermöglichen würde, die unterschiedlichen Ressourcen der Einsatzstellen optimal auszunutzen.[293]

Zwischen dem *Justizministerium Mecklenburg-Vorpommern* und den freien Vermittlungs- und Untervermittlungsstellen[294] wurden Verträge geschlossen.[295]

---

290 Im Landgerichtsbezirk Rostock wurden vier Untervermittler in Bützow, Güstrow, Teterow und Waren und in Schwerin zwei Untervermittler in Wismar und Parching eingesetzt. Gründe dafür waren u.a. die Überlastung der Hauptvermittler *Diakonisches Werk* und *Phönix e.V.*, die Bestrebung Fahrtkosten zu senken sowie die Gewährleistung einer möglichst großen „Probandennähe" (vgl. telefonische Auskunft *Strubels* (*Justizministerium Mecklenburg-Vorpommern*) vom 12.12.2000 und *Dünkel / Scheel / Grosser* BewHi 2002, 56 (62)).

291 Telefonische Auskunft *Strubels* vom 12.12.2000.

292 Vgl. schriftliche Auskunft *Heidels* (*Diakonisches Werk* Schwerin) vom 5.12.2000.

293 Vgl. schriftliche Auskunft *Lindes* (*Phönix e.V.* Rostock) vom 22.11.2000.

294 Die Begriffe „Vermittlungs- / Untervermittlungsstelle" sollen hier als praxisübliche Bezeichnungen verwendet werden, auch wenn die Tätigkeit dieser Stellen über eine reine Vermittlung GA hinausgeht.

295 Anhänge VII, IX.

Gegenstand der Vereinbarungen mit den Vermittlungsstellen sind neben regionaler Zuständigkeit der Stellen und Laufzeit der Vereinbarung im wesentlichen die Aufgaben der freien Träger und die im Gegenzug zu erwartende finanzielle Förderung und Vergütung durch das Justizministerium. Gem. § 1 des Vertrages mit den Vermittlungsstellen werden diese sowohl mit der Vermittlung als auch der Überwachung der freien, gemeinnützigen Arbeit beauftragt. Bzgl. ihrer Aufgaben im Einzelnen wird auf die Verordnung über die Abwendung der Vollstreckung einer Ersatzfreiheitsstrafe durch freie Arbeit vom 23.2.1993 und die Anlage „Aufgaben und Standards der Vermittler in freie, gemeinnützige Arbeit“[296] verwiesen. Gem. § 3 der Vereinbarung werden der Vermittlungsstelle die Personalkosten für eine Fachkraft[297] sowie jahrgangsleise kalkulierte, zweckgebundene Sachkosten erstattet. Die Vermittlungsstelle ist verpflichtet, sich mit einem Eigenmittelanteil in Höhe von 4000 DM am Modellprojekt zu beteiligen und über Personal- und Sachkosten einen Verwendungsnachweis zu führen, den sie bei der Projektleitung halbjährlich vorlegt.

Gem. § 6 kann der Vertrag einseitig, ohne Angaben von Gründen, spätestens sechs Wochen vor Quartalsende gekündigt werden.

Weder vertraglich noch in anderer Form (etwa durch interne Richtlinien) wurde geregelt, ab wann ein negatives Verhalten seitens des Probanden an die Justizbehörden weitergemeldet werden soll. Auch sollen Probleme der Geldstrafenschuldnern mit den Beschäftigungsstellen und den Vermittlern ausschließlich durch die Vermittler geregelt werden. Unabhängige Beschwerdestellen sind nicht vorgesehen.[298]

Eine mögliche Haftung der Vermittlungsstellen für Fehler bzw. eine Überleitung der Haftung auf den Staat sind ebenfalls nicht festgeschrieben.

Bewährt haben sich regelmäßige Beratungen der Mitarbeiter der Vermittlungsstellen, die üblicherweise in monatlichen Abständen durchgeführt werden. Bei diesen Gelegenheiten standen in der Vergangenheit auch immer ausgewählte theoretische Problemstellungen zur Diskussion. Gesprächspartner waren u.a. Professoren, Staatsanwälte, Rechtspfleger und Mitarbeiter von Einrichtungen,

---

296 Anlage VIII.

297 Gem. § 3 I S.3 der Vereinbarung ist als Qualifikation die staatliche Anerkennung als SozialarbeiterIn / Sozialpädagogin Voraussetzung.

298 Telefonische Auskunft *Strubels* (*Justizministerium Mecklenburg-Vorpommern*) vom 24.10.2000.

die in den alten Bundesländern ebenfalls als freie Träger mit der Vermittlung und Überwachung von Geldstrafenschuldnern befasst sind.[299]

Die Fachaufsicht über die Vermittlungsstellen wird von der Projektleitung beim Justizministerium ausgeführt.[300]

Auch in den Verträgen zwischen Justizministerium und Untervermittlungsstellen[301] stehen neben der regionalen Zuständigkeit (§ 2 der Vereinbarung) und der Laufzeit der Vereinbarung (§ 7), die Aufgaben des Untervermittlers sowie Art, Umfang und Höhe der Förderung im Vordergrund. Während bei den Vermittlungsstellen eine Abrechnung nach Personal- und Sachkosten erfolgt, wird bei den Untervermittlungsstellen eine bestimmte Anzahl von Fachleistungsstunden pro Vermittlungs-Einzelfall vergütet (§ 5). Gem. § 6 erfolgt die fachliche Anleitung der Untervermittlungsstelllen „durch den Vermittler des Landgerichtsbezirks und durch die Projektleitung". Gem. § 8 kann der Vertrag von jeder Partei „ohne Angaben von Gründen zum Ende des Monats gekündigt werden".

3.2.2 Übrige Rechtsbeziehungen

Hinsichtlich der Rechtsbeziehungen zwischen Vermittlern, Beschäftigungsstellen und Geldstrafenschuldnern ergeben sich im Vergleich zu Niedersachsen im wesentlichen zwei große Unterschiede:

Zum einen stehen - wie dargestellt - Beschäftigungsstellen und Geldstrafenschuldnern in zwei Landgerichtsbezirken Mecklenburg-Vorpommerns freie Träger gegenüber, die dort auch die überwachenden Tätigkeiten der staatlichen Gerichthilfe wahrnehmen. Zwar wird insbesondere von staatlicher Seite darauf hingewiesen, dass es für die Beschäftigungsstellen und Geldstrafenschuldner keinen Unterschied mache, ob ihnen ein staatlicher oder ein freier Träger gegenüberträte, solange sie dieselben Aufgaben erfüllen würden.[302]

Es sei jedoch angemerkt, dass weder im Bereich der Rechtsmittel gegenüber Entscheidungen freier Träger noch im Bereich der Haftung für das Handeln freier Träger verbindliche Regelungen existieren.[303]

---

299 Schriftliche Auskunft *Lindes* (*Phönix e.V.* Rostock) vom 22.11.2000.

300 Schriftliche Auskunft *Lindes* (*Phönix e.V.* Rostock) vom 22.11.2000.

301 Anhang IX.

302 Gegenteiliger Auffassung ist *Feuerhelm* 1997, S.271, 295ff.

303 Telefonische Auskunft *Strubels* (*Justizministerium Mecklenburg-Vorpommern*) vom 24.10.2000.

Zum anderen besteht in Mecklenburg-Vorpommern die Möglichkeit einer zusätzlichen Betreuung besonders problembelasteter Geldstrafenschuldner durch ausgesuchte Beschäftigungsstellen. Aufgrund der Erkenntnis, dass Verurteilte, die etwa alkoholkrank, langfristig arbeitsentwöhnt und wohnungslos sind, oftmals den in den Einsatzstellen gestellten Anforderungen nicht gerecht werden können, erschien den Verantwortlichen in Mecklenburg-Vorpommern eine alleinige Verbesserung der Vermittlung in herkömmliche Einrichtungen nicht ausreichend. Vielmehr bedurfte es ihrer Meinung nach einer zusätzlichen Nutzung von geeigneten Arbeitsprojekten, die bereits über Erfahrungen in der Arbeit mit der genannten Klientel verfügten.[304] Die Projektleitung entschied daher, Leistungen bei der Betreuung bzw. Begleitung besonders gefährdeter Geldstrafenschuldner als Fachleistungsstunden zu honorieren[305] und schrieb diese Stunden aus.[306] Sie legte in ihrem Anforderungsprofil u.a. fest, dass die Beschäftigungsstelle personell mit pädagogischen Fachkräften mit sozialpädagogischen Erfahrungen oder / und Meistern, Gesellen mit sozialpädagogischen Erfahrungen oder/ und Sucht-, bzw. Drogenberatern oder Sozialarbeitern ausgestattet sein muss. Ferner muss die Beschäftigungsstelle Erfahrungen im Umgang mit Alkoholmißbräuchlern oder / und Drogenabhängigen, arbeitsentwöhnten Personen, Personen, die Probleme im Wohnbereich haben und überschuldeten Personen aufweisen können. Sie muss darüber hinaus Einzel- oder / und Gruppenarbeit anbieten können und eine aufsuchende Begleitung und Begleitung während der Arbeit anbieten können. Angebote zur Sucht- oder / und Schuldnerberatung müssen sich in unmittelbarer Nähe bzw. in eigener Trägerschaft befinden.[307] Das *Justizministerium Mecklenburg-Vorpommern* schloss auch mit diesen Beschäftigungsstellen Verträge ab.[308]

Gem. § 3 S.1 der Vereinbarung wird der Beschäftigungsstelle ein Betreuungsauftrag dahingehend erteilt, dass diese sich „unter Ausnutzung aller Ressourcen um einen erfolgreichen Verlauf der Betreuungstätigkeit bemüht“. Sollten dennoch wiederholt Probleme auftreten, „informiert die Beschäftigungsstelle den zuständigen Vermittler“. Wie bei den Untervermittlungsstellen werden entstandene Personal- und Sachkosten durch Fachleistungsstunden vergütet. Gem. § 6

---

304 *Dünkel / Grosser* NKrimPol 1999, 28 (32).

305 Die Beschäftigungsstellen können für ihren zu leistenden Betreuungsaufwand für 10 vom betreuten Geldstrafenschuldner geleistete Arbeitsstunden eine Fachleistungsstunde in Höhe von 40 DM abrechnen (*Dünkel / Scheel / Grosser* BewHi 2002, 56 (60)).

306 *Dünkel / Scheel / Grosser* BewHi 2002, 56 (59).

307 Telefonische Auskunft *Strubels* (*Justizministerium Mecklenburg-Vorpommer*) vom 24.10.2000. vgl. auch *Dünkel / Scheel / Grosser* BewHi 2002, 56 (59f.).

308 Siehe Anhang X. Mit den Beschäftigungsstellen, die keine zusätzliche Betreuung anbieten, werden keine Vereinbarungen getroffen.

S.1 erfolgt die Abrechung der Fachleistungsstunden[309] über die zuständige Vermittlungsstelle mit Hilfe eines Formblatts. Auch dieser Vertrag kann gem. § 9 „einseitig ohne Angabe von Gründen, zum Ende eines Monats gekündigt werden".

3.2.3 Aktuelle Situation

Nach dreijähriger Laufzeit des Modellprojekts „Ausweg" liegen mittlerweile erste Ergebnisse vor, die aus Sicht der beteiligten Praktiker und Wissenschaftler positiv zu bewerten sind.[310]

So konnte während der Projektphase in Mecklenburg-Vorpommern der Bestand von Einsatzstellen um ca. 400 auf 900 erhöht und dadurch eine flächendeckende Versorgung gesichert werden.[311] Darüber hinaus konnten 62 Beschäftigungsstellen gewonnen werden, die eine flankierende Betreuung besonders problembelasteter Geldstrafenschuldner zu leisten vermögen.[312]

Die empirische Begleitforschung ergab im Laufe des Projekts ein deutliches Absinken der Belegzahlen von Ersatzfreiheitsstrafe verbüßenden Geldstrafenschuldnern im Strafvollzug Mecklenburg-Vorpommerns.[313] Ebenfalls ist positiv zu vermerken, dass es den Vermittlern aufgrund ihrer verstärkten Beratungstätigkeit nicht selten gelang, die Geldstrafenschuldner zur Mobilisierung von Zahlungsreserven zu bewegen.[314] Ersten Berechnungen aus der Begleitforschung zufolge trägt sich das Projekt „Ausweg" aufgrund der ersparten Haftkosten und der vermehrten Beitreibung von Geldstrafen finanziell selbst und ist somit auch aus ökonomischer Sicht ein Erfolg.[315] Erfreulicher Nebeneffekt des Projekts sind 6,5 neu geschaffene Vermittlerstellen und eine spürbare Ent-

---

309 Fachleistungsstunden, sind gem. § 5 der Vereinbarung zwischen Projekt „Ausweg" und Beschäftigungsstelle in bezug auf die Abrechnung von Fachleistungsstunden, „Arbeitsleistungen, die das Personal der Beschäftigungsstelle u.a. aufbringen muss, um den Geldstrafenschuldner zu motivieren, die Arbeit aufzunehmen, die Ableistung der freien, gemeinnützigen Stunden zu beenden, den Probanden bei persönlichen Problemen behilflich zu sein sowie eine enge Verbindung zur Vermittlungsstelle zu halten".

310 Vgl. umfassend *Dünkel / Scheel / Grosser* BewHi 2002, 56-72.

311 *Dünkel / Scheel / Grosser* BewHi 2002, 56 (59).

312 *Dünkel / Scheel / Grosser* BewHi 2002, 56 (59).

313 *Dünkel / Scheel / Grosser* BewHi 2002, 56 (65f.).

314 *Dünkel / Scheel / Grosser* BewHi 2002, 56 (70).

315 *Dünkel / Scheel / Grosser* BewHi 2002, 56 (56); zu den Berechnungen im Einzelnen vgl. 56 (70).

lastung der in Mecklenburg-Vorpommern ohnehin extrem belasteten Gerichts- und Bewährungshelfer.[316]

Nachdem die Finanzierung des Projekts durch die *Stiftung zur Förderung von Kultur und Zivilisation* im Jahr 2001 endete, führt das Land Mecklenburg-Vorpommern die erfolgreiche, etablierte Projektpraxis nunmehr im Regelbetrieb fort.[317] Mittlerweile hat man auch in Neubrandenburg einem freien Träger (der *Arbeiterwohlfahrt*) die Vermittlung und Überwachung von GA übertragen. In Stralsund ist neben der seit langem spezialisierten Gerichtshelferin eine zusätzliche nichtstaatliche Vermittlerin tätig.[318]

316 *Dünkel / Scheel / Grosser* BewHi 2002, 56 (71).

317 Telefonische Auskunft *Strubels* (*Justizministerium Mecklenburg-Vorpommern*) vom 22.2.2002; vgl. auch *Dünkel / Scheel / Grosser* BewHi 2002, 56 (71).

318 Telefonische Auskunft *Grossers* (*Justizministerium Mecklenburg-Vorpommern*) vom 7.3.2002.

Kap. 5 Kritische Würdigung der momentanen Situation

1. Gerichtshilfe

Die momentane Situation der niedersächsischen Gerichtshilfe ist geprägt durch eine seit Jahren steigende Fallzahlbelastung. Insbesondere die „neuen“ Aufgabenfelder der GA und des TOA haben nicht nur zu einer Mehrbelastung, sondern zu einer Verlagerung des Tätigkeitsfeldes von der primär ermittelnden hin auch zur betreuenden Arbeit geführt. Die niedersächsischen Gerichtshelfer sind demnach nicht nur mit mehr, sondern auch mit vielfältigerer Arbeit konfrontiert. Die personelle, räumliche und technische Ausstattung der Gerichtshelfer hat mit dieser Entwicklung in den vergangenen Jahren nicht Schritt halten können und führt immer wieder zu Schwierigkeiten bei der Aufgabenbewältigung und entsprechender Kritik aus den Reihen der betroffenen Mitarbeiter.[319]

Gerade im Bereich des TOA wird deutlich, dass dieser bei Erwachsenen nicht notwendigerweise von der staatlichen Gerichtshilfe durchgeführt werden muss,[320] sondern freie Träger diese Aufgabe wie schon im Jugendstrafrecht übernehmen können. Bisher hatten und haben allerdings fast alle oben[321] genannten freien Träger mit Schwierigkeiten zu kämpfen. Mitte des Jahres 2000 beklagten Mitarbeiter der freien Träger oftmals die nur zögerliche ideelle und finanzielle Unterstützung durch das *Niedersächsische Justizministerium*. Sie seien regelmäßig gezwungen, zunächst nichtstaatliche Geldgeber (z.B. Kirchen) für eine „Anschubfinanzierung“ zu gewinnen und die ohnehin harte Anfangszeit mit den üblichen Implementationsschwierigkeiten ohne finanzielle Rückendeckung seitens des Ministeriums durchzustehen. Erst wenn die neuen Projekte gesicherte Fallzahlen aufweisen könnten, bestünde eine Chance auf staatliche Unterstützung.

Aus seiner in den vergangenen zwei Jahren gestiegenen finanziellen Unterstützung freier Anbieter von TOA für Erwachsene lässt sich mittlerweile ersehen, dass das *Niedersächsische Justizministerium* – wenn auch vielleicht noch zuweilen zögerlich – so doch jedenfalls nach gründlicher Prüfung grundsätzlich

319 So stehen z.B. nicht immer ausreichend große Räumlichkeiten für die Durchführung von TOA mit mehreren Beteiligten zur Verfügung (mündliche Auskunft *Clesius-Somés* (*Gerichtshilfe Göttingen*) vom 12.12.2000).

320 Auch wenn bei den potentiellen Auftraggebern (Staatsanwälten und Richtern) zumindest in den Anfangsphasen - wie bereits in Kap.3 3.3.2 beschrieben – oftmals gegenüber freien Trägern Vorbehalte existieren.

321 Siehe oben Kap.3 3.3.2.2.

bereit ist, in diesem Bereich Private zu unterstützen.[322] Angesichts teilweise sprunghaft ansteigender Fallzahlen[323] ist es in Zukunft besonders wichtig, dass das Ministerium dauerhaft ausreichende finanzielle Unterstützung gewährt und nicht versucht wird, den freien Trägern auf längere Sicht eine wachsende finanzielle Verantwortung für den politisch überaus stark propagierten TOA aufzuerlegen.[324]

Auch wenn von Seiten der Gerichtshelfer oft die Vorteile einer Durchführung des TOA durch staatliche Stellen betont werden,[325] scheint es aus Sicht der Verfasserin fraglich, ob zukünftig in Niedersachsen weiterhin primär staatliche Fachkräfte TOA durchführen müssen, deren ursprüngliche Aufgabe eigentlich der Bereich der Berichterstattung sein sollte.[326]

2. Bewährungshilfe

Wie die Gerichtshelfer, sind auch die hauptamtlichen Bewährungshelfer in Niedersachsen derzeit gezwungen, sehr viele Probanden[327] trotz einer nur mäßigen technischen Ausstattung zu versorgen. Zwar steht mittlerweile in der Praxis fast jedem Bewährungshelfer ein eigenes Büro zur Verfügung und auch die im Sommer 2000 von der *Landesarbeitsgemeinschaft der Bewährungshelfer* in einem Gespräch mit dem damaligen Justizminister *Weber* geforderten EDV-Anlagen für alle Büros in Niedersachsen[328] sind nunmehr überwiegend ausgeliefert worden.[329] Von einer einheitlichen, flächendeckenden und zeitgemäßen Büroausstattung kann jedoch nicht gesprochen werden. So fehlen ein einheitliches

322 Laut schriftlicher Mitteilung *van Hoves* (*Nds. MJ*) vom 14.2.2001, standen nach abgeschlossenen Haushaltsberatungen insgesamt 700000 DM für die freien Konfliktschlichtungsstellen in Hannover, Oldenburg, Lingen, Emden und Harlingerland zur Verfügung.

323 Z.B. bei der *WAAGE* in Hannover.

324 Vgl. etwa die geschilderten jüngsten Erfahrungen der *WAAGE* in Hannover.

325 So würden insbesondere die Opfer der Gerichtshilfe als Teil der staatlichen Justiz ein besonderes hohes Vertrauen entgegenbringen, sich dort außergewöhnlich sicher fühlen (mündliche Auskunft *Clesius-Somés* (*Gerichtshilfe Göttingen*) vom 1.9.2000).

326 Vgl. dazu auch *Wandrey / Weitekamp* in *Bundesministerium der Justiz* 1998, S.121-148.

327 Wie in Kap.3 3.1 erwähnt, lag die tatsächliche Fallbelastung im Mai 1999 bei ca. 70 Probanden. Der Abgeordnete *Schirmbeck* berichtete im Juni 1999 sogar von ca. 80 Probanden im Bereich der *Bewährungshilfe Osnabrück* (vgl. LT-Drs. 14 / 907, S.1).

328 Bwh-Info 18 /2000, S.5.

329 Telefonische Auskunft *Vosgeraus* (*ADB Niedersachsen*) vom 26.2.2002.

Datenverarbeitungssystem, Faxgeräte und Internetzugänge, die zu spürbaren Arbeitserleichterungen führen könnten.[330]

Hinsichtlich der hohen Fallbelastung gab das *Niedersächsische Justizministerium* auf eine Kleine Anfrage der CDU-Fraktion vom 3.6.1999 im *Niedersächsischen Landtag* an, dass die niedersächsischen Bewährungshelfer trotz ständiger Überbelastung[331] in den letzten zehn Jahren nicht weniger erfolgreich gewesen seien als zuvor.[332] Zwei Drittel der betreuten Probanden beendeten ihre Bewährungszeit bis 1996 positiv.[333] Das Justizministerium musste jedoch einräumen, dass neue Zahlen bis dato nicht vorlagen und daher abzuwarten bleibe, ob die Widerrufsquote durch die hohe Belastung in jüngster Zeit gestiegen sei. Unabhängig davon plane die Landesregierung neben einem Qualitätsentwickungsprojekt[334] eine Personalaufstockung im Bereich der Sozialen Dienste in der Strafrechtspflege durch Rückgriff auf den Reformarbeitsmarkt.[335] Mit modernem Fallmanagement – angestrebt mit dem Projekt Qualitätsmanagement in der Bewährungshilfe – beabsichtige die Landesregierung, eine mittelfristige Entlastung der Bewährungshilfe zu erzielen. Ziel des Projekts sei es, die Arbeitsabläufe in der Bewährungshilfe insgesamt noch effizienter zu gestalten. Durch Rationalisierung der Arbeitsabläufe sollten „Binnenressourcen" freigesetzt werden, um so die hohe Arbeitsbelastung besser bewältigen zu können. Mit ersten Ergebnissen des Projektes könne jedoch nicht vor Mitte des Jahres 2000 gerechnet werden.[336]

Mittlerweile liegen die „Standards der Bewährungshilfe", die der im Rahmen des Qualitätsentwicklungsprojekts eingesetzte Qualitätszirkel ausgearbeitet hat, vor und wurden aus Sicht des Ministeriums so erfolgreich erprobt, dass sie seit Beginn des Jahres 2002 als verbindliches Regelwerk gelten.[337]

---

330 Telefonische Auskunft *Vosgeraus* (*ADB Niedersachsen*) vom 26.2.2002. Hinsichtlich der Situation im LG-Bezirk Hannover vgl. Bericht der „Kleinen Gerichtskommission" 2001, S.371f. und Tabelle 7.

331 „Die Planungskommission für den Sozialdienst in der niedersächsischen Strafrechtspflege empfiehlt, die Arbeitsbelastung auf eine „Fallmesszahl" von 35 zu senken, die ständig nicht um mehr als 25 % überschritten werden soll" (LT-Drs. 14 / 907, S.4).

332 LT-Drs. 14 / 907, S.4.

333 LT-Drs. 14 / 907, S.7.

334 Das auch die Verbesserung des EDV-Einsatzes umfasse, vgl. LT-Drs. 14 / 907, S.5.

335 LT-Drs. 14 / 907, S.7.

336 LT-Drs. 14 / 907, S.5.

337 Telefonische Auskunft *Traudens* (*Nds. MJ*) vom 25.2.2002.

Über die Standards hinaus setzt das Ministerium Hoffnungen in eine Verbesserung der Qualität der geleisteten Arbeit durch eine größere Spezialisierung der Bewährungshilfe in den Bereichen jugendliche Täter und Sexualstraftäter.[338] Auch schwebte dem ehemaligen Justizminister *Pfeiffer* auf Dauer eine Zusammenlegung von Bewährungs-, Gerichtshilfe, Führungsaufsicht und ggf. Sozialdienst im Justizvollzug zu einem einheitlichen Sozialdienst vor.[339]

Besonders kritisch ist die Lage der ehrenamtlichen Bewährungshelfer. Die rückläufige Zahl Ehrenamtlicher scheint in Niedersachsen jedoch weder in Literatur noch Praxis auf besondere Beachtung zu stoßen. Anstrengungen von staatlicher Seite,[340] der rückläufigen Tendenz entgegenzuwirken, gibt es nicht. Ehemalige Ehrenamtliche führen als Grund für die Aufgabe ihrer Tätigkeit u.a. an, dass ihnen – anders als den hauptamtlichen Bewährungshelfern – von staatlicher Seite ein Versagen des anvertrauten Probanden persönlich angelastet werde.[341] Sollten in den nächsten Jahren nicht von staatlicher oder privater Seite entsprechende Anstrengungen unternommen werden, so wird die ehrenamtliche Bewährungshilfe weiterhin ein Schattendasein führen oder auf Dauer ein gesetzlich verankertes Relikt[342] aus vergangener Zeit sein.

Als besonders positiv sind im Bereich der niedersächsischen Bewährungshilfe die überobligatorischen ehrenamtlichen Tätigkeiten zahlreicher hauptamtlicher Bewährungshelfer in Straffälligenhilfevereinen zu bewerten. Oft liegt diesem Engagement der Wille zugrunde, Mängeln, die das staatliche System nicht zu beheben vermag, entgegenzuwirken.

---

338 Telefonische Auskunft *Vosgeraus* (*ADB Niedersachsen*) vom 26.2.2002; vgl. *Glückel* Göttinger Tageblatt vom 29.1.2002, S.9. Laut *Vosgerau* wären im Falle einer tatsächlichen Umsetzung des vom Ministerium für die Jugendbewährungshilfe vorgeschlagenen Betreuungsschlüssels (1,5 jugendliche : 1 erwachsenen Probanden) neue Stellen notwendig. Darüber hinaus sei zu bedenken, dass Niedersachsen ein Flächenland sei und eine Spezialisierung in erster Linie in großen Städten in Betracht käme.

339 *Glückel* Göttinger Tageblatt vom 29.1.2002, S.9.

340 Denkbar wären z.B. Informationskampagnen für potentiell interessierte Bürger sowie Fortbildungsveranstaltungen für bereits ehrenamtlich Tätige. Bisher fehlt den hauptamtlichen Bewährungshelfern für Öffentlichkeitsarbeit, die auch in den Standards (*Nds. MJ* 2000, S.25) vorgesehen ist, allerdings aus verständlichen Gründen die Zeit.

341 Mündliche Auskunft *Zinns* (*Anlaufstelle Kontakt in Krisen*, Göttingen) vom 13.11.2000.

342 Möglicherweise trägt bereits der Wortlaut des Gesetzes, in dem keine Angaben über eine notwendige Qualifikation der Ehrenamtlichen gemacht wird, zu einem Misstrauen gegenüber diesem Personenkreis bei; vgl. § 8 GüB vom 25.10.1961.

Angesichts der schwierigen Situation der niedersächsischen Bewährungshilfe sollte daher aus Sicht der Verfasserin über eine verstärkte Heranziehung Privater nachgedacht werden. Die zu erwartende hohe Personalfluktuation in den nächsten Jahren würde auch fundamentale Änderungen etwa im Bereich der Dienstverhältnisse ermöglichen.

3. Gemeinnützige Arbeit

Das Projekt „Ausweg“ hat in Mecklenburg-Vorpommern die dortige Situation im Bereich der GA sehr positiv verändert. Die beauftragten Hauptvermittler *Diakonisches Werk Mecklenburg e. V.* und *Verein zur Resozialisierung Phönix e. V.* konnten als freie Träger und aufgrund ihrer eigenen einschlägigen Erfahrung im Bereich der Beschäftigung von Geldstrafenschuldnern besonders leicht zahlreiche (neue) Kontakte zu Einsatzstellen knüpfen bzw. vertiefen.[343] Im Hinblick auf das Thema der vorliegenden Untersuchung soll jedoch betont werden, dass der beschriebene Erfolg nicht allein auf die weitgehende Wahrnehmung der Vermittlungs- und Betreuungsaufgaben durch freie Träger zurückzuführen ist.[344] Vielmehr sind die grundsätzliche Möglichkeit flankierender Betreuung und die Schaffung spezieller Vermittlerstellen ebenfalls ausschlaggebend.[345] Ein gewichtiges Argument für die weitgehende Beauftragung freier Träger statt der Schaffung zusätzlicher Vermittlerstellen in den Sozialen Diensten in der Justiz waren schließlich auch die größere Erfolgsaussichten dieser Variante in politischer Hinsicht: während über die Zuwendungen für freie Träger jährlich erneut entschieden und damit eine gewisse haushaltsrechtliche Flexibilität gewahrt wird, bedeutet eine Stellenschaffung im staatlichen Bereich eine langfristige Kostenbelastung.[346]

Im Gegensatz zu Mecklenburg-Vorpommern wird in Niedersachsen – wie bereits erwähnt – GA bisher ausschließlich von staatlicher Hand vermittelt. Eine breit angelegte Übertragung der Vermittlung auf freie Träger wie in Mecklenburg-Vorpommern ist in Niedersachsen derzeit nicht geplant. So bedeutet die GA für die zuständigen Gerichtshelfer (und Bewährungshelfer) zusätzliche Ar-

---

343 Telefonische Auskunft *Grossers* (*Justizministerium Mecklenburg-Vorpommern*) vom 7.3.2002.

344 Telefonische Auskunft *Scheels* (Lehrstuhl Prof. Dr. *Dünkel*, *Universität Greifswald*) vom 25.2.2002.

345 Telefonische Auskünfte *Grossers* vom 7.3.2002 und *Scheels* vom 25.2.2002.

346 Auskunft *Grossers* vom 7.3.2002. Auf der anderen Seite bedeutet die „Zuwendungslösung“ aber auch eine insgesamt größere Unsicherheit für den Bereich der gemeinnützigen Arbeit, weil das finanzielle Fundament auf „wackeligen Beinen steht“.

beit. Immer wieder weisen die Gerichtshelfer darauf hin, dass die Klientel zunehmend schwieriger wird und einer zeitaufwendigen Betreuung bedarf, die sie nicht oder nur unter Vernachlässigung anderer Aufgaben leisten können.[347] Erschwerend kommt hinzu, dass es in Niedersachsen keine Beschäftigungsstellen mit besonderer Betreuung gibt. Über die genannten Probleme hinaus, die sich auch auf die Geldstrafenschuldner auswirken, erhalten letztere auch in Niedersachsen keine Informationen / Belehrungen darüber, wie sie gegen ein Fehlverhalten seitens der Beschäftigungsstellen formal vorgehen können.[348] Wie in Mecklenburg-Vorpommern, gibt es keine festgeschriebenen Vorgaben, wie die gemeinnützige Arbeit inhaltlich ausgestaltet sein sollte, z.B. welche Arbeiten unzumutbar sind.

Grundsätzlich beurteilt das *Niedersächsische Justizministerium* das seit 1991 laufende Programm „Schwitzen statt Sitzen", das Straftätern ermöglicht, ihre Ersatzfreiheitsstrafen durch die Ableistung von GA abzuwenden, positiv. „1999 waren es 2634 Straftäter, die dadurch insgesamt 82558 Hafttage vermeiden konnten. Gegenüber 25775 Hafttagen 1991 hat sich die Zahl damit mehr als verdreifacht und einen neuen Höchststand erreicht. Der Justizvollzug hat damit im vergangenen Jahr 226 Haftplätze weniger benötigt, das entspricht einer mittelgroßen Justizvollzugsanstalt. Niedersachsen hat so im vergangenen Jahr fast 12 Millionen DM Haftkosten sparen können."[349]

Angesichts der steigenden Zahl von Geldstrafenschuldnern und der dadurch bedingten Überlastung der Gerichtshelfer gab es im *Niedersächsischen Justizministerium* im Jahr 2000 die Überlegung, in einem kleinen Einzelprojekt die Vermittlung von GA durch einen freien Träger zu erproben.[350] Angesicht der

---

347 Mündliche Auskunft *Clesius-Somés* (*Gerichtshilfe Göttingen*) vom 12.12.2000.

348 Schriftliche Auskunft des *Nds. MJ* vom 8.8.2000.

349 Schriftliche Auskunft des *Nds. MJ* vom 8.8.2000. Gegen diese Art der Erfolgsmessung wendet sich *Feuerhelm*, der zu Recht zu bedenken gibt, dass die Berechnung ersparter Hafttage und nicht besetzter Haftplätze unterstelle, dass alle Probanden mit GA bei Fehlen dieser Tilgungsform tatsächlich in den Freiheitsentzug gelangt wären. Denkbar sei aber auch, dass Probanden im letzen Moment vor Antritt der Ersatzfreiheitsstrafe Zahlungen leisten würden (*Feuerhelm* 1991, S.43).

350 Telefonische Auskunft *von Hoves* (*Nds. MJ*) vom 11.10.2000, die jedoch darauf hinwies, dass die Finanzierung noch völlig ungeklärt sei. Auf erneute Nachfrage erklärte *Trauden* (*Nds. MJ*) am 25.2.2002, dass entsprechende Projekte derzeit nicht konkret in der Planung seien.

Reformpläne des *Bundesjustizministeriums* im Hinblick auf die GA,[351] die bei Umsetzung eine sprunghaften Anstieg der Arbeitsbelastung bedeuten würden, wäre die baldige Einbeziehung freier Träger im Bereich der Vermittlung und Überwachung GA in Niedersachsen ein Schritt in die richtige Richtung.

351 Im *Bundesjustizministerium* wurde im Jahr 2000 ein Referentenentwurf eines Gesetzes zur Reform des Sanktionenrechts ausgearbeitet (vgl. dazu auch *Däubler-Gmelin* BewHi 2002, 15 (20ff.)).

3. Teil: Grundfragen der Ausweitung privater Elemente

Im Folgenden soll auf Grundfragen der Ausweitung privater Elemente eingegangen werden. Nach einer Darstellung der diesbezüglichen ausländischen Erfahrungen werden verschiedene Vorschläge für eine Privatisierung der Sozialen Dienste in Deutschland erörtert. Einer Betrachtung der mit den Privatisierungsvorschlägen verbundenen Vor- und Nachteile schließt sich eine Erläuterung der rechtlichen Grenzen einer entsprechenden Privatisierung an.

Kap. 6 Ausländische Erfahrungen

Die ausländischen Erfahrungen mit privaten Organisationen im Bereich der der Strafrechtspflege zugeordneten Sozialarbeit werden schwerpunktmäßig anhand der österreichischen Situation aufgezeigt. Zuvor soll überblicksartig auf die Gegebenheiten in verschiedenen europäischen Ländern eingegangen werden.

1. Ausgewählte europäische Systeme

Aus den stark voneinander abweichenden historischen, kulturellen und geographischen Gegebenheiten in den verschiedenen europäischen Ländern resultieren vielfältige Formen der der Strafrechtspflege zugeordneten Sozialarbeit,[352] die nicht ohne weiteres miteinander verglichen werden können. Im Folgenden sollen die Systeme einiger ausgewählter europäischer Staaten[353] daher nicht getrennt nach Ländern, sondern anhand der verschiedenen Strukturelemente Rechtsform, Finanzierung, Organisation / Aufgaben, Zuständigkeit, Auftragserteilung, Kontrolle / Aufsicht, Fallbelastung, Professionalisierung / Ausbildung und kürzliche Veränderungen einander gegenübergestellt werden, da sich die organisatorischen und strukturellen Bedingungen, unter denen in allen Staaten

---

352 Vgl. *Derks / van Kalmthout in van Kalmthout / Derks* 2000, S. 1 (24); *Jehle* BewHi 1996, 259 (260 f.).

353 Belgien, Dänemark, England / Wales, Finnland, Frankreich, Italien, Niederlande, Norwegen, Portugal, Schweden, Schweiz und Spanien.

die der Strafrechtspflege zugeordnete Sozialarbeit stattfindet, am ehesten zum Vergleich eignen.[354]

Rechtsform

In allen europäischen Ländern stellt die der Strafrechtspflege zugeordnete Sozialarbeit eine öffentliche Aufgabe dar. Unabhängig davon, ob die Aufgaben durch private oder öffentliche Stellen wahrgenommen werden, liegt die Verantwortung für eine ordnungsgemäße Durchführung in staatlicher Hand.[355]

In der Mehrheit der europäischen Länder ist die der Strafrechtspflege zugeordnete Sozialarbeit Teil der staatlichen Justizverwaltung und wird zentral vom jeweiligen Justizministerium gelenkt.[356] Die zuständigen Stellen können daher als Soziale Dienste der Justiz bezeichnet werden.

Im Gegensatz dazu sind in Österreich und den Niederlanden die Sozialen Dienste außerhalb der Justiz angesiedelt.[357] Die Aufgaben von Bewährungs- und Gerichtshilfe werden dort von privaten Institutionen wahrgenommen:[358] in Österreich vom *Verein für Bewährungshilfe und Soziale Arbeit* (*VBSA*)[359] und in den Niederlanden von der *Stichting Reclassering Nederland* (*SRN*).[360]

Darüber hinaus gibt es Länder, die sich nicht eindeutig den zuvor genannten Systemen zuordnen lassen. In der Schweiz gibt es in den verschiedenen Kantonen eine Bandbreite an öffentlicher und privat organisierter der Strafrechtspflege zugeordneten Sozialarbeit. Die Mehrheit der Kantone hat allerdings eine staatlich organisierte Bewährungs- und Gerichtshilfe.[361] In Finnland wird die Sozialarbeit von einer öffentlich-rechtlichen Stiftung wahrgenommen. Es han-

354 Zu dieser Vorgehensweise vgl. auch *Jehle* BewHi 1996, 259 (261f.). Wie bei *Jehle*s Darstellung, handelt es sich auch bei der vorliegenden um einen „skizzenhaften Versuch", der sich nur auf „eingeschränktes Informationsmaterial stützen kann". Eine aktuelle umfassende Darstellung findet sich bei *van Kalmthout / Derks* 2000.

355 Vgl. *Jehle* BewHi 1996, 259 (263); vgl. *Derks / van Kalmthout* in *van Kalmthout / Derks* 2000, S.1 (25f.).

356 Zu den Gegebenheiten in den verschiedenen Ländern vgl. ausführlich *Derks / van Kalmthout* in *van Kalmthout / Derks* 2000, S.1 (25f.).

357 *Jehle* BewHi 1996, 259 (263).

358 *Jehle* ebenda; *Derks / van Kalmthout* in *van Kalmthout / Derks* 2000, S.1 (27).

359 Zur Situation in Österreich vgl. ausführlich Kap.6 2.

360 *Derks / van Kalmthout* in *van Kalmthout / Derks* 2000, S.1 (27).

361 *Derks / van Kalmthout* in *van Kalmthout / Derks* 2000, S.1 (27).

delt sich dabei um eine eigenständige Organisation, die jedoch vom Justizministerium verwaltet und überwacht wird.[362]

Finanzierung

Da es sich – wie bereits erwähnt – bei der der Strafrechtspflege zugeordneten Sozialarbeit um eine öffentliche Aufgabe handelt, erfolgt die Finanzierung in allen an dieser Stelle berücksichtigten Staaten unabhängig von der jeweiligen Rechtsform überwiegend durch den Staat, zumeist durch das Justizressort. Mit den privaten Organisationen in Österreich und den Niederlanden wird jährlich ein Budget ausgehandelt.[363] Bis in die jüngste Vergangenheit trugen in England die Kommunen 20% der Kosten.[364] Insbesondere für abgrenzbare Projekte werden auch finanzielle Mittel der EU oder privater Geldgeber genutzt.[365]

Organisation / Aufgaben

Die in Deutschland nach wie vor noch überwiegend[366] existierende strikte Trennung von Bewährungs-, Gerichtshilfe und Führungsaufsicht stellt europaweit eine Ausnahme dar. Im europäischen Ausland ist vielmehr ein mehr oder weniger in allen Verfahrensabschnitten für die ambulanten Aufgaben zuständiger Sozialdienst üblich.[367] In zahlreichen Ländern – z.B. Dänemark,[368] Finnland,[369] den Niederlanden,[370] Norwegen[371] und Portugal[372] – ist darüber hinaus auch eine organisatorische Zuständigkeit für die Sozialarbeit im Strafvollzug gegeben.[373]

---

362 *Derks / van Kalmthout* in *van Kalmthout / Derks* 2000, S.1 (27); *Jehle* in BewHi 1996, 259 (263).

363 *Jehle* BewHi 1996, 259 (263); *Derks / van Kalmthout* in *van Kalmthout / Derks* 2000, S.1 (27).

364 *Stelman* in *van Kalmthout / Derks* 2000, S.151 (165).

365 *Derks / van Kalmthout* in *van Kalmthout / Derks* 2000, S.1 (29f.).

366 In der Mehrzahl der neuen Bundesländer wurde die herkömmliche Trennung nicht übernommen, sondern ein allzuständiger Sozialdienst etabliert. Ausführlich dazu *Block* 1997, S.41ff.

367 *Jehle* BewHi 1996, 259 (264).

368 *Vinding* in *van Kalmthout / Derks* 2000, S. 119 (122, 126f.).

369 *Vogt-Airaksinen* in *van Kalmthout / Derks* 2000, S.175 (180).

370 *Stichting Reclassering Nederland* 2000.

371 *Faeste* in *van Kalmthout / Derks* 2000, S.411 (413).

372 *Jardim* in *van Kalmthout / Derks* 2000, S.441 (445).

373 *Jehle* BewHi 1996, 259 (264).

Zuständigkeit

Wie in Deutschland, sind auch in der Mehrzahl der anderen europäischen Länder besondere Einrichtungen oder Dienste dafür zuständig, jugendlichen Straftätern Hilfe und Unterstützung zu leisten, Gutachten zu erstellen und Strafen oder Maßnahmen zu vollziehen.[374] In manchen Ländern ist im Bereich der Betreuung von Jugendlichen ein verstärkter Einsatz Ehrenamtlicher zu verzeichnen.[375] Es gibt jedoch auch Länder, in denen keine gesonderte strafrechtliche Behandlung von Jugendlichen vorgesehen ist und die Sozialen Dienste daher für jugendliche und erwachsene Straftäter gleichermaßen zuständig sind.[376] In Portugal und bis vor kurzem auch in England werden die Sozialen Dienste zusätzlich für die Familiengerichte tätig.[377]

Auftragserteilung

Hinsichtlich der Auftragserteilung ist zwischen der Aufgabenwahrnehmung durch private und durch staatliche Institutionen zu unterscheiden. Staatliche Dienste erhalten aufgrund entsprechender rechtlicher Vorgaben Arbeitsanweisungen von ihren justitiellen Auftraggebern. Nichtstaatliche Träger müssen hingegen in einem ersten Schritt grundsätzlich mit der Wahrnehmung bestimmter Aufgaben betraut werden. In Österreich wurde in einem zwischen dem Land Österreich und dem *VBSA* geschlossenen sog. Generalvertrag[378] zunächst die grundsätzliche Zuständigkeit des *VBSA* für die Straffälligenhilfe festgehalten. Die privaten Organisationen in den Niederlanden und Österreich handeln ihr Budget und die von ihnen im einzelnen zu erbringenden Leistungen jährlich neu mit dem zuständigen Ministerium aus.[379] Ihre Geschäftsstellen werden dann im Einzelfall aufgrund konkreter Anweisungen durch die zuständigen justitiellen Auftraggeber tätig. Neben der zwangsweisen Zuteilung von Probanden betreuen die privaten Träger sowohl in den Niederlanden als auch in Österreich darüber hinaus Probanden, die aus eigenem Antrieb um Unterstützung bitten.[380]

---

374 *Jehle* BewHi 1996, 259 (264); *Derks / van Kalmthout* in *van Kalmthout / Derks* 2000, S.1 (11f.).

375 Z.B. in Finnland, Frankreich, Italien und den Niederlanden.

376 Laut *Derks / van Kalmthout* in *van Kalmthout / Derks* 2000, S.1 (12) Dänemark, Spanien und Schweden.

377 *Jardim* in *van Kalmthout / Derks* 2000, S.441 (445); *Stelman* in *van Kalmthout / Derks* 2000, S.149 (170).

378 *Koss* in *van Kalmthout / Derks* 2000, S.29 (32).

379 *Jehle* BewHi 1996, 259 (265); vgl. *Ploeg* in *van Kalmthout / Derks* 2000, S.381 (384).

380 *Jehle* BewHi 1996, 259 (265); *Koss* in *van Kalmthout / Derks* 2000, S.29 (47).

Kontrolle / Aufsicht

Auch hinsichtlich der Kontrolle bzw. Aufsicht der der Strafrechtspflege zugeordneten Sozialarbeiter ist zwischen staatlichen und privaten Systemen zu unterscheiden. Die Rechts- und Fachaufsicht über staatliche Sozialarbeiter wird von Strafjuristen bzw. anscheinend in zunehmendem Maße auch von leitenden Sozialarbeitern wahrgenommen.[381]

Hinsichtlich des Weisungsrechts in privaten Systemen ist zwischen der Aufsicht über die privaten Organisationen einerseits und die dort angestellten Mitarbeiter andererseits zu unterscheiden. Während von staatlicher Seite die Rechtmäßigkeit des Handelns der privaten Institution als Ganzer regelmäßig überwacht wird, kann die fachliche Richtigkeit der Arbeit der dort angestellten Sozialarbeiter nur indirekt über die mit dem Anstellungsträger getroffene Vereinbarung sichergestellt werden. Sowohl der *VBSA* in Österreich als auch die *SRN* in den Niederlanden sind über die jeweiligen Vereinbarungen mit den Justizministerien verpflichtet, auf die Einhaltung bestimmter fachlicher Qualitätsstandards durch seine / ihre Angestellten zu achten. Aus diesem Grund haben sich in beiden privaten Organisationen hierarchische Strukturen mit strengen internen Kontrollen ausgebildet.[382]

Fallbelastung

Vergleicht man die Angaben der verschiedenen europäischen Länder zu der Fallbelastung ihrer der Strafrechtspflege zugeordneten Sozialarbeit, so erhält man völlig unterschiedliche Angaben. Aus Schweden wird eine durchschnittlichen Belastung von 25 Klienten pro Sozialarbeiter berichtet,[383] in Österreich ist gesetzlich eine Betreuung von max. 30 Probanden pro Bewährungshelfer vorgeschrieben.[384] Angaben aus der Schweiz liegen bei ca. 70-80 Probanden,[385] in Italien geht man von 120,[386] in Frankreich gar von 160 Fällen pro Sozialarbeiter aus.[387] Ein unmittelbarer Zahlenvergleich, aus dem sich stichfeste Rückschlüsse auf die Arbeitsbelastung ziehen ließen, ist jedoch nicht möglich, da der Begriff

381 Zur Situation in Frankreich vgl. *Gilly* in *van Kalmthout / Derks* 2000, 201 (211).

382 *Jehle* in BewHi 1996, 259 (265).

383 *Ström-Huppert / Bishop* in *van Kalmthout / Derks* 2000, S.521 (527).

384 § 17 III BewHG Österreich. Der Gesetzestext des österreichischen BewHG findet sich im Internet unter http://www.ris.bka.gv.at (Stand: 25.3.2002).

385 Mündliche Schätzung *Frauenfelders* (*Bewährungs- und Vollzugdienste Zürich*) vom 18.09.2001.

386 *Gandini* in *van Kalmthout / Derks* 2000, S.289 (296).

387 *Adam* BewHi 1996, 269 (273).

„Fallbelastung / Caseload“ nicht in jedem Land gleich ausgelegt wird.[388] Vorbehaltlich der beschriebenen Einschränkungen hinsichtlich der Vergleichbarkeit scheinen besonders hohe Fallbelastungen in erster Linie ein Problem der staatlichen Systeme zu sein.

Professionalisierung / Ausbildung

Die zunehmende Individualisierung strafrechtlicher Sanktionen führte im Verlaufe des 20. Jahrhunderts in den meisten europäischen Ländern zu einer wachsenden Einbeziehung Sozialer Dienste in die Arbeit von Staatsanwaltschaften und Gerichten. Bedingt durch die steigenden Ansprüche an die Qualität der im Justizbereich geleisteten Sozialarbeit kamen in zunehmendem Maße professionelle Kräfte zum Einsatz.[389]

Die hauptamtlich tätigen Sozialarbeiter sind in der überwiegenden Zahl der Länder ausgebildete Sozialarbeiter mit einem entsprechenden Hochschulabschluß. In manchen Staaten[390] müssen Berufsanfänger speziell auf die Tätigkeit im Justizbereich zugeschnittene Einführungskurse belegen. In England geht man seit neuestem einen Sonderweg: justitielle Sozialarbeiter erlernen ihre Tätigkeit in einer zweijährigen Ausbildung direkt bei den zuständigen Sozialen Diensten.[391]

Neben den hauptamtlich Tätigen sind in vielen Ländern nach wie vor Ehrenamtliche im Bereich der der Strafrechtspflege zugeordneten Sozialarbeit tätig. Durch die Entwicklung von alternativen Sanktionen und die damit verbundene Zunahme der Arbeitsbelastung der Hauptamtlichen scheint die Beteiligung privater Einzelpersonen ebenso wie die Beteiligung von Organisationen wieder zuzunehmen.[392]

Kürzliche Veränderungen

Auffällig ist, dass insbesondere in den vergangenen zehn Jahren in mehreren europäischen Ländern entscheidende Änderungen im Bereich der der Strafrechtspflege zugeordneten Sozialarbeit vorgenommen wurden.

---

388 *Derks / van Kalmthout* in *van Kalmthout / Derks* 2000, S.1 (28); *Jehle* BewHi 1996, 259 (267), der darauf hinweist, dass nach einer Belastung zu einem bestimmten Stichtag und nach Durchlauf zu unterscheiden ist.

389 *Derks / van Kalmthout* in *van Kalmthout / Derks* 2000, S.1 (35).

390 Z.B. in Dänemark, Schweden und wohl auch in Norwegen.

391 *Stelman* in *van Kalmthout / Derks* 2000, S.149 (156).

392 *Derks / van Kalmthout* in *van Kalmthout / Derks* 2000, S.1 (35); zur Rolle privater Vereine in Frankreich siehe *Adam* BewHi 1996, 269 (271).

In Belgien entschied man sich Mitte der neunziger Jahre für die Neugründung zweier staatlicher Dienste (*Dienst Justitiehuizen* und *Psychosociale Dienst*), nachdem das bis dato existierende System zunehmend in Frage gestellt wurde und das Justizministerium unter Druck geraten war, weil undurchsichtige Organisationsstrukturen und überhöhte Fallbelastungen zu Unsicherheitsgefühlen in der Bevölkerung geführt hatten.[393]

In England verfolgt man seit Ende der neunziger Jahre verschiedene Modernisierungsstrategien, nachdem man auch hier einsehen musste, dass das staatliche System in der bestehenden Form den veränderten Anforderungen nicht länger genügen würde. Neben der ganz unmittelbar auf eine Qualitätssteigerung ausgerichteten Einführung der „Effectiveness Practice Initiative"[394] und der „National Standards 2000" erfolgte eine grundlegende Veränderung der Organisationsstruktur des englischen Probation Service. Aufgrund einer Reduzierung der verschiedenen englischen Dienste von 54 auf 42[395], der Einführung professionellerer Kontrollstrukturen bei den einzelnen Diensten, deren Zuordnung zum Dachverband *National Probation Service of England and Wales* mit einem Direktor sowie einer Vollfinanzierung durch die Regierung ist in Zukunft eine einheitlichere und zentral gesteuerte Aufgabenwahrnehmung zu erwarten.[396]

Auch in Frankreich wurden in den vergangenen drei Jahren grundlegende Veränderungen vorgenommen, die letztlich zu einer stärkeren Autonomie des *Service pénitentiare d'insertion et de probation* führten, weil der bis dato mächtige Einfluss der Vollstreckungsrichter und Gefängnisdirektoren reduziert wurde.[397]

In den Niederlanden wurden 1995 die bis dahin über das Land verteilten 19 selbständigen Sozialdienste unter dem Dach der neugegründeten *Stichting Reclassering Nederland* (*SRN*) zusammengefasst, nachdem die bisherige Zersplitterung zu einer großen Verschiedenartigkeit in der Ausführung der Arbeit geführt hatte und auf nationaler Ebene kein klarer Überblick über Art und Umfang der jeweiligen Aktivitäten hatte erreicht werden können.[398] Darüber hinaus

---

393 Vgl. *de Valck* in *Kalmthout / Derks* 2000, S.61 (64).

394 Sowohl zur „Effectiveness Practice Initiative" als auch zu den „National Standards 2000" siehe *Stelman* in *van Kalmthout / Derks* 2000, S.149 (168ff.).

395 Die Bezirke der Sozialen Dienste stimmen nunmehr mit denen der Polizei überein (*Stelman* in *van Kalmthout / Derks* 2000, S.149 (170)).

396 Vgl. *Stelman* in *van Kalmthout / Derks* 2000, S.149 (170).

397 Vgl. *Gilly* in *van Kalmthout / Derks* 2000, S.201 (211).

398 Zum Teil waren sogar an verschiedenen Stellen vergleichbare Initiativen ergriffen worden, weil es an einer gegenseitigen Beratung und Abstimmung mangelte (*van der Valk* BewHi 1996, 279 (279f.); *Ploeg* in *van Kalmthout / Derks* 2000, S.379 (381f.)).

entschied sich die *SRN*, mit den noch übrigen zwei großen Organisationen (*Verband der Beratungsstellen für Alkohol- und Drogensüchtige* sowie der *Abteilung für Bewährungs- und Straffälligenhilfe der Heilsarmee*) in einem organisatorischen Verbund eng zusammenzuarbeiten. Die drei Organisationen werden nunmehr zentral gesteuert sowie von einem Generaldirektor geführt und nach außen – insbesondere gegenüber dem Staat – repräsentiert.[399]

Die Zielsetzungen und Arbeitsweisen der Dienste wurden neu koordiniert und auf die Wünsche der staatlichen Geldgeber besser zugeschnitten. Das Ergebnis ist eine dienstleistende, erfolgs- und marktorientierte Organisation, die fähig ist, eine eindeutige und einsichtige Ausführung der Arbeit zu realisieren und die demzufolge ihre soziale Bedeutung besser erkennbar werden lässt.[400] Auch die staatlichen Geldgeber scheinen von dem neuen Konzept überzeugt zu sein. Sie haben mittlerweile die in den vergangenen Jahren vorgenommenen Einschränkungen der finanziellen Zuwendungen wieder zurückgenommen.[401]

In Italien wird die Lage der der Strafrechtspflege zugeordneten Sozialarbeit momentan als besonders problematisch beschrieben. [402] Die dort z.T. herrschende unangemessen bürokratische Arbeitsweise ist insbesondere auf einen Zuwachs an Aufgaben bei stagnierenden, sehr eingeschränkten finanziellen Mitteln und einer dramatischen personellen Unterbesetzung[403] zurückzuführen. Zur Zeit gibt es u.a. Bemühungen, die Sozialen Dienste personell und materiell besser auszustatten. Man erwägt sogar, Zivildienstleistende in bestimmten Bereichen einzusetzen.[404]

Zusammenfassend lässt sich sagen, dass die der Strafrechtspflege zugeordnete Sozialarbeit in der Mehrzahl der vorliegend betrachteten europäischen Länder staatlich und allzuständig ist sowie in erster Linie mit hauptamtlichen Kräften arbeitet, die durch ehrenamtliche unterstützt werden.[405] Ein allgemeiner Trend, der wachsenden Aufgabenbelastung mit einer Privatisierung der Sozialen Dienste zu begegnen, lässt sich in Europa nicht ausmachen.[406] Zwar werden ge-

---

399 *van der Valk* BewHi 1996, 279 (281).

400 *van der Valk* BewHi 1996, 279 (280).

401 *van der Valk* BewHi 1996, 279 (280).

402 Vgl. *Gandini* in *Kalmthout / Derks* 2000, S.289 (294).

403 Laut *Gandini* in *Kalmthout / Derks* 2000, S.289 (296) sind 50 % der Stellen im Bereich der der Strafrechtspflege zugeordneten Sozialarbeit unbesetzt.

404 *Gandini* in *Kalmthout / Derks* 2000, S. 291 (311).

405 *Jehle* in BewHi 1996, 259 (267).

406 Vielmehr hat in Norwegen und Dänemark sogar eine entgegengesetzte Entwicklung stattgefunden. Dort wurde die ursprünglich privat organisierte Bewährungs- und

rade im Bereich alternativer Sanktionen zunehmend freiwillige Helfer eingesetzt, ansonsten versucht man aber, innerhalb der bestehenden staatlichen Systeme den veränderten Anforderungen durch die Schaffung klarerer, strafferer Organisationsstrukturen und ggf. durch die Zubilligung von mehr Autonomie der Sozialen Dienste Rechnung zu tragen. Darüber hinaus sind Schlüsselbegriffe wie Verbesserung der Qualifikation der Sozialarbeiter, Verbesserung von Aus- und Weiterbildung, Entwicklung neuer Programme, Modernisierung der Arbeit, Konzentration auf Effektivität, Verbesserung der Qualität der Dienste, Definition von Zielgruppen bei Tätern und Opfern, Case-Management, Setzen von Prioritäten und genaues Definieren von Zielen, adäquate mittelfristige Planung, gewissenhaftes Budgetieren und Buchführen, Kontrolle durch die Leitung und wissenschaftliche Evaluation, adäquate Zusammenarbeit und Abkommen mit anderen öffentlich- und privatrechtlichen Organisationen, die einen Teil der Arbeit ausführen können, Integration von modernen Informations- und Kommunikationstechnologien, Weiterentwicklung von Mediation sowie Primärprävention in bezug auf die Kriminalität immer wieder zu hören.[407]

2. Österreich

Als Beispiel einer privaten Ausübung der der Strafrechtspflege zugeordneten Sozialarbeit soll im Folgenden das österreichische System dargestellt werden. Neben der historischen Entwicklung wird das heutige System erläutert und bewertet.

2.1 Historische Entwicklung

Die fünfziger Jahre

Die heute überwiegend in den professionellen Händen des *Vereins für Bewährungshilfe und Soziale Arbeit* (*VBSA*) ruhende österreichische Straffälligenhilfe begann 1957 als eine private Initiative, nachdem in den fünfziger Jahren eine starke Zunahme der Jugendkriminalität zu verzeichnen war und man sich nach

---

Straffälligenhilfe in den 70er bzw. 80er Jahren verstaatlicht (*Jehle* BewHi 1996, 259 (263)); auch schriftliche Auskunft *Heine Bangs* (*Dänisches Justizministerium*) vom 14.05.2000, die als Hauptgrund für die Verstaatlichung anführt, dass nur durch die Zusammenfassung von Strafvollzug und Bewährungshilfe unter einem „staatlichen Dach" eine zufriedenstellende, kontinuierliche und koordinierte Planung der Aktivitäten des gesamten Sanktionsbereichs erreicht werden kann.

407 *Derks / van Kalmthout* in *van Kalmthout / Derks* 2000, S.1 (35f.).

Alternativen für die einzige ambulante Reaktionsmöglichkeit, die seit 1920 bestehende, aber eher ineffektive „Schutzaufausicht" umsah.[408] Im Bereich der Straffälligenhilfe in Österreich stand bis in die fünfziger Jahre in erster Linie die Unterstützung von Haftentlassenen mit finanziellen oder Sachleistungen im Vordergrund.[409] Man begann vornehmlich unter Juristen und Psychologen bereits vorhandene weitergehende Erfahrungen anderer Länder hinsichtlich der Straffälligenhilfe zu diskutieren und gründete 1957 die *Arbeitsgemeinschaft Bewährungshilfe* als Vorläufer des heutigen *VBSA*.[410]

Die sechziger Jahre

In den folgenden Jahren wurden nach und nach in verschiedenen österreichischen Städten Bewährungshilfestellen für Jugendliche aufgebaut. Ab dem 1.1.1962 wurde die Bewährungshilfe für Jugendliche gesetzlich im JGG verankert. Die *Arbeitsgemeinschaft Bewährungshilfe* wurde in der bestehenden Form aufgelöst, der neu gegründete *Verein für soziale Jugendarbeit*, ab 1963 *Verein für Bewährungshilfe und soziale Jugendarbeit*, setzte die Arbeit fort.[411]

Nachdem die Arbeit zunächst vornehmlich von Ehrenamtlichen geleistet worden war, nahmen zunehmend auch hauptamtliche Bewährungshelfer ihre Tätigkeit auf.[412] Mitte der sechziger Jahre wurden die Forderungen nach einem Bundesgesetz zur Bewährungshilfe laut.[413] Erst als der Verfassungsgerichtshof 1968 entschied, dass die Bewährungshilfe als Teil des Strafrechtswesens Bundes- und nicht Ländersache ist,[414] konnten die abschließenden Arbeiten am Entwurf für das geforderte Gesetz abgeschlossen werden. Am 1.1.1969 trat das Bewährungshilfegesetz in Kraft, in dem bestimmt war, dass die vorläufige Führung der Bewährungshilfe zunächst durch Private erfolgen, nach Aufbau der Bewährungshilfe-Organisation aber in staatliche Führung übergehen sollte.[415]

Die siebziger Jahre

Die siebziger Jahre waren geprägt durch die gesetzliche Verankerung der Bewährungshilfe für Erwachsene (1975), finanzielle Unstimmigkeiten zwischen dem *Bundesministerium für Justiz (BMJ)* und dem Verein sowie durch eine an-

---

408 *Koss* in *van Kalmthout / Derks* 2000, S.29 (31).

409 *Koss* in *van Kalmthout / Derks* 2000, S.29 (31).

410 *VBSA* 1997, S.150; *Koss* in *van Kalmthout / Derks* 2000, S.29 (31).

411 *VBSA* 1997, S.151f.; *Koss* in *van Kalmthout / Derks* 2000, S.29 (31).

412 Vgl. *VBSA* 1997, S.152.

413 *VBSA* 1997, S.152.

414 *VBSA* 1997, S.153; *Koss* in *van Kalmthout / Derks* 2000, S.29 (32f.).

415 *VBSA* 1997, S.153; *Koss* in *van Kalmthout / Derks* 2000, S.29 (32).

haltende Debatte um die Verstaatlichung der Bewährungshilfe.[416] Das BWH-Anpassungsgesetz (1975) legte den Zeitpunkt der Übergabe der Bewährungshilfe vom Verein an den Bund zunächst auf den 31.12.1978 fest. Im Jahr 1978 stand jedoch bereits eine BewHG-Novelle im Raum, nach der die Führung der Bewährungshilfe durch den privaten Verein bis zum 31.12.1980 verlängert werden sollte.[417]

Die achtziger Jahre

Am 01.01.1981 trat die BewHG-Novelle in Kraft, nach der einem privaten Verein erstmals ohne zeitliche Begrenzung die Führung der Bewährungshilfe übertragen wurde.[418] Die Verstaatlichungsdebatte war damit beendet, allerdings wurden die Bindung des Vereins an das *BMJ* und die Kontrolle durch das *BMJ* verstärkt.[419] So zwangen z.B. die neuen Vorschriften die Geschäftsstellen des Vereins, ihre Tätigkeiten den für die Dienststellen des Bundes geltenden Bestimmungen anzugleichen. Auch bestand die Möglichkeit der unmittelbaren Anweisung von Budgetmitteln an einzelne Geschäftsstellen durch das *BMJ*. Ferner wurde die Dienstaufsicht des *BMJ* über die der Vereinigung zur Verfügung gestellten Beamten und Vertragsbediensteten auch auf ihre dort ausgeübte Tätigkeit erstreckt. Folge der BewHG-Novelle 1980 war „zwar nicht die Verstaatlichung der Bewährungshilfe, aber eine weitreichende Verbundlichung des Vereins" dahingehend, dass „der *VBSA* tendenziell in eine nachgeordnete Dienststelle des *BMJ* umgewandelt" wurde.[420] Da versäumt worden war, die Beziehung zwischen Verein und Justizverwaltung detailliert und der Privatisierungsentscheidung gemäß zu regeln, entwickelte sich ein System, das „weitgehend durch das Aushandeln von Einzelproblemen bestimmt war, eigenverantwortliche Entscheidungen des Vereins kaum zuließ und letztlich für den Verein die Notwendigkeit mit sich brachte, seine Organisations- und Verwaltungsstrukturen zu verdoppeln: einerseits, um den Vorschriften der Bundesadministration – insbesondere haushalts- und dienstrechtlich – gerecht zu werden, andererseits, um seinem Selbstverständnis und seiner Rechtsform gemäß als privater Verein handeln zu können"[421]. Auch konnten Innovationen nur soweit forciert und entwickelt werden, wie es die Verwaltung zuließ.[422] Als positiv

416 *VBSA* 1997, S.154ff.

417 *VBSA* 1997, S.156.

418 *VBSA* 1997, S.157; *Leirer* sub 3-4 1995, 13 (13f.); *Pilgram* sub 3-4 1995, 35 (37).

419 *VBSA* 1997, S.157; vgl. *Koss* in *van Kalmthout / Derks* 2000, S.29 (32); *Leirer* sub 3-4 1995, 13 (13f.).

420 *Leirer* sub 3-4 1995, 13 (14).

421 *Leirer* sub 3-4 1995, 13 (15); *Pilgram* sub 3-4 1995, 35 (37).

422 *Leirer* sub 3-4 1995, 13 (17).

festzuhalten gilt, dass sich aufgrund der beträchtlichen kriminalpolitischen und finanziellen Förderung des Vereins in den sechziger und siebziger Jahren das Angebot an Diensten und Einrichtungen sehr ausweitete. Der Außergerichtliche Tatausgleich (ATA) zunächst für Jugendliche[423] und dann auch für Erwachsene[424] stellte ein neues, eigenständiges Arbeitsfeld des Vereins dar.[425]

Ab Mitte der achtziger Jahre änderte sich das politische Klima auch in Österreich.[426] Gefordert und als notwendig befunden wurden weniger staatliche Reglementierungen und damit einhergehend mehr Raum für Eigeninitiativen. Ausgliederungen von staatlichen Aufgaben wurden diskutiert, vorbereitet und auch durchgeführt.[427]

Die neunziger Jahre

1990 schrieb sich die Regierung *Vranitzky* die Privatisierung von Verwaltungsaufgaben auf die Fahnen und erklärte auch die Bewährungshilfe zu einem dafür geeigneten Vorhaben.[428] Als erste Maßnahme in die oben beschriebene Richtung wurden dem *VBSA* ab 1.1.1992 keine neuen Bundesbediensteten mehr zur Verfügung gestellt.[429] Zu Beginn der 90er Jahre wurden sowohl von Seiten des Justizministeriums als auch des Vereins umfangreiche Änderungen sowohl hinsichtlich der Organisationsstruktur des Vereins als auch hinsichtlich der Beziehung zwischen Verein und Staat für notwendig gehalten.[430] Anfang 1991 konstituierte sich daher zum einen im Auftrag des Bundesjustizministeriums die *Arbeitsgruppe Bewährungshilfe-Neu*, zum anderen startete der *VBSA* in Zusammenarbeit mit einer externen Beratungsgruppe ein Organisationsentwicklungsprojekt.[431] „1994 war das Jahr der Verwirklichung von „Bewährungshilfe-Neu". Die wichtigsten Elemente der definitiven Privatisierung [...] waren:

- eine Reform der Vereinssatzungen (MitarbeiterInnen der Vereinseinrichtungen verloren den Status ordentlicher Vereinsmitglieder und wurden auf die betriebliche Mitbestimmung verwiesen, die Vereinsleitung wurde gestrafft), [...]

423 Ab 1985 als Modellprojekt und ab 1989 im JGG fest verankert.

424 Als Modellprojekt ab 1989.

425 *Leier* sub 3-4 1995, 13 (17).

426 Vgl. *Koss* in *van Kalmthout / Derks* 2000, S.29 (32).

427 *Leirer* sub 3-4 1995, 13 (17); *Pilgram* sub 3-4 1995, 35 (38).

428 *Leirer* sub 3-4 1995, 13 (19).

429 *VBSA* 1997, S.159; *Leirer* sub 3-4 1995, 13 (19).

430 *Koss* in *van Kalmthout / Derks* 2000, S.29 (32).

431 *Leirer* sub 3-4 1995, 13 (20); *Pilgram* sub 3-4 1995, 35 (38).

- ein Übertrittsangebot für öffentlich bedienstete Sozialarbeiter in ein privatrechtliches Rechtsverhältnis beim *VBSA* und die Unterstellung auch der im öffentlichen Dienst verbleibenden (beamteten) MitarbeiterInnen unter die Dienst- und Fachaufsicht des Vereins, [...]

- eine Öffentlichkeitsarbeitsoffensive, um mehr Unterstützung und gesellschaftliche Ressourcen für die Vereinsarbeit zu gewinnen,

- und als Herzstück ein sogenannter „Generalvertrag“ zwischen Justizverwaltung und *VBSA* über die zu erbringenden Leistungen, deren längerfristige Budgetierung und Kontrolle sowie einen eigenen Konfliktregelungsmechanismus.“[432]

Darüber hinaus wurde die Rechtsstellung der Bewährungshelfer in der von der Arbeitsgruppe vorgeschlagenen Weise 1994 durch das Strafprozessänderungsgesetz und 1997 durch das Strafrechtsänderungsgesetz verbessert.[433] Durch die gesetzlichen Änderungen 1993 wurde u.a. die Anzeigepflicht der Bewährungshelfer eingeschränkt (§ 84 II Nr.1 StPO) und ihnen ein Zeugnisausschlagungsrecht (§ 152 I Nr.5 StPO) zugebilligt.[434] Seit 1997 wurden die Bewährungshelfer u.a. eindeutig von jeglicher Überwachungstätigkeit für das Gericht entbunden und ihre Bestellung erfolgte nunmehr ausschließlich durch die Geschäfts- und Dienststellenleiter.[435]

Eine klare Kursbestätigung erhielt der *VBSA* im Jahre 1999 als die Steiermark als letztes Bundesland ihre bis dahin staatliche Bewährungshilfe dem Verein überantwortete.[436]

Durch die Strafprozessnovelle 1999, die zum 01.01.2000 in Kraft trat, erfuhren weitere große Arbeitsfelder des *VBSA* (Gemeinnützige Arbeit und ATA für Erwachsene) detailliertere Regelungen.[437]

---

432 *Pilgram* sub 1995, 35 (38ff.).

433 *VBSA* 1997, S.160; *Leirer* sub 3-4 1995, 13 (25f.).

434 *VBSA* 1997, S.160. Die genannten Vorschriften sind in Anhang XIII abgedruckt.

435 *VBSA (Mikusch)* 1997, S.9ff. Laut telefonischer Auskunft *Mikuschs* (*VBSA*) vom 22.1.2001 und *Rosenbergs* (*VBSA*) vom 15.2.2002, ist noch nicht ausjudiziert, was der jeweilige Bewährungshelfer dem zuständigen Gericht in problematischen Situationen mitteilen muss. Er wird in diesen Fällen – oftmals in Absprache mit seinem Vorgesetzten – die Interessen der Allgemeinheit gegen die des Probanden abwägen. Eine Pflicht zur Überwachung des Probanden besteht jedoch unstreitig nicht.

436 *Koss* in *van Kalmthout / Derks* 2000, S.29 (31).

437 Vgl. dazu ausführlich *VBSA (Mikusch)* 1999.

2.2 Heutiges System

Aus den oben[438] genannten Gründen sollen auch die österreichischen Gegebenheiten mit Hilfe von Strukturmerkmalen beschrieben werden.

Rechtsform

Wie bereits erwähnt, wird in Österreich die der Strafrechtspflege zugeordnete Sozialarbeit zu einem ganz überwiegenden Teil vom *Verein für Bewährungshilfe und Soziale Arbeit* wahrgenommen. Der *VBSA* ist ein privater gemeinnütziger Verein.[439] „Ziel des Vereins ist es, die Gesellschaft, die politischen Verantwortlichen und die staatliche Verwaltung für Maßnahmen zur Vermeidung von Straffälligkeit, für Alternativen zur Strafe und für die Straffälligenhilfe zu gewinnen. Er sieht seine Aufgabe darin, die Öffentlichkeit in diesem Sinne zu beeinflussen, sich an Maßnahmen zum Schutze gefährdeter Personen und Personengruppen zu beteiligen, [...] sowie insbesondere Einrichtungen zu fördern und zu betreiben, die der umfassenden und integrierten Straffälligenhilfe dienen. [...]“[440] Mitglieder des Vereins können natürliche und juristische Personen werden.[441] Dienstnehmer des Vereins können nur außerordentliche Mitglieder sein.[442] Anfang des Jahres 2002 hatte der Verein 195 Mitglieder, davon waren 120 außerordentliche Mitglieder.[443]

Zum Stichtag 1.1.2002 hatte der *VBSA* 635 hauptberufliche Angestellte (in dieser Zahl sind auch 116 dem Verein zugewiesene Bundesbedienstete enthalten) und 650 ehrenamtliche sowie 91 freie Mitarbeiter.[444] Der Verein betreute im Jahr 2001 Österreichweit 27905 Klienten in 35 Einrichtungen.[445]

Das Verhältnis zwischen der Republik Österreich (vertreten durch das *Bundesministerium für Justiz*) und dem *VBSA* (vertreten durch seinen Vorsitzenden) ist im „Generalvertrag über die Durchführung der Straffälligenhilfe durch den *VBSA*“ (GV) vom 01.07.1994 und den dazugehörigen „Allgemeinen Vertrags-

438 Kap.6 1.

439 Siehe dazu § 1 S.4 der Statuten des Vereins. Die Statuten sind in Anhang XI abgedruckt.

440 § 2 der Statuten; zu den Mitteln des Vereins um diesen Zweck zu erreichen, vgl. § 3 der Statuten.

441 § 4 II S.1 der Statuten.

442 § 4 III der Statuten.

443 Telefonische Auskunft *Rosenbergs* (*VBSA*) vom 15.2.2002.

444 Schriftliche Auskunft *Rameders* (*VBSA*) vom 22.4.2002.

445 Schriftliche Auskunft *Rameders* (*VBSA*) vom 22.4.2002.

bedingungen über die Durchführung der Straffälligenhilfe"[446] als eines zwischen Auftraggeber (*BMJ*) und Auftragnehmer (*VBSA*) definiert.[447] „Die dem *VBSA* in Auftrag gegebenen Leistungen umfassen alle derzeit besetzten Arbeitsfelder des Vereins, einschließlich einzelfallübergreifender Aktivitäten, soziales Training und Therapie."[448] Über die Allgemeinen Vertragsbedingungen sind auch Budgeterstellung, Budgetkontrolle sowie Aufsichts- und Kontrollrechte des Auftraggebers detailliert geregelt.[449] Der Vertrag wurde auf unbestimmte Zeit mit zweijähriger Kündigungsfrist geschlossen.[450]

Die gesetzliche Grundlage für das oben beschriebene Verhältnis findet sich im Dritten und Fünften Abschnitt des österreichischen Bewährungshilfegesetzes (BewHG). Neben der grundsätzlichen, gesetzlich eingeräumten Möglichkeit der Führung der Bewährungshilfe durch private Vereinigungen (§ 24 BewHG), sind dort u.a. auch die Verwendung sensibler Daten durch private Vereinigungen (§ 25 BewHG), die Verwendung von Beamten bei einer privaten Vereinigung (§§ 26ff. BewHG) sowie die Tätigkeit eines Beirates für Bewährungshilfe (§ 28 BewHG) geregelt.

Finanzierung

Der Gesamtetat des *VBSA* betrug im Jahr 2000 rund 30 Mio. Euro.[451] Regelmäßig entfallen davon rund 80% auf Personal- und 20% auf Sachkosten.[452] Etwa 89% und damit der Großteil finanzieller Mittel des VBSA stammen vom *Bundesministerium der Justiz*. Weitere Finanzierungsquellen sind üblicherweise Länder und Gemeinden, der *Österreichische Arbeitsmarktservice*,[453] die *Europäische Union* und private Spender.[454] Während durch die Zuwendungen

446 Generalvertrag und Allgemeine Vertragsbedingungen sind in Anhang XII abgedruckt.

447 *Leirer* sub 3-4 / 1995, 13 (24); *Koss* in *van Kalmthout / Derks* 2000, S.29 (34).

448 *Leirer* sub 3-4 / 1995, 13 (24); vgl. auch die Ausführungen unter Punkt I des Generalvertrages zum Vertragsgegenstand bzw. Leistungskatalog.

449 Siehe dazu ausführlich die Ausführungen im Folgenden.

450 Vgl. Punkt II S.2 GV.

451 Mündliche Auskunft *Rosenbergs* und *Kaufmanns* (*VBSA*) vom 17. / 18.9.2001.

452 Vgl. *Koss* in *van Kalmthout / Derks* 2000, S.29 (49).

453 Haftentlassene, die während des Vollzuges in die Arbeitslosenversicherung eingezahlt haben und nach ihrer Entlassung in Arbeit vermittelt werden sollen, werden diesbezüglich vom *VBSA* betreut (mündliche Auskunft *Rosenbergs* und *Kaufmanns* (*VBSA*) vom 17. / 18.9.2001).

454 *Koss* in *van Kalmthout / Derks* 2000, S. 29 (49); mündliche Auskunft *Rosenbergs* und *Kaufmanns* (*VBSA*) vom 17. / 18.9.2001. Zu den privaten Spendern im Jahre 2000 gehörten u.a. die *Österreichische Nationalbank*, die *Porsche Holding Salzburg*, der *Lions*

des Justizministeriums die laufenden Kosten des Vereins gedeckt werden sollen, werden die von den anderen Geldgebern zur Verfügung gestellten Mittel in erster Linie einrichtungs – bzw. projektspezifisch oder zur Kriseninterventionen für Probanden in besonderen Notlagen vergeben.[455]

Gem. § 3 III der Statuten des Vereins haben die zuständigen Vereinorgane „dafür Sorge zu tragen, dass die Verwendung der finanziellen Mittel ausschließlich der Erreichung der gemeinnützigen Zwecke und nicht zur Gewinnerzielung erfolgt".

Gem. Punkt I der Allgemeinen Vertragsbestimmungen wird der „Umfang der Leistungen [...] und das vom Auftraggeber hierfür zu leistende Entgelt [...] jährlich gesondert vereinbart". Der *VBSA* übermittelt dem *Bundesministerium der Justiz* jeweils im voraus für das nächste Jahr einen Leistungs- und Finanzierungsvorschlag.[456] Im Gegenzug erteilt der Auftraggeber „für die von ihm anerkannten Leistungen und Kosten seine Zustimmung (Jahresplan)"[457]. Gem. den in Punkt II der Vertragsbestimmungen festgelegten Budgetgrundsätzen, ist „der Auftragnehmer verpflichtet, die zur Verfügung stehenden Mittel sparsam, wirtschaftlich und zweckmäßig zu verwenden"[458].

Organisation und Aufgaben des *VBSA*

Der *VBSA* ist organisatorisch in die vier Fachbereiche Bewährungshilfe, Haftentlassenenhilfe, Außergerichtlicher Tatausgleich und Wohn- und Krisenhilfeeinrichtungen gegliedert.[459] Den Fachbereichen steht jeweils ein Fachbereichsleiter vor. Die Fachbereichsleiter bilden zusammen mit den Leitern verschiedener Referate (Finanzen, Öffentlichkeitsarbeit, Rechtsangelegenheiten, Personalentwicklung und EDV) die Geschäftsführung des Vereins, an deren Spitze ein Geschäftsführer des Vereins steht. Der Geschäftsführer wird vom Vorstand[460] des Vereins für jeweils max. fünf Jahre bestellt wird.[461] Der Ge-

---

Club Hall, der *Rotary Club Linz*, die *Großloge von Österreich* und die *Bausparkasse Wüstenrot AG* (vgl. sub 1 2001, 33).

455 Mündliche Auskunft *Rosenberg*s und *Kaufmann*s (*VBSA*) am 17. / 18.9.2001.

456 Vgl. Punkt I 1. S.2 der Allgemeinen Vertragsbedingungen; zum weiteren Procedere siehe Punkt I der Allgemeinen Vertragsbedingungen im ganzen.

457 Punkt I 2. S.1 der Allgemeinen Vertragsbedingungen.

458 Punkt II 1. S.1 der Allgemeinen Vertragsbedingungen.

459 *Preiß* sub 1c 1996, 60 (61).

460 Detaillierte Bestimmungen zu Aufgaben, Wahl, Einberufung, Beschlussfähigkeit des Vorstands wie auch zu den anderen Vereinsorganen (Generalversammlung, Kontrolle und

schäftsführer hat gegenüber dem Vorstand Berichtspflichten.[462] Die Geschäftsführung in Wien hat die Österreichweite Verantwortung für eine ordnungsgemäße Durchführung der übertragenen Aufgaben inne. Sie wird auf regionaler Ebene von der in jedem Bundesland tätigen sog. „Regionalen Koordination" unterstützt, der aber selbst keine Vorgesetztenfunktion zukommt.[463]

Im Fachbereich Bewährungshilfe werden straffällig gewordene Jugendliche und Erwachsene betreut, die „bedingt" verurteilt, „bedingt" vorzeitig aus der Haft entlassen, eines Delikts beschuldigt wurden oder Jugendliche, deren Verfahren vorläufig eingestellt und für die vom Gericht Bewährungshilfe angeordnet wurde.[464] Das Angebot umfasst u.a. Einzelbetreuung in Form von langfristiger Beziehungsarbeit, Kurzzeitbetreuung, familienorientierte Betreuung, Krisenintervention, problemorientierte Gruppenarbeit, Beratung und Vermittlung hinsichtlich Wohnung, Arbeit, Existenzsicherung, Schulden, Krankheit etc.[465] Darüber hinaus vermitteln die Bewährungshelfer auch gemeinnützige Arbeit.[466] Im Jahr 2001 wurden 6294 Probanden von den haupt- und ehrenamtlichen Helfern Österreichweit betreut.[467]

Der Fachbereich Haftentlassenhilfe ist „geprägt vom Element der Freiwilligkeit"[468]. Neben Entlassungsbetreuung und Krisenbewältigung wird u.a. Unterstützung bei der Suche nach Unterkunftsmöglichkeiten, bei der Arbeitssuche sowie der Schuldenregulierung angeboten. Darüber hinaus werden die Abklärung von rechtlichen Ansprüchen auf materielle Grundsicherung (Sozialhilfe, Arbeitslosenunterstützung) und tagesstrukturierte Angebote offeriert. Im Jahr 2001 nahmen 3877 Personen diese Angebote in 6 Einrichtungen an.[469]

Arbeitsfeld des Fachbereichs Außergerichtlicher Tatausgleich ist die Konfliktschlichtung in Jugend- und Erwachsenenstrafsachen im unteren und mittleren

---

Vereinsschiedsgericht) finden sich in §§ 10ff. der in Anhang XI abgedruckten Statuten des Vereins.

461 § 32 I 1 der Statuten des Vereins.

462 Vgl. § 36 der Statuten.

463 Telefonische Auskunft *Rosenbergs* (*VBSA*)vom 15.2.2002.

464 Internetseite vgl. auch *Preiß* sub 1c 1996, 60 (61).

465 http://www.vbsa.at (Stand 12.7.200).

466 Telefonische Auskunft *Rosenbergs* (*VBSA*) vom 15.2.2002, der von ca. 1100 Vermittlungen im Jahr 2001 ausgeht.

467 Schriftliche Auskunft *Rameders* (*VBSA*) vom 22.4.2002.

468 *Preiß* sub 1c 1996, 60 (62).

469 Schriftliche Auskunft *Rameders* (*VBSA*) vom 22.4.2002.

Kriminalitätsbereich. Im Jahr 2001 wurden in Österreich ca. 16092 Fälle in 12 Einrichtungen abgewickelt.[470]

Ziel des Fachbereichs Wohn- und Krisenhilfeeinrichtungen ist „die Schaffung und der Betrieb von betreuten Wohn- und Kriseneinrichtungen. Erstere sind ausschließlich für die Klienten der Bewährungs- und Haftentlassenenhilfe vorgesehen“[471]. Im Jahr 2001 wurden ca. 611 Personen in 13 Einrichtungen versorgt.[472]

Die Arbeit der Sozialen Dienste im Strafvollzug liegt in erster Linie in den Händen der dort tätigen Beamten. *VBSA*-Mitarbeiter werden jedoch im Rahmen sog. Verbindungsdienste in den Justizvollzugsanstalten tätig, wenn es um die Vorbereitung von Entlassungen, insbesondere die Vermittlung von Wohnung und Arbeit geht.[473] Auch bietet der *VBSA* in den Justizvollzugsanstalten Schulungskurse für die dort tätigen Sozialarbeiter an.[474]

Zuständigkeit

Der *VBSA*, der sich wie bereits erläutert,[475] ursprünglich zunächst ausschließlich der Betreuung von jugendlichen Straftätern widmete, ist heute sowohl im Bereich der Jugendlichen- wie auch Erwachsenenbetreuung tätig. Im Bereich der Bewährungshilfe wird für jugendliche Straffällige neben der üblichen Betreuung z.T. auch Gruppenarbeit angeboten.[476]

Auftragserteilung

Wie angedeutet, [477] ist zwischen zwei verschiedenen Ebenen der Beauftragung zu unterscheiden: die erste Ebene bildet die Beauftragung des *VBSA* als Ganzem mit der Wahrnehmung der im Generalvertrag bestimmten Leistungen, die zweite Ebene (die durch die Grundentscheidung der ersten Ebene erst möglich ist) bildet die konkrete zwangsweise Zuweisung einzelner Probanden und Fälle an die verschiedenen Einrichtungen des *VBSA* durch die zuständigen Stellen der

470 Schriftliche Auskunft Rameders (VBSA) vom 22.4.2002.

471 http://www.vbsa.at/Wohn%20und%20Kriseneinrichtungen.htm (Stand: 21.06.2000).

472 Neun Einrichtungen sind solche des *VBSA*, vier weitere sind zwar staatlich, werden aber von Mitarbeitern des *VBSA* betrieben. Insgesamt gibt es 145 Wohnplätze. Schriftliche Auskunft Rameders (*VBSA*) 24.4.2002.

473 Telefonische Auskunft *Rosenbergs* (*VBSA*) vom 15.2.2002.

474 Mündliche Auskunft *Rosenbergs* und *Kaufmanns* (*VBSA*) vom 17. / 18.9.2001.

475 Siehe oben Kap.6 2.1.

476 *Koss* in *van Kalmthout / Derks* 2000, S.29 (39).

477 Kap.6 1.

Justiz.[478] Darüber hinaus ist auch eine freiwillige Inanspruchnahme des *VBSA*, insbesondere in den Bereichen Haftentlassenenhilfe sowie Wohn- und Kriseneinrichtungen, möglich.[479]

Obwohl die Beauftragung des *VBSA* durch das ***Bundesministerium der Justiz*** unbefristet erfolgte, ist der Verein schon allein aufgrund der jährlich neu erfolgenden Budgetberechnungen gezwungen, den Ansprüchen des Ministeriums gerecht zu werden. Das impliziert auch, dass bei den anderen Anspruchsgruppen (u.a. Staatsanwälten, Richtern) ein hohes Maß an Zufriedenheit hinsichtlich der vom *VBSA* erbrachten Leistungen anzustreben ist.

Absicht des Vereins ist es aber nicht nur, den derzeitigen Auftragsumfang zu halten. Man ist auch bemüht, auf lange Sicht die Bereitschaft der kleineren Geldgeber (Gemeinden, Länder) zu wecken, Verträge mit Laufzeiten von mehr als den bisher üblichen 12 Monaten abzuschließen.[480]

Unter anderem aufgrund der beschriebenen Abhängigkeit des Vereins vom Eindruck seiner Auftraggeber, aber auch weil der Verein der Ansicht ist, eine entsprechende Verantwortung zu tragen,[481] betreibt der *VBSA* eine professionelle und intensive Öffentlichkeitsarbeit.[482]

Kontrolle / Aufsicht

Hinsichtlich der Kontrolle muss wie oben[483] erwähnt, zwischen der Aufsicht über den Verein und der über die dort tätigen Personen unterschieden werden.[484] Die Justizverwaltung wahrt ihre Aufsicht über den Verein durch eine Reihe von Kontrollen, die im Generalvertrag und den Allgemeinen Vertragsbedingungen festgeschrieben sind. Gem. Punkt IV des Generalvertrags hat der *VBSA* das *BMJ* von Vorstandsbeschlüssen in Kenntnis zu setzen, welche dieses unter bestimmten Voraussetzungen beeinspruchen kann. Gem. Punkt III der Allgemeinen Vertragsbedingungen ist der *VBSA* zum Aufbau und zur Aufrechterhaltung des

---

478 An dieser Stelle soll noch einmal darauf hingewiesen werden, dass in Österreich im Gegensatz zu Deutschland die Bewährungshelfer gem. § 16 S.2 BewHG vom Leiter ihrer Dienststelle und nicht vom Gericht bestimmt werden.

479 Ebenfalls im Unterschied zu Deutschland ist in Österreich auch die freiwillige Inanspruchnahme der Bewährungshilfe möglich, vgl. § 27 a BewHG. Näher dazu *Pilgram* BewHi 1995, 216 (222).

480 *Koss* in *van Kalmthout / Derks* 2000, S.29 (49).

481 Zum Aspekt der Verantwortung vgl. *Zembaty* sub 2 1994, 45 (46f.).

482 Siehe dazu auch das Schwerpunktheft sub 1c 1996.

483 Kap.6 1.

484 Vgl. dazu auch *Pilgram* BewHi 1995, 216 (223).

inneren Kontrollwesens in fachlicher und wirtschaftlicher Hinsicht verpflichtet. Darüber hinaus hat er in regelmäßigen Abständen Tätigkeitsberichte und Rechnungsabschlüsse für den Auftraggeber zu erstellen und eine standardisierte Fachaufsicht durchzuführen. Das *BMJ* hat seinerseits umfangreiche Einsichtsrechte. Die Dienst- und Fachaufsicht über seine Angestellten und – erstinstanzlich auch über die zur Verfügung gestellten Bundesbeamten[485] – obliegt dem Verein selbst.[486] Als interne Kontrollinstanz überprüft die Innenrevision des *VBSA* die Ordnungsgemäßheit und Effizienz der Aktivitäten des Vereins. „Der Innenrevision obliegt es insbesondere, alle Organisationseinheiten des Auftragnehmers nach den Grundsätzen der Zweckmäßigkeit, Wirtschaftlichkeit und Sparsamkeit in periodischen Abständen zu überprüfen und dabei auch Vorschläge zur Verbesserung der Aufbau- und Ablauforganisation zu erstatten."[487]

Die fallzuweisenden Stellen der Justiz haben keinerlei formelle Kontrollfunktion gegenüber den Einrichtungen und Mitarbeitern des Vereins.[488]

Fallbelastung

Im Bereich der Bewährungshilfe liegt die tatsächliche Fallbelastung mit ca. 27 Probanden pro hauptamtlichem Helfer[489] unter der gesetzlichen Vorgabe von 30 Probanden. Bewährungshelfer, die zusätzlich GA vermitteln, haben entsprechend weniger Probanden zu betreuen.[490] Ehrenamtliche Bewährungshelfer dürfen gem. § 17 III BewHG nicht mehr als fünf Probanden betreuen. Die durchschnittliche tatsächliche Belastung liegt bei ca. 1,5-2 Probanden pro ehrenamtlichem Helfer.[491]

Im Bereich des ATA liegt die Fallbelastung bei ca. 120 Fällen pro Vermittler im Jahr.[492]

---

485 Die Aufsicht über die Bundesbeamten wird auch in Österreich als hoheitliche Aufgabe angesehen, die dem Verein besonders übertragen werden musste; vgl. dazu § 26 a III BewHG.

486 *Pilgram* BewHi 1995, 216 (223).

487 Punkt VI 1 S.2 der Allgemeinen Vertragsbedingungen.

488 *Pilgram* BewHi 1995, 216 (223).

489 Mündliche Auskunft *Rosenbergs* und *Kaufmanns* (*VBSA*) vom 17. / 18.9.2001; vgl. auch *Koss* in *van Kalmthout / Derks* 2000, S.29 (38).

490 Ein Umrechnungsschlüssel sorgt für eine ausgeglichene Arbeitsbelastung. Telefonische Auskunft *Rosenbergs* (*VBSA*) vom 15.2.2002.

491 Telefonische Auskunft *Rosenbergs* (*VBSA*) vom 15.2.2002.

492 Telefonische Auskunft *Rosenbergs* (*VBSA*) vom 15.2.2002.

Professionalisierung / Ausbildung

Die für die Betreuung der Straffälligen zuständigen, hauptamtlichen Mitarbeiter des *VBSA* sind in erster Linie ausgebildete Sozialarbeiter.[493] Um eine besonders qualifizierte Wahrnehmung der übertragenen Aufgaben sicherzustellen, nehmen neu angestellte Kräfte an 3-5wöchigen Einführungskursen teil.[494] Berufsanfänger im Bereich der Bewährungshilfe erhalten darüber hinaus in den ersten zwei Jahren regelmäßige Einzelsupervision.[495] Jährlich werden von den Mitarbeitern im Durchschnitt vier Tage zu Fortbildungszwecken genutzt.[496] Der *VBSA* bietet selbst ein umfangreiches Fortbildungsprogramm an, das speziell auf die Bedürfnisse der verschiedenen Fachbereiche zugeschnitten ist.[497] Nach einer Befragung aus dem Jahr 1997 sind 87 % der Mitarbeiter des Vereins mit ihrer Arbeitssituation zufrieden.[498] Der *VBSA* selbst ist kollektivvertragsfähig, seine Mitarbeiter haben einen eigenen Tarifvertrag.[499]

Ehrenamtliche Mitarbeiter sind in allen Fachbereichen des Vereins tätig. Sie sind in Österreich anders als in Deutschland eng mit den Hauptamtlichen verbunden. Bevor sie ihre Tätigkeit aufnehmen, überprüft der Dienststellenleiter der zuständigen Bewährungshilfe in einem Gespräch ihre Eignung.[500] Im Falle einer positiven Entscheidung wird der neue Helfer vom Dienststellenleiter in sein Verzeichnis aufgenommen.[501] Durch die Verpflichtung zur regelmäßigen Teilnahme an hauptamtlicher Teamarbeit, wird neben der Zusammenarbeit zwischen Haupt- und Ehrenamtlichen auch die Qualifikation der Ehrenamtlichen gefördert. Darüber hinaus bietet der *VBSA* ihnen ein speziell ihren Bedürfnissen angepasstes Fortbildungsprogramm an.

---

493 Telefonische Auskunft *Rosenbergs* (*VBSA*) vom 15.2.2002.

494 *Koss* in *van Kalmthout / Derks* 2000, S.29 (37).

495 Mündliche Auskunft *Rosenbergs* und *Kaufmanns* (*VBSA*) vom 17. / 18.9.2001.

496 Mündliche Auskunft *Rosenbergs* und *Kaufmanns* (*VBSA*) vom 17. / 18.9.2001.

497 Das Fortbildungsprogramm wird jährlich in der Vereinseigenen Zeitschrift sub vorgestellt.

498 Diese Zahl wird durch eine geringe Mitarbeiterfluktuation gestützt. *Koss* in *van Kalmthout / Derks* 2000, S.29 (37).

499 Mündliche Auskunft *Rosenbergs / Kaufmanns* (*VBSA*) vom 18.9.2001.

500 § 12 III BewHG.

501 § 12 I BewHG.

2.3 Kürzliche Veränderungen

Wie in Deutschland, findet auch in Österreich derzeit ein Klimawechsel statt. Die Wirkungen von Dienstleistungen werden in allen Bereichen zunehmend hinterfragt und eine transparente Beschreibung der Inhalte, des Umfangs und der Kosten sozialer Leistungen wird zur Voraussetzung für die Vergabe finanzieller Mittel.[502] Auch der *VBSA*, der in Österreich schon aufgrund des bereits erwähnten Generalvertrags eine sehr starke Position innehat und großes Ansehen genießt, ist gezwungen, auf die sich verändernden Rahmenbedingungen zu reagieren. So führte der Verein in jüngerer Vergangenheit u.a. eine Anspruchsgruppenanalyse durch,[503] entwickelte die Kosten- und Prozessträgerrechnung weiter und verabschiedete Arbeitsprinzipien der Bewährungshilfe.[504] Darüber hinaus finden seit 1.1.2002 grundlegende organisatorische Veränderungen statt. Der *VBSA* wird ab sofort unter dem Namen *NEUSTART* tätig.[505] Die zentralen Leistungsbereiche Bewährungshilfe, Außergerichtlicher Tatausgleich, Haftentlassenenhilfe, Wohn- und Kriseneinrichtungen sowie mittlerweile – wenn auch noch in den Anfängen stehend – Opferhilfe und Prävention, bleiben bestehen.[506] Auf regionaler Ebene werden die Bereiche aber nicht mehr durch einzelne, getrennte Büros wahrgenommen, vielmehr werden die verschiedenen Einrichtungen im Laufe des Jahres 2002 Österreichweit zu 14 Leistungszentren zusammengefasst werden. In jedem Leistungszentrum werden dann alle Leistungsbereiche abgedeckt. Jeder dort tätige Mitarbeiter soll grundsätzlich befähigt sein, in zwei Bereichen zu arbeiten. Die ehemaligen Fachbereichsleiter sind zwar auch weiterhin inhaltlich für ihre ehemaligen Fachbereiche zuständig, jedoch nicht mehr wie bisher als Vorgesetzte. Sie sind jetzt Vorgesetzte bestimmter Regionen.

Mit der Zusammenfassung der einzelnen Geschäftsstellen zu Leistungszentren hofft man, die existierenden Kräfte besser bündeln zu können, um auf diese Weise auch langfristig konkurrenzfähig zu sein.[507]

---

502 Mündliche Auskunft *Rosenbergs* und *Kaufmanns* (*VBSA*) vom 17. / 18.9.2001; telefonische Auskunft *Rosenbergs* (*VBSA*) vom 15.2.2002.

503 Vgl. dazu *Hermann* sub 1 2000, 16 (16f.).

504 Mündliche Auskunft *Rosenbergs* und *Kaufmanns* (*VBSA*) vom 17. / 18.9.2001; *Koss* in *van Kalmthout / Derks* 2000, S. 29 (53f.); sub 1 / 2000, 5ff.

505 Telefonische Auskunft *Rosenbergs* (*VBSA*) vom 15.2.2002, der darauf hinweist, dass der Vereinsstatuts beibehalten wird. Weitere Informationen zur NEUSTART finden sich unter http://www.neustart.at.

506 Alle Ausführungen zu den anstehenden Neuerungen in Österreich basieren auf der telefonischen Auskunft *Rosenbergs* (*VBSA*) vom 15.2.2002.

507 Telefonische Auskunft *Rosenbergs* (*VBSA*) vom 15.2.2002.

2.4 Bewertung

Das österreichische System, in dem die weitgehende Wahrnehmung der der Strafrechtspflege zugeordneten Sozialarbeit durch Private rechtlich möglich und tatsächlich üblich ist, weist viele Vorteile, aber auch einige Nachteile auf.

Positiv hervorzuheben, allerdings von der Entscheidung für oder gegen eine private Wahrnehmung unabhängig, sind die gesetzlichen Bestimmungen zu Status und Tätigkeit ehrenamtlicher Bewährungshelfer sowie die gesetzlich vorgeschriebene Höchstgrenze hinsichtlich der Probandenbelastung im Bereich der Bewährungshilfe.

Auf die privatisierungsbedingte Konkurrenzsituation zurückzuführen sind die umfangreichen Maßnahmen des *VBSA / NEUSTART* zur Qualitätssicherung: neben einer regelmäßigen intensiven Schulung der haupt-, aber auch der ehrenamtlichen Mitarbeiter[508] sind dies die Festlegung einer angemessenen Arbeitsbelastung (z.B. durch Umrechnungsschlüssel im Bereich der GA) sowie insbesondere die rigorose, sehr flexible Anpassung ganzer Organisationsbereiche an veränderte Bedingungen und die ständige inhaltliche Auseinandersetzung mit der geleisteten und noch zu leistenden Arbeit.

Als Gefahr des beschriebenen Systems mit starker privater Beteiligung wird die vergleichsweise große Gefahr parteipolitischer Einflussnahme angeführt.[509] Aus Sicht der Verfasserin ist eine parteipolitische Einflussnahme allerdings – wenn auch in anderer Form – in einem rein staatlichen System ebenfalls gegeben.

Zu Recht wird auf bestehende Dienstleistungslücken in Österreich etwa im Bereich der Erwachsenengerichtshilfe hingewiesen.[510]

---

508 Zur Situation der ehrenamtlichen Bewährungshelfer in Österreich vgl. *Hirtenlehner* sub 1 1998, 19 (19ff.).

509 Mündliche Auskunft *Rosenbergs* und *Kaufmanns* (*VBSA*) vom 17. / 18.9.2001, die darauf hinweisen, dass nicht nur jedes Jahr bei der Festlegung von Budget und Leistungen die Gefahr des Einflusses bestehe, sondern schon grundsätzlich die Gefahr einer Unterwanderung der Mitglieder des Vereins durch Personen mit „schwieriger Gesinnung" gegeben sei. Hinsichtlich einer denkbaren Unterwanderung vergleiche allerdings die Möglichkeiten, die in §§ 6 V, 8 der in Anhang XI abgedruckten Statuten des Vereins eröffnet werden.

510 „Die private Entwicklung und Organisation sozialer Dienste beginnt naturgemäß dort, wo die dringendste Nachfrage, die besten Aussichten auf Finanzierung und politischen wie praktischen Erfolg bestehen. [...] Die Kehrseite ist die Vernachlässigung mancher

Bevor man aufgrund der beschriebenen Vorteile des österreichischen Systems für eine Einführung privater Aufgabenwahrnehmung auch in Deutschland plädiert, sollte man einige grundlegende Unterschiede zwischen beiden Ländern[511] in die Überlegungen miteinbeziehen.

Zum einen ist Österreich wesentlich kleiner als Deutschland. Es hat ca. 8 Mio. Einwohner[512] und ist daher eher mit Niedersachsen (ca.7, 8 Mio. Einwohner)[513] als mit ganz Deutschland (ca. 82 Mio. Einwohner)[514] vergleichbar. Wer sich für eine Privatisierung der Sozialen Dienste in großen Teilen Deutschlands ausspricht, muss sich daher bewusst sein, dass die positiven österreichischen Erfahrungen vermutlich u.a. auf die Überschaubarkeit des dortigen Systems zurückzuführen sind. Auch erscheint eine einheitliche Lösung für ganz Deutschland aufgrund der unterschiedlichen rechtlichen Kompetenzen nicht realistisch zu sein.

Des weiteren stehen bei den deutschen Bewährungshelfern anders als bei ihren österreichischen Kollegen neben betreuenden auch kontrollierende Aufgaben gleichberechtigt auf der Tagesordnung. Man mag daher aus verfassungsrechtlicher Sicht in Deutschland besondere Bedenken hinsichtlich der Übertragung dieser Aufgaben auf Private haben.

Sollte man eine Einführung des österreichischen Systems für sinnvoll halten, so empfiehlt es sich, aus den oben beschriebenen Erfahrungen Österreichs in den 80er Jahren zu lernen und von Anfang an klare Kompetenzabgrenzungen zwischen staatlichen und privaten Stellen vorzunehmen.

Bereiche, wo sich keine Nachfrage organisiert oder deren Befriedigung unattraktiv und riskant erscheint" (*Pilgram* sub 3-4 1995, 89 (100f.)).

511 Vgl. ähnlich auch *Jehle* BewHi 1996, 259 (260).

512 http://www.austria.gv.at (Stand: 11.3.2002).

513 http://www.niedersachsen.de/STK_weitblick_znf.htm (Stand: 11.3.2002).

514 http://www.destatis.de/basis/d/bevoe/bevoetxt.htm (Stand: 11.3.2002).

Kap. 7 Reformvorschläge

1. Stand der deutschen Diskussion

Soziale Dienste in der Justiz

Die seit Jahren schwierige Situation der deutschen Bewährungs- und Gerichtshilfe[515] hat zu anhaltenden Diskussionen über Reformen in den Sozialen Diensten der Justiz geführt. In der Debatte um eine Optimierung der organisatorischen und fachlichen Ausgestaltung der Sozialen Dienste wurde eine mittlerweile kaum noch überschaubare Fülle von Verbesserungsvorschlägen gemacht.[516] Die Vorschläge zielen in erster Linie auf Neuerungen innerhalb des staatlichen Systems ab. Während einige Vorschläge auf eine Änderung der Organisationsstruktur der Sozialen Dienste in der Justiz abzielen (a),[517] werden in anderen Neuerungen im Bereich der Arbeitsorganisation favorisiert (b).[518] Schließlich wird empfohlen, die angespannte Lage durch eine verstärkte Kooperation mit freien Trägern und Ehrenamtlichen zu entschärfen (c).[519]
(a) Im Mittelpunkt der Debatte um grundlegende Veränderungen der Organisationsstruktur steht die Frage, ob durch eine Zusammenlegung der herkömmlicherweise getrennten Bewährungs- und Gerichtshilfe zu einem einheitlichen Sozialdienst[520] eine Verbesserung der Situation erreicht werden kann. In der Bundesrepublik Deutschland wird dieser Vorschlag auch länderspezifisch un-

515 Siehe zu den Problemen im Einzelnen oben Kap.3 3.

516 *Kurze* 1999, S.487.

517 Vgl. dazu Beiträge in *Jehle / Sohn* 1994 und *Egg / Jehle / Marks* 1996; *Kurze / Feuerhelm* 1999, S.12ff.

518 *Kurze* BewHi 2000, 243 (243ff.); *Klug* BewHi 2000, 263 (263ff.); *Wydra* BewHi 1997, 389 (389ff.).

519 *Sobottka* 1990, S.245; *Lochmann* in *Lochmann / Baumann / Chilian* 1994, S.9 (31); *Maelicke / Simmedinger* 1987, S.247; *Lange* BewHi 1992, 34 (34ff.); *ders.* NKrimPol 1992, 28 (28ff.); *Busch* BewHi1993, 423 (433ff.); *Trapp* BewHi 1984, 107 (107ff.).

520 Eine durchgängige Betreuung, „die im Prinzip von einem Sozialarbeiter von Beginn des Strafverfahrens bis zum Ende der Vollstreckung durchgeführt werden und die verfahrensbezogenen partiellen Zuständigkeiten der Gerichtshilfe, Sozialarbeit im Vollzug und Bewährungshilfe ablösen soll“, ist von der Forderung nach einem einheitlichen Sozialdienst zu trennen. Sie wird teils damit verbunden, teils unabhängig davon gefordert (*Jehle* in *Jehle / Sohn* 1994, S.13 (19)).

terschiedlich bewertet.[521] Mehrere Bundesländer haben inzwischen einen einheitlichen Sozialdienst eingeführt.[522]
(b) Nahezu jeder Verbesserungsvorschlag für den Bereich der Sozialen Dienste in der Justiz enthält zumindest den Hinweis, dass die Arbeitsorganisation in den Bereichen Bewährungs- und Gerichtshilfe dringend überdacht werden sollte. Neben größerer Spezialisierung,[523] verstärkter Fortbildung[524] und einer engeren Zusammenarbeit mit der Justiz[525] wird insbesondere die Erarbeitung und Einhaltung von Qualitätsstandards[526] stark favorisiert. Darüber hinaus soll auch der flächendeckende Einsatz von spezieller Software zu Arbeitserleichterungen führen.[527]
(c) Vielfach wird eine stärkere Kooperation der staatlichen Dienste mit freien Trägern der Straffälligenhilfe vorgeschlagen.[528] Weniger häufig und nicht unumstritten ist der Vorschlag, eine Entlastung der Sozialen Dienste in der Justiz durch eine engere Zusammenarbeit mit ehrenamtlichen (Bewährungs-)helfern zu erreichen.[529]

---

521 Für einen einheitlichen Sozialdienst u.a.: *Wegener* in *Egg / Jehle / Marks* 1996, S.135 (141); *Kroworz* in *Egg / Jehle / Marks* 1996, S.269 (283f.); *Huchting* BewHi 1997, 328 (328ff.); *Maelicke / Simmedinger* 1987, S. 175. Zu den Vorstellungen des niedersächsischen Justizministers *Pfeiffer* vgl. *Glückel* Göttinger Tageblatt vom 29.1.2002, S.9. Gegen einen einheitlichen Sozialdienst u.a.: *Lange* NKrimPol 1992, 28 (32); *Gerz* in *Egg / Jehle / Marks* 1996, S.257 (260); *Mai* in *Jehle / Sohn* 1994, S.171 (177); *Best* in *Jehle / Sohn* 1994, S.305 (308f.); *Schellhoss* in *Jehle / Sohn* 1994, S.345 (348).

522 So etwa Bremen, Berlin, Saarland, Brandenburg, Sachsen-Anhalt, Sachsen, Mecklenburg-Vorpommern und versuchsweise Schleswig-Holstein. vgl. zur Lage in den Ländern auch *Block* 1997, S.268. Zur Entwicklung des einheitlichen Sozialdienstes in den verschiedenen Ländern *Jehle* in *Jehle / Sohn* 1994, S.13 (20).

523 *Kroworz in Egg / Jehle / Marks* 1996, S.269 (281); hinsichtlich Niedersachsen vgl. *Glückel* Göttinger Tageblatt vom 29.1.2002, S.9.

524 *Wegener* in *Egg / Jehle / Marks* 1996, S.135 (141); *Gerz* in *Egg / Jehle / Marks* 1996, S.257 (261f.); *Kipp* BewHi 1995, 211 (214); *Rensmann* BewHi 1999, 186 (186ff.).

525 *Hering* in *Egg / Jehle / Marks* 1996, 125 (133).

526 *Klug* BewHi 2000, 263 (269f.); *Thum* BewHi 1994, 150 (150ff.); *Dämpfert* BewHi 1995, 273 (273ff.); *Bertram / Lücke / Schwiers* BewHi 1997, 248 (248ff.); vgl. *Heinze / Lilje / Schendler* BewHi 1998, 82 (82ff.).

527 *Schmitt* BewHi 1999, 261 (261f.); *Schaper* BewHi 1999, 237 (237ff.).

528 S.o.Fn.519.

529 Insbesondere in den 70er und 80er Jahren wurde das Engagement Ehrenamtlicher sehr kritisch betrachtet, vgl. *Böhm* BewHi 1977, 216 (216ff.); *Kästner* BewHi 1978, 36 (38f.). In den letzten Jahren haben sich hingegen u.a. *Blumenstein* BewHi 1998, 112 (112ff.) und *Höll* BewHi 1998, 133 (133ff.) für ein größeres Maß an Ehrenamtlichkeit ausgesprochen.

Trotz der besonderen historischen Tradition privater Straffälligenhilfe,[530] wurde eine Privatisierung der Sozialen Dienste in der Justiz bisher nur zögerlich und vereinzelt angeregt. Neben der allgemein gehaltenen Anregung, auch über eine private Struktur der Bewährungshilfe nachzudenken[531], wurden im wesentlichen zwei unterschiedliche private Systeme in Betracht gezogen: zum einen die Übertragung der Aufgaben von Bewährungs- und Gerichtshilfe auf einen (neu zu gründenden) bundesweit tätigen freien Träger (Verein),[532] zum anderen – unter dem Stichwort der Kommerzialisierung – die Übertragung der Aufgaben der Bewährungshelfer auf selbständige Sozialarbeiter.[533]

Erst im Jahr 2000 befasste sich das *Justizministerium Baden-Württemberg* aufgrund einer Anregung aus der Praxis[534] ausführlich mit der Frage der rechtlichen Zulässigkeit und der Zweckmäßigkeit einer Privatisierung speziell der Bewährungshilfe. Die baden-württembergischen Überlegungen sehen vor, dass Bewährungshelfer in freier Trägerschaft als Selbständige auftreten und ihre Tätigkeit als private Dienstleistung anbieten.[535] Nachdem Baden-Württemberg im Mai 2000 seine Vorstellung im Strafrechtsausschuss der Justizministerkonferenz präsentiert hatte, beschloss der Ausschuss, in einer schriftlichen Länderumfrage die Meinung der übrigen Bundesländer zur Frage der Privatisierung der Bewährungshilfe einzuholen.[536] Die bundesweite Befragung ist nunmehr abgeschlossen. Den der Verfasserin vorliegenden Reaktionen aus verschiedenen Ländern lässt sich entnehmen, dass zwar die rechtliche Zulässigkeit einer Privatisierung der Bewährungshilfe überwiegend bejaht wird, nicht aber deren Zweckmäßigkeit.[537] Momentan scheint kein Bundesland bis auf Baden-Württemberg eine Privatisierung der Bewährungshilfe näher in Erwägung zu ziehen. Dort wurde allerdings – nachdem die Verantwortlichen sich in Österreich vor Ort informiert haben – eine Projektgruppe beim Justizministerium

530 Siehe dazu oben Kap.3 2.

531 *Groß* in *Egg / Jehle / Marks* 1996, S.265 (266); *ders.* BewHi 2001, 99 (107f.).

532 *Muelicke / Simmedinger* 1987, S.171ff., die sich aber letztlich gegen diesen Vorschlag entscheiden; *Driebold* BewHi 1998, 267 (274).

533 *Lindenberg / Schmidt-Seminsch* BewHi 1998, 376 (382).

534 Vgl. zu seiner Anregung *Asprion* BewHi 2000, 274 (274ff.).

535 Siehe dazu http://www.bewaehrungshilfe.de/Themen.html (Stand 3.7.2001); telefonische Auskunft *Feils* (*Justizministerium Baden-Württemberg*) vom 16.8.2000; *Heims* Süddeutsche Zeitung vom 21.8.2001, S.2.

536 Telefonische Auskunft *Feils* (*Justizministerium Baden-Württemberg*) vom 16.8.2000.

537 Bestätigt durch schriftliche Mitteilung des *Justizministeriums Baden-Württemberg* vom 7.3.2001.

eingerichtet, die eine vertiefte Zulässigkeits- und Zweckmäßigkeitprüfung vornehmen wird.[538]

Gemeinnützige Arbeit

In der ersten Zeit nach Inkrafttreten des Art. 293 EGStGB im Jahre 1975,[539] standen zunächst die Schaffung entsprechender Länderverordnungen[540] und deren praktische Umsetzung – wie etwa die Gewinnung von ausreichend Einsatzstellen – im Vordergrund.[541] In den darauffolgenden Jahren setzte man sich mit der verfassungsrechtlichen Zulässigkeit des Art. 293 EGStGB[542] sowie der besonderen Benachteiligung arbeitsloser Geldstrafenschuldner auseinander.[543] Eine Diskussion über die Rechtsstellung der Beschäftigungsstellen oder Stellung und Rechtsschutz der betroffenen Geldstrafenschuldner fand – soweit ersichtlich – nicht statt.[544]

In jüngerer Zeit werden neben der Einführung der GA als eigenständiger Sanktion[545] insbesondere Möglichkeiten der Entlastung der mit der Vermittlung gemeinnütziger Arbeit betrauten staatlichen Stellen diskutiert. Angesichts der steigenden Zahl zahlungsunfähiger Geldstrafenschuldner insgesamt und einer wachsenden Gruppe von Probanden, die mit erheblichen persönlichen und sozialen Problemen belastet ist, stellt sich die Frage des Umgangs mit der zunehmenden Zahl dieser besonders betreuungsintensiven Problemfälle.[546] Es wird

---

538 Telefonische Auskunft *Feils* (*Justizministerium Baden-Württemberg*) vom 25.2.2002.

539 Zur Entwicklung der gemeinnützigen Arbeit als Ersatzsanktion bis dahin siehe *Feuerhelm* 1997, S.145ff.; *ders.* 1991, S.17ff.; *Pfohl* 1983, S.21ff.

540 *Jehle* in *Jehle / Feuerhelm / Block* 1990, S.29 (31f.); zur Situation in den verschiedenen Ländern vgl. Praxisberichte der Landesjustizverwaltungen in *Kerner / Kästner* 1986, S.151ff.

541 Vgl. *Best* in *Steinhilper* 1984, S.209 (215ff.); vgl. *Schädler* ZRP 1983, S.5 (8); vgl. *Schall* NStZ 1985, S.104 (105).

542 *Köhler* GA 1987, 145 (145ff.); vgl. *Schall* NStZ 1985, 104 (108).

543 Vgl. *Schall* NStZ 1985, 104 (109). Dieses Problem hat sich nach der Neufassung des Art. 293 EGStGB im Jahre 1986, die bestimmte, dass die gemeinnützige Arbeit unentgeltlich sein muss und weder ein Arbeitsverhältnis im Sinne des Arbeitsrechts noch ein Beschäftigungsverhältnis im Sinne der Sozialversicherung einschließlich der Arbeitslosenversicherung oder des Steuerrechts begründet wird, erledigt.

544 Erst in neuerer Zeit hat sich Feuerhelm intensiv mit diesen Fragen auseinandergesetzt, siehe *Feuerhelm* 1997, S.295ff.

545 *Albrecht / Schädler* ZRP 1988, 278 (278ff.); *Böhm* ZRP 1998, 360 (360ff.); *Feuerhelm* BewHi 1998, 400 (400ff.).

546 *Cornel* NKrimPol 1998, 8 (8); *Dünkel / Grosser* NKrimPol 1999, 28 (30f.).

u.a. vorgeschlagen, diese vorbelasteten Personen in gesonderte Arbeitsprojekte zu vermitteln, deren Träger eine arbeitsbegleitende Zusatzbetreuung anbieten, die vom Land über Fachleistungssätze abgegolten wird.[547] Darüber hinaus wird in mehreren Bundesländern, in denen bisher GA durch staatliche Stellen (Rechtspfleger oder Gerichtshilfe) vermittelt wurde, diskutiert, diese Aufgabe in vollem Umfang an freie Träger abzugeben.

2. Eigene Überlegungen

Anknüpfend an bereits existierende Empfehlungen,[548] sowie die positiven Erfahrungen Österreichs mit dem *VBSA* und Mecklenburg-Vorpommerns mit freien Trägern, sollen im Folgenden verschiedene Änderungsvorschläge für die Bereiche Bewährungs-, Gerichtshilfe und GA unterbreitet werden, die in erster Linie auf eine Übertragung der bisher staatlichen Aufgaben auf Private abzielen. Da die Organisation der Sozialen Dienste sowie die Durchführung der GA in den Kompetenzbereich der Länder fällt, ist davon auszugehen, dass eventuelle Veränderungsbestrebungen in den Bundesländern unterschiedlich ausfallen würden. Es ist anzunehmen, dass einige Länder zunächst Modellprojekte in einzelnen Landgerichtsbezirken einrichten würden, um dort die Zusammenarbeit mit Privaten zu erproben, während andere Länder zumindest vorerst am bestehenden System festhalten würden.

2.1 Bewährungshilfe

Für den Bereich der Bewährungshilfe erscheinen drei neue Organisationsmodelle denkbar: die Übertragung der Aufgaben der Bewährungshilfe auf freiberuflich tätige Einzelpersonen (Vorschlag A), auf mehrere freie Träger (Vorschlag B) oder auf einen einzelnen freien Träger (Vorschlag C).

2.1.1 Freiberuflich tätige Einzelpersonen

Vorschlag A

Vorstellbar wäre es, statt der staatlichen Bewährungshilfestelle verschiedene freiberuflich tätige Einzelpersonen mit der Wahrnehmung der Aufgaben der

---

547 *Dünkel / Grosser* NKrimPol 1999, 28 (32); vgl. auch *Dünkel / Scheel / Grosser* BewHi 2002, 56 (59ff.).

548 Siehe oben Kap.7 1.

Bewährungshilfe zu betrauen.[549] Diese Einzelpersonen könnten entweder gänzlich selbständig oder in Praxisgemeinschaften tätig werden.[550]

Da die freien Bewährungshelfer als Personen des Privatrechts im Auftrag des Staates hoheitliche Funktionen selbständig, im eigenen Namen und auch eigenen Interesse ausüben würden, wären sie als Beliehene zu qualifizieren.[551] Voraussetzung für eine rechtmäßige Übertragung wäre zunächst die Schaffung einer entsprechenden Rechtsgrundlage, da eine Beleihung nur durch oder aufgrund eines Gesetzes erfolgen darf.[552] Die freiberuflich tätigen Bewährungshelfer müssten einzeln beliehen werden, sinnvollerweise würde das Bundesland vertreten durch das zuständige Ministerium[553] mit jedem einen Vertrag abschließen. Dieser Vertrag müsste in Ergänzung zu den Bestimmungen der neu geschaffenen Rechtsgrundlage (Landesgesetz oder entsprechende Verordnung) individuell die beiderseitigen Rechte und Pflichten festlegen. Neben den Hauptpflichten der Vertragsparteien – Betreuung und Kontrolle aller ihm zugewiesenen Probanden durch den Bewährungshelfer einerseits und Vergütung durch das Land andererseits – sollten die Verträge Bestimmungen zu Kündigungsfristen und Vertragslaufzeiten[554] enthalten.

Das Verhältnis zwischen Bewährungshelfer und dem beauftragenden Richter würde sich durch eine Privatisierung nicht wesentlich verändern. Auch weiterhin hätte der Richter ein Weisungsrecht und der Bewährungshelfer eine Berichtspflicht. Da die Richter – wie bereits erwähnt – [555] mittlerweile entgegen dem Wortlaut von § 56 d StGB die Bewährungshelfer in der überwiegenden

---

549 Zur Frage des Umgangs mit den bisherigen Bewährungshelfern, die überwiegend verbeamtet sind, siehe unten den Exkurs in Kap.9 3.

550 Für den einzelnen Bewährungshelfer hätte der Zusammenschluss mit Kollegen in Praxisgemeinschaften den Vorteil, dass laufende Bürokosten (z.B. Schreibkräfte, Ausstattung) geteilt werden könnten und evtl. auch eine gegenseitige Vertretung bei Krankheit oder Urlaub möglich wäre.

551 Diese Ansicht vertritt auch die Mehrheit der Ministerien, die sich an der bereits oben (Kap.7 1.) erwähnten Länderumfrage zur Privatisierung der Bewährungshilfe beteiligt haben.

552 *Maurer* 2000, S.399; *Bonk* JZ 2000, 435 (437); *Kulas* 2001, S.28; *Stelkens / Bonk / Sachs* 2001 § 1 Rn.232.

553 Regelmäßig wird das Landesjustizministerium zuständig sein.

554 Einer zu befürchtenden „Lethargie" etablierter Personen kann durch begrenzte Vertragslaufzeiten entgegengewirkt werden. Sollte ein freier Bewährungshelfer schlechte Arbeitsleistungen erbracht haben und sich eine andere qualifizierte Person bewerben, besteht die Möglichkeit, seinen Vertrag nicht weiter zu verlängern.

555 Siehe oben Kap.3 3.2.

Zahl der Unterstellungen nicht mehr namentlich bestellen, wäre es sinnvoll, eine vor Ort tätige – ggf. neu zu gründende – staatliche oder beliehene private Koordinierungsstelle mit der Zuteilung der Probanden zu den Bewährungshelfern zu betrauen.[556] Sie könnte auch die Dienst- und Fachaufsicht über die Bewährungshelfer ausüben. Um einen aus Sicht der Verfasserin der Position des Bewährungshelfers unwürdigen Wettbewerb zu vermeiden,[557] sollte darüber hinaus in jedem Landgerichtsbezirk nur eine bestimmte Anzahl von freien Bewährungshelfern zugelassen werden.[558] Die Stellen sollten ausgeschrieben werden. Grundvoraussetzungen für eine Bewerbung müssten die Qualifikation als staatlich anerkannter Sozialarbeiter, ein einwandfreier Leumund sowie ein großes Maß an Zuverlässigkeit sein. Darüber hinaus sollten die Bewerber sinnvollerweise entweder im Rahmen des Anerkennungsjahres[559] oder zumindest im Rahmen eines längeren Praktikums bereits praktische Erfahrungen im Bereich der Bewährungshilfe gesammelt haben.[560] Auch sollte in jedem Landgerichtsbezirk darauf geachtet werden, dass die Beliehenen verschiedene Zusatzqualifikationen – etwa im Bereich der Schuldnerberatung, im Umgang mit besonderen Tätergruppen etc. – bereits vorweisen können oder sich zu entsprechenden Fortbildungen vertraglich verpflichtet haben.

Beurteilung

Vorschlag A eröffnet die Möglichkeit, flächendeckend vor Ort ansässige Bewährungshelfer einzusetzen. Bisher übliche lange Anfahrtszeiten und mangelnde Ortskenntnisse könnten so verringert werden. Die Bewährungshelfer könnten einen größeren Teil ihrer Arbeitszeit als bisher für die Betreuung der Probanden nutzen und deren Lebenssituation noch besser einschätzen.

Jedoch müsste eine besondere Stelle die optimale Verteilung der Probanden sowie die Fach- und Dienstaufsicht über die freien Bewährungshelfer überneh-

---

556 Zweckmäßigerweise wäre die Stelle nicht nur für eine „Erstzuteilung" der Probanden zuständig, sondern auch im Falle von evtl. Wechseln der Bewährungshelfer.

557 Ähnlich den Notaren würden die freien Bewährungshelfer ein öffentliches Amt ausüben, mit dem z.B. Werbung als wettbewerbstypisches Mittel nur in sehr engen Grenzen vereinbar ist. Zum Wettbewerbsverbot für Notare siehe § 29 BNotO.

558 Für diese Bewährungshelfer könnte so ein gesichertes Einkommen gewährleistet werden. vgl. zur Begrenzung bei der Bestellung von Notaren § 4 BNotO.

559 Voraussetzung für die Erlangung der Qualifikation als staatlich anerkannter Sozialarbeiter ist die Ableistung eines Anerkennungsjahres.

560 Eventuell würde sich anbieten, erstmalig beliehene Bewährungshelfer zur Teilnahme an einem Einführungsseminar für Bewährungshelfer zu verpflichten (vgl. für Gerichtshelfer bereits jetzt § 20 AV d. MJ v. 24.5.1976, Nds. Rpfl S.127ff.).

men. Die oftmals gepriesene Verschlankung des bisherigen Systems, die man durch die Privatisierung bisher staatlicher Einrichtungen zu erreichen hofft, wäre schon aus diesem Grund im Rahmen von Vorschlag A nicht zu erwarten.

Auch ist es bisher üblich, dass in staatlichen Bewährungshilfestellen unter Kollegen Rücksprache gehalten und Rat eingeholt wird. Dies ist umso einfacher, als man bisher nicht in einem Konkurrenzverhältnis zueinander steht und räumlich eng zusammenarbeitet. Bei einer Übertragung der Bewährungshilfeaufgaben auf mehrere freiberuflich tätige Einzelpersonen wäre diese qualitätsfördernde Arbeitsweise nur noch in Praxisgemeinschaften unproblematisch möglich. Ergänzend stattfindende regionale Teamsitzungen wären mit organisatorischem Aufwand und wiederum langen Anfahrtszeiten verbunden.

Fraglich ist auch, wie im Rahmen von Vorschlag A Supervision und Fortbildung gewährleistet werden könnten. Es erscheint sinnvoll, die Verantwortung dafür (zunächst) der bereits erwähnten zusätzlichen Institution zu übertragen. Möglicherweise würden auf Dauer auch ein oder mehrere private Anbieter die Fortbildung übernehmen.

Eine verstärkte Einbeziehung ehrenamtlicher Bewährungshelfer ist durch die Umsetzung von Vorschlag A nicht zu erwarten. Denkbar wäre einzig, der Koordinierungsstelle die Betreuung auch der ehrenamtlichen Bewährungshelfer zu übertragen.

2.1.2 Mehrere freie Träger

Vorschlag B

Statt der staatlichen Bewährungshilfestelle werden ein oder mehrere (u.U. schon existierende) freie Träger[561] mit der Wahrnehmung der Aufgaben der Bewährungshilfe betraut. Die Voraussetzungen für eine rechtmäßige Übertragung stimmen im wesentlichen mit den bereits genannten Bedingungen[562] überein. Es müsste eine entsprechende Rechtsgrundlage für die Beleihung der freien Träger geschaffen werden, die Träger müssten beliehen werden[563] und das Land, vertreten durch das zuständige Ministerium, sollte Verträge mit ihnen[564] schließen.

561 Etwa die *Diakonie*, die *Caritas*, Straffälligenhilfevereine etc.

562 Siehe oben Kap.7 2.1.1.

563 Entsprechende Ansichten äußerten auch einige Länderministerien im Rahmen der oben (Kap.7 1.) beschriebenen Länderumfrage.

564 Auf Seiten der Freien Träger wird regelmäßig deren Vorstand tätig werden.

Diese Verträge müssten im wesentlichen den gleichen Inhalt haben wie die Verträge mit freiberuflich tätigen Einzelpersonen.[565]

Eine darüber hinausgehende Beleihung jedes einzelnen Bewährungshelfers[566] wäre nicht nur extrem aufwendig, sondern erscheint auch nicht zwingend notwendig. Wie bei der Beleihung der Vermittlungsstellen im Rahmen der gemeinnützigen Arbeit in Mecklenburg-Vorpommern oder der Beleihung privater Flugvereine wie dem *Dt. Aero Club e.V.* mit Aufgaben der Flugsicherung kann man auch im Falle der Übertragung von Bewährungshilfeaufgaben auf freie Träger davon ausgehen, dass die Hauptverantwortung für eine ordnungsgemäße Wahrnehmung der übertragenen Aufgaben in erster Linie bei dem Träger liegt. Der Träger organisiert die Bewährungshilfe. Er hält die persönlichen und sächlichen Mittel bereit, die Voraussetzung einer funktionierenden Bewährungshilfe sind. Das Handeln der bei ihm beschäftigten Bewährungshelfer wird ihm zugerechnet. Die privaten Bewährungshelfer und sonstigen Mitarbeiter wären allerdings auf eine ordnungsgemäße Aufgabenerfüllung nach dem Verpflichtungsgesetz zu verpflichten.

Auch das Verhältnis zwischen den bei freien Trägern tätigen Bewährungshelfern und den beauftragenden Richtern würde sich nicht in einem größeren Maße von der momentanen Situation unterscheiden, denn Weisungsrecht und Berichtspflicht blieben unverändert erhalten. Auch bei Vorschlag B stellt sich allerdings die Frage, wie Probanden sinnvollerweise einzelnen Trägern zugewiesen werden können. Denkbar wäre ein System, wie es bisher in Oldenburg bei der Vergabe von TOA-Fällen praktiziert wird. Dort weisen die justitiellen Auftraggeber die Fälle mit geraden Aktenzeichen der staatlichen Gerichtshilfe und solche mit ungeraden Aktenzeichen den freien Trägern zu.[567] Anhand der Aktenzeichen könnte eine grundsätzliche Zuteilung zu den verschiedenen Trägern erfolgen, auch unterschiedliche Kapazitäten könnten berücksichtigt werden.[568] Alternativ ist im Rahmen von Vorschlag B eine besondere Koordinierungsstelle denkbar, die die Zuteilung der Probanden an die verschiedenen freien Träger vornimmt. Die Träger selbst würden die Weitervermittlung an einzelne bei ihnen tätige Bewährungshelfer übernehmen. Es erscheint zweckmäßig, die Fach- und Dienstaufsicht über die Bewährungshelfer ihren Arbeitgebern zu übertragen. Die Fach- und Dienstaufsicht über die beauftragten freien Träger

565 Siehe oben Kap.7 2.1.1.

566 Etwa wie bei den *TÜV*-Prüfern, vgl. dazu BayVGH mit Anm. *Götz* DÖV 1975, 210-212; *Steiner* JuS 1969, 69 (69ff.).

567 Fernmündliche Auskunft *Gütlings* (*Konfliktschlichtung* Oldenburg) vom 22.11.2000.

568 Etwa indem man einen Träger mit weniger Kapazitäten nur bei jedem 3. / 4. etc. Aktenzeichen berücksichtigt.

würde sinnvollerweise die Abteilung des Ministeriums, die auch für die Ausschreibung und Übertragung der Aufgaben der Bewährungshilfe zuständig ist, übernehmen. Aus den bereits oben genannten Gründen[569] sollte in jedem Landgerichtsbezirk nur eine bestimmte Anzahl freier Träger zugelassen werden. Als Grundvoraussetzung für eine Bewerbung müssten die Träger neben qualifiziertem Personal, einer angemessenen räumlichen und sächlichen Ausstattung sowie soliden Arbeits- und Kontrollstrukturen insbesondere die Gewähr der Dauerhaftigkeit bieten. Um auch im Rahmen dieses Vorschlags einen unwürdigen Wettbewerb zu vermeiden, sollten sie gemeinnützige Zwecke verfolgen und ihr Handeln nicht auf Gewinn gerichtet sein.[570]

Beurteilung

Die Zuordnung der einzelnen Bewährungshelfer zu freien Trägern erleichtert die Zuteilung von Probanden sowie die Fach- und Dienstaufsicht. Da die freien Träger bei schlechten Arbeitsleistungen ihrer Bewährungshelfer befürchten müssen, dass ihre Verträge nicht verlängert werden, ist davon auszugehen, dass sie einen hohen Qualitätsstandard durch entsprechende Anleitung, Supervision und Kontrolle ihrer Angestellten sicherstellen werden. Ebenfalls positive Auswirkungen auf die Güte der Betreuung der Probanden sind durch einen unproblematischen Fachaustausch der angestellten Bewährungshelfer untereinander zu erwarten. Die Übertragung der Bewährungshilfeaufgaben auf freie Träger ermöglicht auch eine größere Regionalisierung der Bewährungshelfer als bisher.[571] Hinsichtlich der Fort- und Weiterbildungen ergeben sich ähnliche Schwierigkeiten wie bei Vorschlag A, da nicht davon auszugehen ist, dass die freien Träger in einem ausreichenden Maße selbst für eine Fort- und Weiterbildung ihrer Mitarbeiter sorgen können. Auch eine verstärkte Einbeziehung Ehrenamtlicher ist nicht zu erwarten.

2.1.3 Ein freier Träger[572]

Vorschlag C

In einem Bundesland gründet sich ein neuer privater Träger, etwa ein Verein,[573] mit dem Zweck, die Aufgaben der Bewährungshilfe für das ganze Bundesland

569 Siehe oben Kap.7 2.1.1.

570 Vgl. so auch § 1 der Statuten des *VBSA* in der Fassung des Beschlusses der Generalversammlung vom 26.1.1999.

571 Wenn auch nicht in dem Maße wie bei Vorschlag A.

572 Vgl. dazu Abb. 1 auf Seite 99.

wahrzunehmen.[574] In den Landgerichtsbezirken übernehmen die örtlichen Zweigstellen des neu gegründeten privaten Trägers die Aufgaben der Bewährungshilfe.

Die Voraussetzungen für eine rechtmäßige Übertragung stimmen im wesentlichen mit den bereits genannten Bedingungen überein. Für das Bundesland müsste das zuständige Ministerium einen Vertrag mit dem freien Träger schließen. Der Vertrag müsste die bereits erwähnten Punkte[575] regeln.

Das Verhältnis zwischen den bei dem freien Träger tätigen Bewährungshelfern und den beauftragenden Richtern wäre auch bei diesem Vorschlag durch das Weisungsrecht einerseits und die Berichtspflicht andererseits geprägt. Da der Träger allein für die Wahrnehmung der Aufgaben der Bewährungshilfe zuständig wäre und somit weder die einzelnen Bewährungshelfer noch verschiedene freie Träger in Konkurrenz zueinander stünden, könnte die Zuteilung der Probanden wie im bisherigen staatlichen System erfolgen. Entweder beauftragt der Richter namentlich einen bestimmten Bewährungshelfer oder weist dem Freien Träger den Probanden zur Weitervermittlung zu. Der Träger sollte sinnvollerweise auch die Fach- und Dienstaufsicht über die bei ihm angestellten Bewährungshelfer übernehmen. Die Fach- und Dienstaufsicht über den freien Träger sollte die Abteilung des Ministeriums, die auch für die Ausschreibung und Übertragung der Aufgaben der Bewährungshilfe zuständig ist, ausüben. Der freie Träger müsste die im Rahmen von Vorschlag B genannten Bewerbungsvoraussetzungen erfüllen.[576] Darüber hinaus würde es sich anbieten, den Beliehenen vertraglich zur Fortbildung aller bei ihm angestellten Bewährungshelfer zu verpflichten.

Beurteilung des Vorschlags

Die Übertragung der Aufgaben der Bewährungshilfe auf einen freien Träger erleichtert neben der Zuteilung der Probanden insbesondere die Fach- und Dienstaufsicht über die nichtstaatlichen Bewährungshelfer. Aufgrund der zu erwartenden Größe des freien Trägers lohnt sich anders als bei den in Vorschlag B erwähnten freien Trägern eine professionelle Innenrevision, die eine weitere

573 Wie bereits in Kap.2 1. erwähnt, wären grundsätzlich auch eine Stiftung oder eine gemeinnützige GmbH denkbar.

574 Zu einer möglichen Vereinsstruktur (Vereinsorgane, Fachbereiche, regionale Organisation) vgl. die Ausführungen zum *VBSA* in Österreich, oben Kap.6 2.2.

575 Siehe oben Kap.7 2.1.1.

576 Siehe oben Kap.7 2.1.2.

Qualitätsverbesserung der Bewährungshilfearbeit erwarten lässt.[577] Zwar wird der freie Träger keine permanenten Vergleiche mit anderen freien Trägern befürchten müssen, dennoch muss auch er damit rechnen, dass sein Vertrag bei anhaltender Schlechtleistung nicht verlängert wird und sich daher um eine qualitativ hochwertige Betreuung der Probanden bemühen.[578] Auch bei diesem Vorschlag ist ein fachlicher Austausch unter den Bewährungshelfern problemlos möglich. Aufgrund seiner „Monopolstellung" hat der freie Träger die Möglichkeit, die Interessen der Bewährungshelfer zu bündeln und zu kriminalpolitischen Themen Stellung zu beziehen. Trotz seiner finanziellen Abhängigkeit vom Staat kann er ihm gegenüber auch als Sprachrohr einer ganzen Berufsgruppe auftreten und als wichtige Institution in der Straffälligenhilfe zu kriminalpolitischen Themen Stellung beziehen.[579] In der Anfangszeit nach einer Privatisierung ist – wenn überhaupt – am ehesten im Rahmen von Vorschlag C eine Beschäftigung der beamteten Bewährungshelfer möglich.[580] Darüber hinaus bestünde die Möglichkeit, von staatlicher Seite eine Vertragsklausel dahingehend einzubringen, dass sich der Freie Träger verpflichtet, für eine flächendeckende Präsenz von Bewährungshelfern zu sorgen. Eine mühsame Suche nach geeigneten freien Trägern oder Einzelpersonen bliebe so dem Land erspart. Evtl. würde sich die Übertragung der Bewährungshilfeaufgaben auf einen freien Träger auch positiv auf die Einbindung Ehrenamtlicher auswirken. Der Träger könnte die Betreuung, Anleitung und Fortbildung aller Ehrenamtlichen eines Bundeslandes übernehmen und so auch zu einer größeren Vernetzung der Ehrenamtlichen sowohl untereinander als auch mit den Hauptamtlichen beitragen.

---

577 Zu den entsprechenden österreichischen Gegebenheiten siehe oben Kap.6 2.2.

578 Zum Wettbewerb bei der Betrauung eines privaten Monopolisten mit staatlichen Aufgaben vgl. *Kulas* 2001, S.14.

579 Der österreichische *VBSA* bezieht regelmäßig u.a. in seiner Fachzeitschrift sub Stellung zu aktuellen kriminalpolitischen Themen.

580 Vgl. dazu eingehend unten den Exkurs in Kap.9 3.

Abb. 1 Vorschlag für eine Privatisierung der Bewährungshilfe (in Niedersachsen)

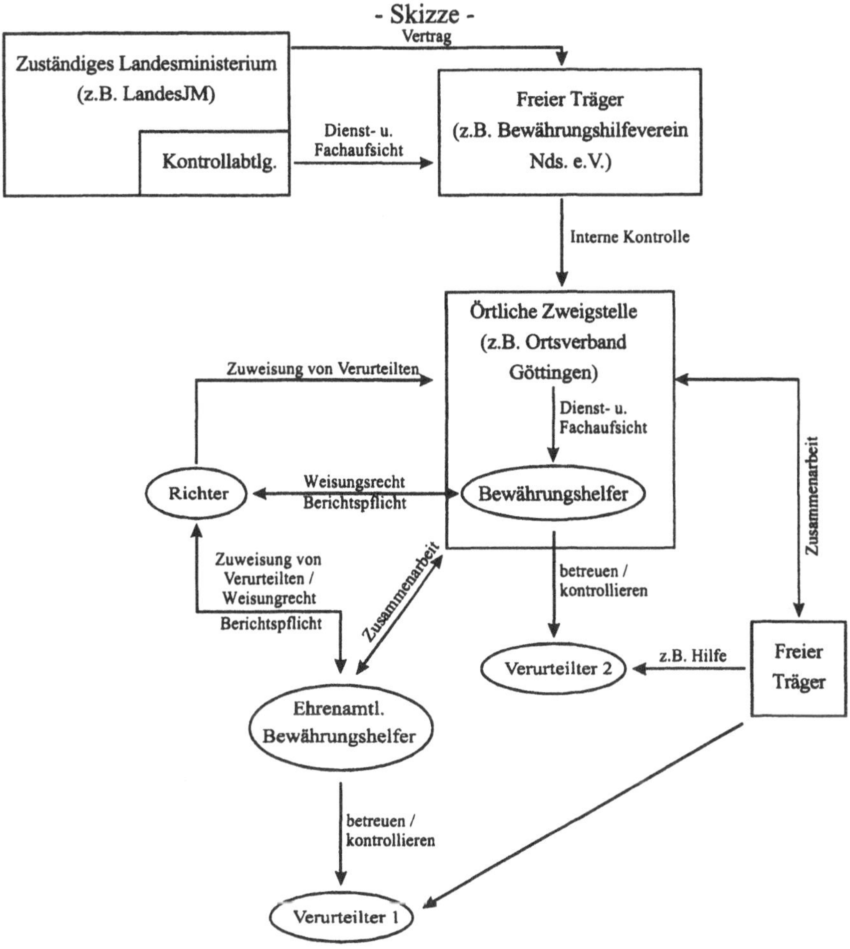

2.1.4 Weitere Vorschläge

Unabhängig davon, ob und in welcher Form die Bewährungshilfe privatisiert wird, sollten im Bereich der ehrenamtlichen Bewährungshilfe dringend Veränderungen vorgenommen werden. Die bisher nur geringeVerankerung der ehrenamtlichen Bewährungshilfe in bundes- und vor allem landesrechtlichen Regelungen sollte in Anlehnung an die österreichischen Vorschriften[581] ausgeweitet werden. So erscheint es z.B. zweckmäßig, die Zuordnung der ehrenamtlichen zu den hauptamtlichen Bewährungshelfern festzuschreiben.

Um potentielle ehrenamtliche Bewährungshelfer zu gewinnen, sollte flächendeckend für dieses Ehrenamt geworben werden. Besonders geeignet sind Personen, die bereits aufgrund ihres Berufes oder auf andere Weise Erfahrungen auf dem Gebiet der Sozialarbeit, insbesondere der Straffälligenhilfe haben.[582] In ersten intensiven Vorgesprächen, die zweckmäßigerweise ein für die Ehrenamtlichen zuständiger hauptamtlicher Bewährungshelfer führen sollte, müsste die Motivation und grundsätzliche Eignung der Interessenten geprüft werden. Sodann sollten die Bewerber in eigens dafür eingerichteten Kursen umfassend geschult werden. Gegenstand der Kurse könnten etwa gesetzliche Grundlagen der Bewährungshife, der Besuch einer JVA, die Teilnahme an einem Strafprozess, Fallbesprechungen, Gesprächsführung, Rollenspiele mit Konfliktsituationen etc. sein.[583] Auch später sollten regelmäßige Fortbildungskurse für Ehrenamtliche angeboten werden.

Darüber hinaus hätte eine Vernetzung der Ehrenamtlichen untereinander sowie mit den Hauptamtlichen verschiedene Vorteile: zum einen könnten die Ehrenamtlichen in einen bislang kaum existierenden fachlichen Gedankenaustausch mit Kollegen treten und dadurch an Selbstsicherheit gewinnen. Zum anderen könnten alte Vorurteile der Hauptamtlichen[584] abgebaut werden, wenn ihnen besonders gut ausgebildete professionelle Ehrenamtliche gegenüberstünden.

Möglicherweise wäre es z.T. sinnvoll, Ehrenamtliche nicht mehr in erster Linie im Bereich der Einzelbetreuung von Probanden einzusetzen. Es wäre vielmehr

581 Siehe oben Kap.6 2.2.

582 So auch *Böhm* BewHi 1977, 216 (220). Zu den Anforderungen, die an einen Ehrenamtlichen in diesem Bereich gestellt werden, vgl. *Kosubek* 1983, S.11.

583 Zu weiteren Inhalten vgl. *Böhm* BewHi 1977, 216 (221); *Bruns* ZfStrVo 2000, 295 (296f.).

584 Zu den Bedenken der hauptamtlichen Bewährungshelfer siehe oben Kap.5 2.

denkbar, dass sie regelmäßige Gruppenveranstaltungen für die Probanden – sinnvollerweise in den Räumen der Bewährungshilfe – anbieten würden.[585]

2.2 Gerichtshilfe

Für den Bereich der Gerichtshilfe erscheinen dieselben Organisationsmodelle denkbar wie für die Bewährungshilfe: die Übertragung der Aufgaben der Gerichtshilfe auf freiberuflich tätige Einzelpersonen (Vorschlag D), auf mehrere freie Träger (Vorschlag E) oder auf einen einzelnen freien Träger (Vorschlag F).[586]

2.2.1 Freiberuflich tätige Einzelpersonen

Vorschlag D

Statt der staatlichen Gerichtshilfestelle werden verschiedene Einzelpersonen mit der Wahrnehmung der Aufgaben der Gerichtshilfe betraut.[587] Auch diese Einzelpersonen können wahlweise gänzlich selbständig oder in Praxisgemeinschaften tätig werden.

Die Voraussetzungen für eine rechtmäßige Übertragung der Aufgaben der Gerichtshilfe auf Private – Schaffung einer entsprechenden Rechtsgrundlage, Beleihung, Vertragsschluss – stimmen mit denen für eine rechtmäßige Übertragung der Bewährungshilfeaufgaben auf freiberuflich tätige Einzelpersonen weitgehend überein. Lediglich die Hauptpflichten der freiberuflichen Gerichtshelfer wären andere. Sie müssten sich verpflichten, alle ihnen zugeteilten Ermittlungsaufträge zu bearbeiten, die ihnen angetragenen TOA durchzuführen und die ihnen zugewiesenen Geldstrafenschuldner in GA zu vermitteln und zu kontrollieren. Das Verhältnis zu den justitiellen Auftraggebern würde sich durch die Privatisierung nicht verändern, da Weisungsrecht und Berichtspflicht unverändert erhalten blieben. Gerade im Bereich der Gerichtshilfe, in dem eine namentliche Beauftragung einzelner Gerichtshelfer schon gesetzlich nicht vor-

585 Ähnlich auch *Vosgerau* (*ADB Niedersachsen*) in einem Telefonat am 26.2.2002. Auf diese Weise könnten sich neue Ehrenamtliche in ihre Aufgabe einfinden, könnten zu mehreren zusammenarbeiten und hätten nicht gleich ein so hohes Maß an Verantwortung.

586 Da die Vorschläge für Bewährungs- und Gerichtshilfe weitgehend deckungsgleich sind, sollen im Folgenden in erster Linie die gerichtshilfespezifischen Besonderheiten dargestellt werden.

587 Zur Frage des Umgangs mit den bisher überwiegend beamteten Gerichtshelfer siehe unten den Exkurs in Kap.9 3.

gesehen ist, wäre es unerlässlich, eine vor Ort tätige, ggf. neu zu gründende staatliche oder beliehene private Koordinierungsstelle mit der Zuteilung der Fälle an die privaten Gerichtshelfern zu betrauen. Diese Stelle könnte darüber hinaus die Dienst- und Fachaufsicht über die beliehenen Gerichtshelfer ausüben. Auch bei einer Privatisierung der Gerichtshilfe sollte die Zahl der Beliehenen aus den oben genannten Gründen[588] beschränkt werden. Die Grundvoraussetzungen für eine Bewerbung decken sich mit den bereits ausgeführten.[589] In jedem Landgerichtsbezirk sollte darauf geachtet werden, dass möglichst viele Beliehene die Qualifikation für die Durchführung von TOA haben. Möglicherweise empfiehlt es sich auch, den Privaten Schwerpunktsetzungen in bestimmten Bereichen – Ermittlungstätigkeit, TOA, GA – zu erlauben.[590]

Beurteilung

Im Falle einer Übertragung der Aufgaben der Gerichtshilfe auf freiberuflich tätige Einzelpersonen wären im wesentlichen die gleichen Vor- und Nachteile wie bei einer entsprechenden Privatisierung der Bewährungshilfe zu erwarten.[591] Fraglich ist jedoch, ob die Beauftragung freier Gerichtshelfer, die z.T. als zunächst noch unbekannte Einzelpersonen räumlich getrennt von ihren Auftraggebern tätig wären, zu einem weiteren Rückgang der ohnehin zögerlichen Beauftragungspraxis der staatlichen Stellen gegenüber der Gerichtshilfe führen würde.[592]

588 Siehe oben Kap.7 2.1.1.

589 Siehe oben Kap.7 2.1.1.

590 Eine Schwerpunktsetzung würde allerdings in einem gewissen Maße der Vorschlag A immanenten größeren Regionalisierung der Gerichtshelfer entgegenwirken.

591 Einzig die Frage nach der Auswirkung auf das Engagement Ehrenamtlicher kann in diesem Zusammenhang unbeachtet bleiben, da sie im Bereich der Gerichtshilfe nicht vorgesehen sind.

592 Insbesondere im Bereich der Ermittlungsaufträge, dem eigentlichen Hauptaufgabengebiet der Gerichtshilfe, wird auch 27 Jahre nach der gesetzlichen Festschreibung des Instituts, eine gewisse Zurückhaltung von Staatsanwälten und Strafrichtern bei der Heranziehung der Gerichtshilfe beobachtet (vgl. *Kurze* 1999, S.137, 180).

2.2.2 Mehrere freie Träger

Inhalt und Beurteilung von Vorschlag E

Statt der staatlichen Gerichtshilfestelle werden ein oder mehrere (u.U. schon existierende) freie Träger mit der Wahrnehmung der Aufgaben der Gerichtshilfe betraut. Inhalt und Beurteilung dieses Vorschlags stimmen mit dem entsprechenden Vorschlag für die Bewährungshilfe[593] überein. Fraglich ist jedoch, ob angesichts der im Vergleich zur Bewährungshilfe wesentlich geringeren Zahl von Gerichtshelfern pro Landgerichtsbezirk,[594] freie Träger überhaupt ein Interesse an einer Beleihung mit den Aufgaben der Gerichtshilfe hätten; denn die Gerichtshilfetätigkeit könnte nur eine von mehreren Aufgaben dieser Träger sein. Es wäre daher sinnvoll, freie Träger, die bereits auf dem Gebiet der Bewährungshilfe gute Arbeit geleistet haben, auch für die Übernahme von Gerichtshilfeaufgaben in Betracht zu ziehen.[595] Grundvoraussetzung wäre jedoch, dass diese Träger die Aufgabenbereiche personell und sachlich trennen würden.[596]

2.2.3 Ein freier Träger

Inhalt und Beurteilung von Vorschlag F

In einem Bundesland gründet sich ein neuer privater Träger mit dem Zweck, die Aufgaben der Gerichtshilfe für das ganze Bundesland wahrzunehmen. In den Landgerichtsbezirken übernehmen die örtlichen Niederlassungen des neu gegründeten privaten Trägers die Aufgaben der Gerichtshilfe. Inhalt und Beurteilung des Vorschlags decken sich ebenfalls mit dem entsprechenden Vorschlag[597] für die Bewährungshilfe. Fraglich ist allerdings auch bei Vorschlag F, ob sich angesichts der vergleichsweise niedrigen Anzahl von Gerichtshelfern eigens ein neuer Träger gründen würde. Auch hier erschiene es zweckmäßig, einen etablierten freien Träger, der bisher die Aufgaben der Bewährungshilfe

---

593 Siehe oben Kap.7 2.1.2.

594 Siehe oben Kap.3 3.1.

595 Im Rahmen eines Modellversuchs würde es sich anbieten, zunächst eine Privatisierung des fest etablierten Instituts der Bewährungshilfe zu erproben und nur im Falle positiver Ergebnisse im Anschluss daran auch die Gerichtshilfeaufgaben aus unmittelbarer staatlicher Hand zu geben.

596 Andernfalls würde man nicht nur private, sondern auch durchgängige Soziale Dienste schaffen. Eine Erörterung der mit einem durchgängigen Sozialen Dienst verbundenen Vor- und Nachteile würde an dieser Stelle jedoch zu weit führen.

597 Siehe oben Kap.7 2.1.3.

übernommen hat, nach einem Ausschreibungsverfahren ggf. auch mit den Aufgaben der Gerichtshilfe zu betrauen. Wiederum wäre eine strenge Abgrenzung der Aufgabenbereiche voneinander notwendig.

Eine endgültige Entscheidung zugunsten eines für die Bereiche Bewährungs- oder Gerichtshilfe erläuterten Vorschlags soll an dieser Stelle nicht fallen. Festzuhalten bleibt, dass die Vorschläge A und D zahlreiche Schwierigkeiten beinhalten, die durch eine Zuordnung der nichtstaatlichen Bewährungs- oder Gerichtshelfer zu freien Trägern verringert würden und bei den Vorschlägen C und F nicht mehr ins Gewicht fallen. Aus Sicht der Verfasserin sprechen für die Beleihung eines freien Trägers mit den Aufgaben sowohl von Bewährungs- wie Gerichtshilfe die meisten Argumente.[598]

2.3 Gemeinnützige Arbeit

Die Vorschläge für das Gebiet der gemeinnützigen Arbeit setzen sowohl im Bereich der Vermittlung der Geldstrafenschuldner (Vermittlungsstellen) als auch im Bereich der tatsächlichen Ableistung der Arbeit (Beschäftigungsstellen) an.

2.3.1 Vermittlungsstellen

Angesichts der positiven Projekterfahrungen Mecklenburg-Vorpommerns empfiehlt sich die Übernahme der bisher von staatlichen Stellen wahrgenommenen Vermittlungs- und Kontrollaufgaben im Bereich der GA durch einen oder mehrere freie Träger.[599]

Voraussetzung für eine rechtmäßige Übertragung wäre die Schaffung einer entsprechenden Rechtsgrundlage, da auch die mit den Vermittlungs- und Kontroll-

598 Auch eine Wahrnehmung der Aufgaben von Bewährungs- und Gerichtshilfe durch einen großen Träger und mehrere kleine Träger (Kombination der Vorschläge B/E mit C/F) ist nicht grundsätzlich ausgeschlossen. Auf diese Weise ließe sich die absolute Monopolstellung eines Trägers vermeiden. Dem Staat als Auftraggeber würde das Nebeneinander mehrerer Träger einen Vergleich der Qualität von deren geleisteter Arbeit ermöglichen. Sehr fraglich erscheint jedoch, ob ein größerer freier Träger als Hauptauftragnehmer (mit entsprechend vielen Pflichten etwa im Bereich der Fortbildung) mit der Zulassung weiterer „Konkurrenten“ einverstanden wäre und ob eine Zulassung gegen seinen Willen sinnvoll wäre.

599 Es sind auch Träger denkbar, die bereits im Bereich der Bewährungs- und / oder Gerichtshilfe tätig sind.

aufgaben betrauten freien Träger als Beliehene zu qualifizieren wären.[600] Die freien Träger müssten beliehen werden[601] und würden sinnvollerweise in Verträgen mit dem zuständigen Ministerium individuell die beiderseitigen Rechte und Pflichten festlegen. Neben den Hauptpflichten der Vertragsparteien – Vermittlung und Kontrolle aller ihnen zugewiesenen Geldstrafenschuldner durch freie Träger einerseits und Vergütung durch das Land andererseits – sollten die Verträge Bestimmungen zu Kündigungsfristen und Vertragslaufzeiten enthalten.

Das Verhältnis zwischen Vermittlern[602] und der beauftragenden Strafvollstreckungsbehörde würde sich durch eine Privatisierung nicht wesentlich verändern. Auch weiterhin hätten die Vermittler eine Berichtspflicht und unterlägen dem Weisungsrecht der Strafvollstreckungsbehörde.

Sollten in einem Landgerichtsbezirk mehrere freie Träger mit den Vermittlungsaufgaben betraut sein, würde sich die bereits erläuterte[603] Zuteilung der Probanden anhand der Aktenzeichen empfehlen. Die Zuordnung der Probanden zu den einzelnen Vermittlern würde innerhalb der freien Träger erfolgen. Letzteren sollte als Arbeitgeber sinnvollerweise auch die Dienst- und Fachaufsicht über die einzelnen Vermittler übertragen werden. Die Fach- und Dienstaufsicht über die beauftragten freien Träger würde zweckmäßigerweise die Abteilung des Ministeriums, die auch für die Beleihung der freien Träger zuständig ist, wahrnehmen.[604] Gerade im Bereich der Vermittlung GA sollten pro Landgerichtsbezirk maximal zwei bis drei freie Träger zugelassen werden, denn auch in diesem Bereich sollte ein unwürdiger Wettbewerb vermieden werden. Darüber hinaus hätte ein Tätigwerden vieler verschiedener Träger vermutlich eine kontraproduktive Wirkung. So wären zahlreiche unkoordinierte Anfragen der verschiedenen Vermittler bei den Beschäftigungsstellen zu befürchten. Schlimmstenfalls würden die intensiven „Bemühungen" der konkurrierenden Vermittlungsstellen um Plätze bei besonders begehrten Einrichtungen zu einem gänzlichen Rückzug letzterer führen.

---

600 Laut telefonischer Auskunft *Strubels* (*Justizministerium Mecklenburg-Vorpommern*) vom 12.12.2000 sind die Vermittlungsstellen in Mecklenburg-Vorpommern „vermutlich" als Beliehene anzusehen. Um in jedem Fall die strengen Voraussetzungen einer Beleihung zu erfüllen, wurde die Erste Verordnung zu Änderung der Verordnung über die Abwendung der Vollstreckung einer Ersatzfreiheitsstrafe durch freie Arbeit erlassen.
Siehe Anhang VI.

601 Zur Beleihung von Trägern statt Einzelpersonen siehe oben Kap.7 2.1.2.

602 Die für die Vermittlungs- und Überwachungsaufgaben im Bereich der GA zuständigen Personen werden im Folgenden als Vermittler bezeichnet.

603 Siehe oben Kap.7 2.1.2.

604 Denkbar ist auch, die örtliche Strafvollstreckungsbehörde mit dieser Aufgabe zu betrauen.

Geeignete freie Träger sollten im Wege der Ausschreibung ermittelt werden. Als Grundvoraussetzung für eine Bewerbung müssten die Träger neben qualifiziertem Personal, einer angemessenen räumlichen und sächlichen Ausstattung, sowie soliden Arbeits- und Kontrollstrukturen, insbesondere die Gewähr der Dauerhaftigkeit bieten. Darüber hinaus sollten die freien Träger aus den oben genannten Gründen[605] gemeinnützige Zwecke verfolgen und ihr Handeln nicht auf Gewinn gerichtet sein.

2.3.2 Beschäftigungsstellen

Anders als im Bereich der Vermittlung von GA, steht im Bereich der tatsächlichen Beschäftigung die Frage der Trägerschaft nicht im Mittelpunkt. Da sich die Beschäftigungsstellen von je her zu einem nicht unerheblichen Teil in privaten Händen befinden,[606] sollen in diesem Zusammenhang vielmehr die sich aus dem Einbezug Privater ergebenden Konsequenzen, insbesondere die Art der Rechtsbeziehungen der Beschäftigungsstellen zum Staat und zum Geldstrafenschuldner näher untersucht werden.

Wie bereits erwähnt, wurden bisher keine Verträge oder Vereinbarungen zwischen Staat und Beschäftigungsstellen geschlossen.[607] Sofern ersichtlich, wird von beiden Seiten eine genauere Definition der Rechtsstellung der Beschäftigungsstellen nicht für notwendig erachtet.[608] Da die Beschäftigungsstellen jedoch anstelle des Staates eine Sanktion vollziehen und in den kommenden Jahren ein sprunghafter Anstieg der Fallzahlen in diesem Bereich nicht auszuschließen ist, erscheint es zweifelhaft, die bisherige Praxis trotz der beschriebenen Unklarheiten bedenkenlos fortzuführen. In jüngerer Vergangenheit hat insbesondere *Feuerhelm* die negativen Konsequenzen der nach wie vor ungeklärten Rechtsposition der Beschäftigungsstellen für die Geldstrafenschuldner aufgezeigt.[609] Um die Position der Schuldner insbesondere im Bereich des Rechtsschutzes gegen Anordnungen der Beschäftigungsstellen zu stärken, bemüht er sich um eine Zuordnung der Beschäftigungsstellen zu öffentlich-recht-

605 Siehe oben Kap.7 2.1.2.

606 Bzw. wenn sie an sich in öffentlicher Hand sind – wie z.B. städtische Einrichtungen – ist die Strafvollstreckung nicht ihre primäre Aufgabe.

607 Lediglich wenn Beschäftigungsstellen vereinzelt – wie etwa in Mecklenburg-Vorpommern – eine zusätzliche Betreuung besonders gefährdeter Probanden übernehmen, schließt das Land Verträge ab.

608 Vgl. insofern auch *Feuerhelm* 1997, S.302.

609 *Feuerhelm* 1997, S.296.

lichen Rechtsfiguren.[610] Weder eine Qualifizierung der Beschäftigungsstellen als Beliehene noch als Verwaltungshelfer ist jedoch möglich. Gegen eine Beleihung spricht u.a., dass ein Beliehener verpflichtet wäre, die ihm übertragene Aufgabe vollumfänglich zu übernehmen. Die Beschäftigungsstellen haben jedoch das Recht, Probanden abzulehnen und Beschäftigungsverhältnisse vorzeitig zu beenden.[611] Sie werden auch nicht als Verrichtungsgehilfen der Strafvollstreckungsbehörde tätig, da sie nicht unselbständig für ihre Auftraggeber arbeiten,[612] sondern mit der Weisungsbefugnis der Beschäftigungsstellen wesentliche Teile der Sanktion bei ihnen verbleiben.[613] *Feuerhelm* spricht sich daher für eine Umschreibung der Einsatzstellen als „qualifizierte Justiz-Verwaltungshelfer" aus.[614] Anordnungen der Beschäftigungsstellen gegenüber Geldstrafenschuldnern könnten somit als Justizverwaltungsakte qualifiziert werden, gegen die der Rechtsweg nach § 23 EGGVG statthaft wäre.[615]

Aus Sicht der Verfasserin erscheint eine Einbettung der Beschäftigungsstellen in öffentlich-rechtliche Strukturen nicht nur angesichts der beschriebenen Implementationsschwierigkeiten fraglich. Zum einen ist eine Zuordnung der in der Strafvollstreckung tätigen nichtstaatlichen Institutionen zum öffentlichen Recht auch außerhalb der GA nicht üblich. So werden weder Unternehmerbetriebe im Strafvollzug (§ 149 StVollzG) noch nichtstaatliche Einrichtungen, die dazu dienen, die Betäubungsmittelabhängigkeit zu beheben (§ 35 BtMG), üblicherweise als Beliehene oder Verwaltungshelfer qualifiziert.[616] Zum anderen ist eine Heranziehung des öffentlichen Rechts dann nicht notwendig, wenn die damit verbundenen Vorteile auch auf andere Weise erreicht werden können.

---

610 *Feuerhelm* 1997, S.297ff.

611 *Feuerhelm* 1997, S.299.

612 Die Rechtsfigur des Verrichtungsgehilfen ist gerade dadurch gekennzeichnet, dass der Gehilfe lediglich als unselbständiges Werkzeug zur Erledigung öffentlicher Aufgaben herangezogen wird (*Feuerhelm* 1997, S.299).

613 *Feuerhelm* 1997, S.301.

614 *Feuerhelm* 1997, S.300f.

615 Allerdings spricht sich auch *Feuerhelm* in Anlehnung an die eingeschränkte Überprüfbarkeit von Ermessensentscheidungen dafür aus, die gerichtliche Überprüfbarkeit auf erhebliche Rechtsbeeinträchtigungen zu beschränken und nicht bereits jede Anordnung des Beschäftigungsgebers auf ihre Zweckmäßigkeit hin überprüfen lassen zu können (vgl. *Feuerhelm* 1997, S.319).

616 Angesichts der massiven Eingriffsbefugnisse der privaten Drogenbehandlungseinrichtungen in die Rechte ihrer Probanden plädiert *Dammann* für eine Beleihung der genannten Einrichtungen (*Dammann* KrimJ 1985, 97 (104)).

Die Rechtsbeziehungen der im Bereich der GA beteiligten Institutionen und Personen lassen sich bisher wie folgt charakterisieren:[617] zwischen Geldstrafenschuldner und Beschäftigungsstelle besteht eine Verbindung, die man als „Binnenverhältnis" bezeichnen kann. Über diesem „Binnenverhältnis" steht das „Außenverhältnis", mit dem die Verbindungen von Geldstrafenschuldner und Beschäftigungsstelle zur staatlichen Strafvollstreckungsbehörde bezeichnet werden können. Die Strafvollstreckungsbehörde hat die Möglichkeit, das Binnenverhältnis als straftilgend zu akzeptieren, sie kann aber das Binnenverhältnis – auch aus Gründen, die außerhalb dieses Verhältnisses liegen[618] – jederzeit aufheben. Da es sich nicht wie in anderen Bereichen der Strafvollstreckung um den bloßen Einbezug eines freien Trägers handelt,[619] sondern der Inhalt des Binnenverhältnisses eine Strafe ersetzt, sollte der Staat in Zukunft aus Sicht der Verfasserin in einem größeren Maße als bisher Mindeststandards für die Ausgestaltung des Binnenverhältnisses vorgeben. Von staatlicher Seite sollten sinnvollerweise nurmehr solche Binnenverhältnisse als straftilgend anerkannt werden, denen eine schriftliche Vereinbarung zwischen Beschäftigungsstelle und Geldstrafenschuldner zugrunde liegt. Denkbar wäre eine zweigeteilte Abmachung. Ein erster für die Anerkennung obligatorischer Teil sollte die Punkte enthalten, die aus staatlicher Sicht zwingend geregelt werden müssten. Zweckmäßigerweise müsste dort die wöchentliche (evtl. die tägliche) Arbeitszeit näher konkretisiert werden.[620] Darüber hinaus sollte – soweit möglich – der Inhalt der Arbeit beschrieben werden. Besonders wichtig ist auch die Bestimmung derjenigen Mitarbeiter der Beschäftigungsstelle, denen die fachliche Anleitung des Probanden obliegt. Ebenso sollte sinnvollerweise eine weitere Person als Ansprechpartner bei Schwierigkeiten benannt werden. Darüber hinaus sollten in der Vereinbarung Verhaltensweisen aufgeführt werden, die zu einer Abmahnung bzw. ggf. auch zu einer umgehenden Beendigung des Beschäftigungsverhältnisses führen. Denkbar wäre eine Unterscheidung zwischen Vorkommnissen, die zu einem sofortigen Abbruch der Beschäftigung führen (z.B. Gewalt im persönlichen Umgang) und solchen, die zunächst eine Abmahnung nach sich ziehen (z.B. Alkohol- / Drogenkonsum, unentschuldigtes Fehlen, betriebsschä-

617 Vgl. dazu Abb. 2 auf Seite 110.

618 Z.B. im Falle einer erneuten schweren Straftat des Geldstrafenschuldners.

619 Wie etwa bei der Heranziehung privater Schuldnerberatungsstellen durch Bewährungshelfer.

620 D.h. voraussichtlicher Arbeitsbeginn, Arbeitsende, Pausen.

digendes Verhalten). Möglicherweise wäre auch eine Festschreibung des üblichen Abmahnungsprocederes sinnvoll.[621]

In einem zweiten, für die Beteiligten fakultativen Teil, könnten darüber hinaus individuelle Anliegen der Beschäftigungsstelle oder des Geldstrafenschuldners geregelt werden.[622] Vorstellbar sind Bestimmungen zum Umgang mit überdurchschnittlich wertvollen oder gefährlichen Gerätschaften der Beschäftigungsstelle oder die Verpflichtung des Probanden, bestimmte Sicherheitsvorkehrungen einzuhalten.

Da nach wie vor zwischen Beschäftigungsstelle und Geldstrafenschuldner kein Arbeitsverhältnis im Sinne des Arbeitsrechts begründet wird, hätte die vorgeschlagene Vereinbarung nicht die Qualität eines Arbeitsvertrages. Arbeitsrechtliche Ansprüche könnten die Beteiligten daraus nicht herleiten. Dennoch würde die Vereinbarung zu mehr Rechtssicherheit für alle an der Vollstreckung der Maßnahme beteiligten Institutionen und Personen führen. Durch die schriftliche Fixierung ihrer Rechte und Pflichten hätten sowohl die Vermittlungsstellen als auch die Geldstrafenschuldner eine genaue Vorstellung ihrer wichtigsten Rechte und Pflichten und würden sich auch stärker zu deren Einhaltung verpflichtet fühlen als durch eine kurze mündliche Absprache. Für die privaten Vermittlungsstellen wäre eine schriftliche Vereinbarung nicht nur bei der Beurteilung von Schwierigkeiten im Binnenverhältnis, sondern auch bei der Wahl angemessener Konsequenzen hilfreich.[623] Eine entscheidende Verbesserung der Position des Geldstrafenschuldners könnte dadurch erreicht werden, dass man ein vereinbarungsgemäßes Verhalten des Probanden gesetzlich als Vollzugshindernis der Ersatzstrafe festschreiben würde. Dem Geldstrafenschuldner würde in diesem Fall auch dann keine Haft drohen, wenn er seinen Beschäftigungsplatz verlöre und ihm kein anderer angeboten werden könnte. Darüber hinaus würde eine Vereinbarung auch dazu beitragen, dass sich der Schuldner ernstgenommen fühlen würde und so u.U. zu einer Verbesserung seiner Gesamtsituation und damit zu einer positiv spezialpräventiven Wirkung führen.[624] Des weiteren

---

621 Denkbar wäre etwa die Bestimmung, dass nach einer Abmahnung zwingend ein Gespräch mit der in der Vereinbarung benannten Vertrauensperson stattfinden sollte und nach der zweiten Abmahnung das Fehlverhalten an die Vermittlungsstelle weitergemeldet würde.

622 Vgl. insofern auch die bisher z.T. schon üblichen „Betrieblichen Regeln und Pflichten" (Anhang IV).

623 Denkbare Reaktionen reichen von klärenden Gesprächen mit den Parteien, über das Angebot, eine neue Stelle zu vermitteln, problematische Beschäftigungsstellen aus dem „Pool" zu nehmen oder die Strafvollstreckungsbehörde zu unterrichten und ggf. den Abbruch der Maßnahme anzuregen.

624 Vgl. ähnlich für den Bereich der Bewährungshilfe *Asprion* BewHi 2000, 274 (281).

würden staatlich vorgegebene Mindeststandards für die Vereinbarungen – wenn auch in beschränktem Maße[625] – zu einer größeren Gleichbehandlung der Geldstrafenschuldner führen. Zwar ist zu erwarten ist, dass einige Beschäftigungsstellen ihre Mitwirkungsbereitschaft nach einer Einführung verbindlicher Vereinbarungen versagen werden, dennoch sollte man diese Neuerungen aus Sicht der Verfasserin angesichts der oben beschriebenen Vorteile durchsetzen.

Abb. 2: Vorschlag für die Gemeinnützige Arbeit (Art. 239 EGStGB)

- Skizze -

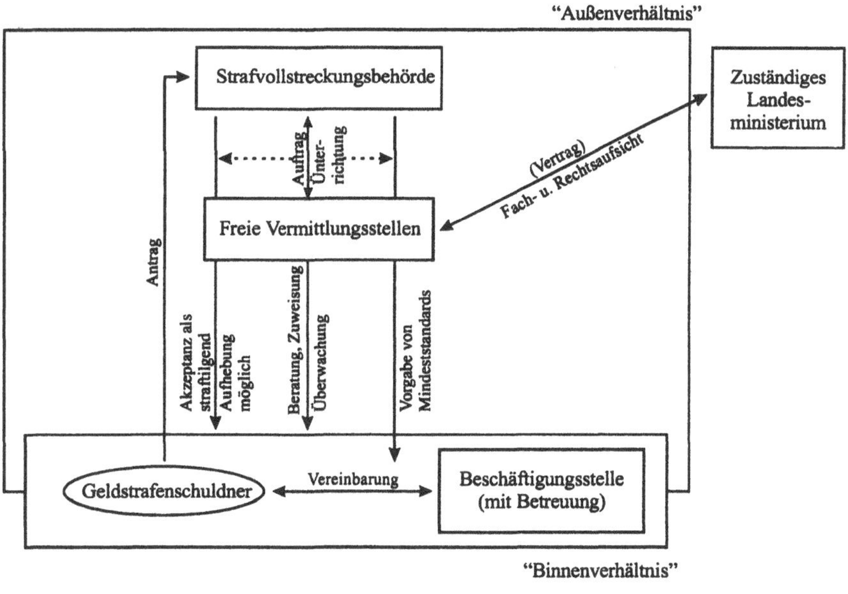

625 Eine detailliertere Regelung des Binnenverhältnisses erscheint weder sinnvoll noch praktisch möglich. Ein gewisses Maß an Flexibilität und ein Ermessensspielraum der Beschäftigungsstelle, der Vermittlungsstelle und der Strafvollstreckungsbehörde sind unerlässlich.

2.3.3 Weitere Vorschläge

Unabhängig von der Entscheidung für oder gegen private Vermittlungsstellen oder Vereinbarungen, sollten aufgrund der positiven Erfahrungen aus Mecklenburg-Vorpommern flächendeckend Beschäftigungsstellen mit Betreuung für besonders gefährdete Geldstrafenschuldner eingerichtet werden.

Darüber hinaus müssten die in den Beschäftigungsstellen unmittelbar mit der Betreuung der Probanden beschäftigten Mitarbeiter zweckmäßigerweise von staatlicher Seite umfassender als bisher über die Sanktion und das Klientel informiert werden.

Insbesondere im Interesse der Beschäftigungsstellen sollte gesetzlich die (ersatzweise) Haftung des Landes für Schädigungen der Einsatzstellen durch Geldstrafenschuldner festgeschrieben werden.[626]

---

626 Vgl. zur bisherigen Situation *Best* in *Steinhilper* 1984, S.209 (219).

Kap. 8 Vor- und Nachteile einer Privatisierung der Sozialen Dienste

Im Folgenden sollen mögliche Vor- und Nachteile erörtert und gegeneinander abgewogen werden, die im Falle einer Umsetzung der oben genannten Privatisierungsvorschläge zu erwarten wären.

Angesichts der schwierigen Arbeitsbedingungen staatlicher Bewährungs- und Gerichtshelfer[627] und der dadurch hervorgerufenen Qualitätseinbußen hinsichtlich ihrer Arbeit einerseits[628] sowie der enormen Sparzwänge im öffentlichen Dienst andererseits erscheint zunächst eine Auseinandersetzung mit Qualitäts- und Kostenargumenten erforderlich. Zu prüfen ist, ob und ggf. mit welcher Wahrscheinlichkeit eine Privatisierung von Bewährungs- und Gerichtshilfe zu einer Steigerung der Arbeitsqualität führen könnte, welchen Einfluss sie auf die entstehenden Kosten hätte und schließlich ob und ggf. mit welcher Wahrscheinlichkeit vergleichbare Ergebnisse auch durch Veränderungen im staatlichen System erreichbar wären. Im Rahmen der Erörterung weiterer Argumente[629] soll u.a. erläutert werden, ob sich der Staat im Falle einer Privatisierung von Bewährungs- und Gerichtshilfe nicht in eine zu große Abhängigkeit von einem Privaten begeben würde und ob mit einem Rückgang der Einbeziehung der genannten Sozialen Dienste zu rechnen wäre. Schließlich wird der Frage des Umgangs mit den im Zeitpunkt der Privatisierung verbeamteten Bewährungs- und Gerichtshelfern nachgegangen werden.

1. Qualitätsargumente

Bevor erörtert wird, ob eine Privatisierung der Sozialen Dienste zu einer Qualitätsverbesserung der in diesem Bereich geleisteten Arbeit führen könnte, bedarf zunächst der Begriff der „Qualität“ einer näheren Erläuterung. Für eine Beurteilung der Qualität der geleisteten Arbeit kann man auf verschiedene Ansatzpunkte abstellen. Es wäre zum Beispiel denkbar, die Qualität der Arbeit der Bewährungs- und Gerichtshelfer an der Rückfallquote ihrer Probanden zu messen. Auch könnte man auf die Zufriedenheit der auftraggebenden Justiz, der betreuten Probanden oder der Bevölkerung allgemein mit der Arbeit der Sozialen

627 Siehe dazu im Einzelnen oben Kap.3 3.1.-3.4.

628 Selbst durch zusätzlichen großen persönlichen Einsatz der Bewährungs- und Gerichtshelfer etwa in Form von Überstunden können die bestehenden Defizite nicht ausgeglichen werden.

629 Unten Kap.8 3.

Dienste abstellen. Schließlich wäre es möglich, zu prüfen, inwiefern die geleistete Arbeit den derzeit in der Wissenschaft überwiegend für notwendig erachteten Mindeststandards (z.B. hinsichtlich der Betreuungsintensität) entspricht.

Aus Sicht der Verfasserin erscheint es sinnvoll, im Rahmen der Qualitätsbestimmung im wesentlichen auf zwei Kriterien abzustellen. Zum einen sollte auf die Zufriedenheit der justitiellen Auftraggeber von Bewährungs- und Gerichtshilfe abgestellt werden, da diese im Vergleich zur Bevölkerung insgesamt aufgrund ihrer Ausbildung und Erfahrung ein qualifizierteres und objektives Urteil über die Qualität der geleisteten Arbeit abzugeben vermögen.[630] Zum anderen sollte geprüft werden, inwiefern die von den Bewährungs- und Gerichtshelfern geleistete Arbeit den soeben erwähnten Mindeststandards entspricht und ob und wie schnell es in dem jeweils geltenden (staatlichen oder privaten) System möglich ist, die Tätigkeit auch neueren Forschungserkenntnissen anzupassen. Ein Abstellen auf die Rückfälligkeit der Probanden ist als problematisch abzulehnen, da sich das Ausbleiben eines Rückfalls niemals ausschließlich und eindeutig auf das Tätigwerden von Bewährungs- oder Gerichtshelfern zurückführen lässt.

Im Folgenden soll zunächst auf die in einem privaten System zu erwartende Arbeitsqualität eingegangen werden. Sodann soll geprüft werden, inwiefern auch im bestehenden staatlichen System durch Veränderungen eine Steigerung der Arbeitsqualität erreicht werden könnte.

1.1 Privates System

Einer der entscheidenden Unterschiede zwischen dem bisherigen staatlichen System und einem möglichen künftigen privaten System ist der Wettbewerb.[631] Momentan werden lediglich in den Bereichen TOA und GA freie Träger neben den staatlichen Bewährungs- und Gerichtshelfern tätig, im Bereich ihrer ursprünglichen Kernaufgaben unterliegen die staatlichen Sozialarbeiter hingegen keinen Vergleichen mit anderen Anbietern.

Im Falle einer Umsetzung der in Kap.7 unterbreiteten Privatisierungsvorschläge würde – wenn auch in beschränktem Maße – Wettbewerb herrschen.[632] Die beauftragten Privaten müssten befürchten, dass der Staat im Falle unzureichender

---

630 Denkbar wäre es, darüber hinaus zusätzlich auf das Urteil außenstehender Experten etwa aus den Bereichen Sozial- und Betriebswirtschaft abzustellen.

631 Vgl. dazu auch *Kulas* 2001, S.9f.; *von Hagemeister* 1991, S.84.

632 Siehe dazu z.B. oben Kap.7 2.1.1.

Leistungen ihrerseits andere Personen / Träger mit der Wahrnehmung der Aufgaben von Bewährungs- und Gerichtshilfe betrauen würde.

Es ist daher zu erwarten, dass ein Privater[633] sich eher als eine staatliche Stelle als Dienstleister der justitiellen Auftraggeber versteht, dessen Service der Staat bezahlt. Um mit den Aufgaben von Bewährungs- oder Gerichtshilfe auch weiterhin betraut zu werden, wird er bemüht sein, seine Auftraggeber durch qualitativ hochwertige Arbeit dauerhaft zufrieden zu stellen, d.h., die ihm anvertrauten Probanden angemessen intensiv zu betreuen sowie die Auftraggeber durch professionelle Berichterstattung in ihren Entscheidungen zu unterstützen. Darüber hinaus ist ein Privater aufgrund der drohenden Konkurrenz auch gezwungen, neuen Behandlungsmethoden[634] gegenüber nicht nur besonders aufgeschlossen zu sein, sondern sie ggf. auch mitzuentwickeln.[635] Da die Privaten nicht den starren Personal- und Organisationsstrukturen der öffentlichen Verwaltung unterliegen, fällt es ihnen auch leichter, z.B. Modellprojekte probeweise umzusetzen und flexibler durch Umstrukturierungen auf veränderte Anforderungen zu reagieren.[636] Es ist davon auszugehen, dass sie schon aus Effizienzgründen von vornherein besonderen Wert auf eine zeitgemäße Büroausstattung (EDV, Fax) legen würden.

Um ein dauerhaft hohes Qualitätsniveau zu halten, ist davon auszugehen, dass private Träger besonders effektive Qualitätskontrollen durchführen und regelmäßige Fortbildungen ihrer Mitarbeiter nicht nur verbindlich vorschreiben, sondern auch finanziell und organisatorisch unterstützen würden.

Des weiteren wird in der Literatur angenommen, dass sich eine Privatisierung im Bereich der Bewährungshilfe insofern positiv auf die Qualität der geleisteten Arbeit auswirken würde, als es zu einem Stop unnötiger Bewährungsunterstellungen kommen würde.[637] Aus Sicht der Verfasserin ist die Konzentration auf sinnvolle Unterstellungen jedoch nicht so sehr von der Frage einer Privatisierung abhängig, sondern beruht auf der bisher nicht bestehenden, der These aber

633 Der Begriff „Privater" wird im Folgenden als Sammelbegriff sowohl für private Träger als auch Privatpersonen verwendet.

634 Denkbare neue Behandlungsmethoden wären z.B. deliktsorientierte Lernprogramme für bestimmte Tätergruppen, wie sie laut mündlicher Auskunft *Frauenfelders* (*Bewährungs- und Vollzugsdienste Zürich*) vom 18.9.2001 z.Zt. in der Schweiz erprobt werden.

635 Bestes Beispiele ist aus Sicht der Verfasserin der in Kap.6 2. beschriebene *VBSA*, der sich in den vergangenen Jahren als Innovationsmotor entpuppt hat.

636 Siehe zu den diesbezüglichen Erfahren aus Österreich oben Kap.6 2.

637 *Asprion* BewHi 2000, 274 (280).

zugrundegelegten Möglichkeit der Bewährungshilfe, in einer Art „sozialarbeiterischem Zweitcheck" die Notwendigkeit einer Unterstellung zu überprüfen.

Neben den genannten Gründen, die auf eine Verbesserung der Arbeitsqualität im Falle einer Privatisierung von Bewährungs- und Gerichtshilfe hindeuten, gibt es auch Gesichtspunkte, die diese Hoffnung dämpfen. Da die laufenden Kosten jedenfalls im Falle einer Beauftragung eines oder mehrerer Träger nicht automatisch vom Staat übernommen werden,[638] sondern die finanziellen Zuwendungen jährlich neu festgesetzt werden, unterliegt der Private einer Planungsunsicherheit. Diese Planungsunsicherheit wirkt sich nicht nur negativ auf die Durchführung neuer Projekte aus, schlimmstenfalls ist nicht einmal die Wahrnehmung der regulären Aufgaben gesichert. Kommt es zu besonders eklatanten finanziellen Engpässen, so sind u.U. auch die einzelnen Bewährungs- und Gerichtshelfer von Kündigungen bedroht und daher entsprechend verunsichert und unmotiviert.[639]

Des weiteren wird befürchtet, dass es in einem privaten System allmählich zu einem Rückgang der kontrollierenden Tätigkeit der beauftragten Sozialarbeiter kommen würde, da dieser Aufgabenbereich von ihnen traditionell eher ungern wahrgenommen wird. Zwar ist durchaus vorstellbar, dass größere einflussreiche freie Träger versuchen würden, sich besonders im Bereich der helfenden Sozialarbeit zu engagieren, dennoch bestimmen letztlich die Auftraggeber den Inhalt der übertragenen Aufgaben und vermögen die Befolgung ihrer Anweisung auch zu kontrollieren.

1.2 Staatliches System

Möglicherweise ließe sich auch im staatlichen System durch verschiedene Maßnahmen eine Steigerung der Arbeitsqualität erreichen.

Einen ersten Schritt in die richtige Richtung stellen sicher die in Niedersachsen für die Bereiche Bewährungs- und Gerichtshilfe erarbeiteten Standards dar.[640] Die mittlerweile verbindliche Festschreibung des zuerst erarbeiteten Regelwerks (für die Bewährungshilfe) wird vermutlich zur Sicherung des bisherigen

---

638 Im Falle einer Beleihung von Einzelpersonen würde man vermutlich eine Art Gebührenordnung einführen.

639 Je größer ein beauftragter freier Träger ist und je mehr unterschiedliche Leistungsbereiche er abdeckt, um so eher wird er im Falle von Budgetkürzungen Mittel „schieben" können, während kleinere Träger schnell vor dem „Aus" stehen.

640 Siehe dazu oben Kap.3 3.2.

Qualitätsstandards beitragen. Aus Sicht der Verfasserin ist trotz der positiven Einschätzung des *Niedersächsischen Justizministeriums* allerdings fraglich, ob in der Praxis die Einhaltung der Standards bei gleichbleibender Personalausstattung tatsächlich in Gebieten mit hohen Fallzahlen möglich ist.

Sicher würde auch ein verbindliches Fortbildungsangebot zu einer Verbesserung der Arbeitsqualität führen.[641] Zwar bilden sich jetzt schon viele staatliche Bewährungs- und Gerichtshelfer regelmäßig fort, die nur begrenzte finanzielle Unterstützung von staatlicher Seite ist jedoch wenig förderlich.

Um die staatliche Bewährungs- und Gerichtshilfe in fachlicher und organisatorischer Hinsicht permanent fortzuentwickeln, wäre die Einrichtung von (weiteren) Schwerpunktarbeitsgruppen (z.B. zur Sexualstraftäterbehandlung) und Innovationszirkeln denkbar. Doch ist aufgrund von Erfahrungen aus der Vergangenheit davon auszugehen, dass in diesen Gremien zwar sinnvolle, zukunftsweisende Vorschläge ausgearbeitet würden, aufgrund der finanziellen Situation und der organisatorischen Schwerfälligkeit aber nicht mit einer zügigen Umsetzung der Vorschläge zu rechnen wäre,[642] und daher die Motivation zur Mitarbeit nach kurzer Zeit zurückgehen würde.

Sicher würde auch eine flächendeckende Versorgung mit zeitgemäßer Büroausstattung (EDV, Fax) zu Arbeitserleichterungen und damit zu einer Verbesserung der Arbeitsqualität führen.

Die genannten Veränderungen im staatlichen System würden möglicherweise zu einer Verbesserung der Arbeitsqualität beitragen, nach wie vor hinderlich wirken sich jedoch die starren Personal- und Organisationsstrukturen aus. Auch fehlt angesichts mangelnder Konkurrenz ein entscheidender Anreiz, für Qualitätssteigerungen.

2. Kostenargumente

Eine Privatisierung von Bewährungs- und Gerichtshilfe könnte sich möglicherweise nicht nur auf die Arbeitsqualität, sondern auch auf die entstehenden Kosten positiv auswirken.

Wie der Begriff der „Qualität", bedarf auch der Begriff der „Kosten" einer inhaltlichen Klarstellung. Unter „Kosten" könnte man einerseits sämtliche durch

---

641 In diesem Sinne auch *Driebold* 1990, S.148.

642 Denn „im Grundsatz ist es sicher möglich, jede beliebige Sachkunde auch Beamten zu vermitteln", so *Bracher* 1987, S.84.

die Wahrnehmung von Bewährungs- und Gerichtshilfeaufgaben entstehenden Kosten verstehen oder andererseits lediglich die Kosten, die den Staatshaushalt auch finanziell belasten. Geht man davon aus, dass der Staat sich der finanziellen Verantwortung für die Wahrnehmung der Staatsaufgaben Bewährungs- und Gerichtshilfe nicht entziehen kann und Private in einem sehr geringen Maß lediglich im Bereich von Zusatzaufgaben (Modellprojekte, Unterstützung von Probanden in besonderen Notlagen) weitere Geldmittel beisteuern, so ist der praktische Unterschied zwischen beiden Interpretationen gering. Dennoch soll auf die Differenzierung an dieser Stelle hingewiesen werden. Da die Finanzierung von Zusatzaufgaben durch Private in Zukunft vermutlich eine immer größere Rolle spielen wird,[643] soll im Folgenden der weite Kostenbegriff gelten (Kosten = Gesamtkosten).

2.1 Privates System

Da Private entweder als freie Träger ein bestimmtes finanzielles Budget oder als Einzelpersonen feste Sätze pro Auftrag erhalten, ist davon auszugehen, dass sie ein im Vergleich zu den staatlichen Bewährungs- und Gerichtshelfern höheres Kostenbewusstsein hätten. Aufgrund des oben skizzierten Wettbewerbs sind sie gezwungen, qualitativ hochwertige Arbeit zu leisten. Es ist daher davon auszugehen, dass sie die ihnen zur Verfügung stehenden finanziellen Mittel optimal nutzen würden.

Darüber hinaus würden in einem privaten System voraussichtlich niedrigere Personalkosten anfallen, da zum einen eine flexiblere tarifliche Eingruppierung der privaten Sozialarbeiter möglich wäre und zum anderen die bisher hohen Pensionskosten für Beamte entfallen würden.[644] Zudem könnte leistungsschwachen Mitarbeitern leichter gekündigt werden. Die niedrigeren Personalkosten könnte die staatliche Seite langfristig in die Berechnung des Budgets freier Träger einfließen lassen, sie würden sich aber auch bei der Bezahlung freiberuflich tätiger Einzelpersonen bemerkbar machen. Zu bedenken ist allerdings, dass auch im Falle einer Privatisierung von Bewährungs- und Gerichtshilfe gutes Personal seinen Preis hat[645] und in einem größeren Maße als im staatlichen System die Gefahr des Abwerbens qualifizierter Kräfte durch andere Institutionen droht.

---

643 Gleich ob das System letztlich primär privat oder staatlich ist.

644 Mündliche Auskunft *Kaufmanns* und *Rosenbergs* (*VBSA*) am 17. / 18.9.2001.

645 Laut mündlicher Auskunft *Kaufmanns* und *Rosenbergs* (*VBSA*) vom 17. / 18.9.2001 gibt es in Österreich relativ hohe Tarifabschlüsse.

Ebenfalls positiv auf die Gesamtkosten könnten sich die besseren Möglichkeiten Privater (in erster Linie gemeinnütziger freier Träger), zusätzliche Geldmittel in Form von Spenden und Geldbußen einzunehmen, auswirken.[646] Zu beachten ist jedoch, dass lediglich zusätzliche Aufgaben (insbesondere Hilfefonds) private Unterstützung erfahren sollten.[647] Der Staat darf aus seiner Verantwortung auch im Bereich innovativer neuer Projekte nicht entlassen werden.

Negativ auf die Gesamtkostenrechnung könnten sich anfallende Vorhaltekosten des Staates auswirken, da der Staat notfalls mit Personal und Ausstattung einspringen müsste.[648] Diese Kosten ließen sich jedoch durch ausgefeilte Notfallpläne, länderübergreifende Zusammenarbeit und entsprechende Bestimmungen in den Verträgen mit den Privaten[649] relativ niedrig halten.

Schließlich soll auf die oft als Hauptargument gegen eine Privatisierung der Bewährungshilfe angeführte Behauptung eingegangen werden, eine private Bewährungshilfe sei letztlich teurer als eine staatliche.[650] Vergleiche man die Zahl der in Bayern betreuten Probanden (18495 im Jahre 1998) und die dadurch entstandenen Kosten (rund 38 Millionen DM) mit den entsprechenden Werten aus Werten aus Österreich (6358 Probanden im Jahr 1998, Kosten: rund 50 Millionen DM), so sei eine Privatisierung abzulehnen.[651] Zwar verursacht das österreichische Modell einer privaten Bewährungshilfe absolut höhere Kosten, aus Sicht der Verfasserin ist der angestellte Vergleich so jedoch nicht haltbar, weil die völlig unterschiedlichen Rahmenbedingungen beider Länder außer acht gelassen werden. Es wird nicht berücksichtigt, dass in Österreich ein Bewährungshelfer maximal 30 Probanden betreut, in Bayern hingegen mehr als doppelt so viele.[652]

---

646 Vgl. *von Hagemeister* 1991, S.82; *Driebold* BewHi 1998, 267 (275).

647 Private Geldgeber werden im übrigen auch eher bereit sein, für einzelne Projekte zu spenden, mit denen sie sich identifizieren können als laufende Kosten zu tragen.

648 Siehe dazu sogleich Kap.9 1.3.

649 Sinnvoll wäre es – in Anlehnung an das österreichische System – dem Staat im Falle einer Beendigung der Zusammenarbeit mit einem Privaten ein Vortrittsrecht bzgl. der Übernahme von Räumlichkeiten und Ausstattung der privaten Bewährungs- oder Gerichtshilfestelle einzuräumen. Vgl. dazu Anhang XII.

650 Zu diesem Ergebnis kommt im Rahmen der in Kap.7 1. erläuterten Länderumfrage insbesondere Bayern in seiner Antwort vom 31.10.2000. Andere Länder wie Baden-Württemberg lassen die bayerische Kostenrechnung in ihre Argumentation einfließen.

651 Stellungnahme Bayerns vom 31.10.2000 in der oben beschrieben Länderumfrage.

652 Laut der Stellungnahme Bayerns in der Länderumfrage betreuten 1998 270 hauptamtliche und 98 ehrenamtliche Bewährungshelfer 18495 Probanden. Geht man davon aus, dass

2.2 Staatliches System

Fraglich ist, ob auch im staatlichen System effiziente Maßnahmen vorstellbar wären, die zu einer Entspannung der schwierigen Kostensituation führen würden. Wie bereits erwähnt,[653] werden Zusatzaufgaben schon heute im staatlichen System auch mit Mitteln privater Geldgeber unterstützt. Im Gegensatz zum privaten System dürfen die Zuwendungen jedoch nicht direkt an die Träger der Bewährungshilfe erfolgen, vielmehr gehen sie oftmals an eigens zu diesem Zweck gegründete Vereine. Es ist davon auszugehen, dass zumindest freie Träger aufgrund ihrer professionellen Öffentlichkeitsarbeit und Sponsoringprogramme größere Erfolgsaussichten bei der Akquirierung privater Geldmittel hätten als staatliche Stellen.

Möglicherweise bedarf es auch keiner Privatisierung, weil eine Umstellung auf privatwirtschaftliche Methoden, wie etwa die Abschaffung des kameralistischen Rechnungswesens, bereits ausreicht.[654] Zwar wird gerade die erwähnte Abschaffung des veralteten Kostensystems das starre staatliche Rechnungswesen positiv beeinflussen, dennoch vermag der Staat das private System mit seinen Vorteilen immer nur nachzuahmen. Der hohe wettbewerbsbedingte Rentabilitätsdruck und die bedeutend niedrigeren Personalkosten bleiben Vorteile allein eines privaten Systems.

3. Weitere Argumente

Neben Qualitäts- und Kostenargumenten gibt es weitere Gesichtspunkte, die für oder gegen eine Privatisierung der Sozialen Dienste sprechen und im Folgenden näher erläutert werden.

So wird die Hoffnung gehegt, dass „durch die Delegation (sozialer) Verantwortlichkeit vom Staat zurück auf Private der [...] zunehmenden Staatsverdrossenheit und einem [...] immer mehr um sich greifenden Servicedenken der Bürger in bezug auf staatliche Leistungen entgegengewirkt werden“ kann.[655] Aus Sicht der Verfasserin ist diese Zuversicht nur sehr bedingt begründet. Durch die Übertragung der Bewährungs- und Gerichtshilfeaufgaben auf Private signali-

---

ehrenamtliche zumeist ein bis zwei Probanden betreuen, so ergibt sich eine Zahl von ca. 68 Probanden pro hauptamtlichem Bewährungshelfer.

653 Siehe oben Kap.3 3.3-3.4.

654 Vgl. für den niedersächsischen Strafvollzug entsprechende Presseinformation des *Nds. MJ* vom 19.02.2001.

655 *Kulas* 2001, S.16; vgl. *von Hagemeister* 1991, S.76ff.

siert der Staat zwar seinen Bürgern, dass er nicht weiter in der Lage ist, unbegrenzt viele Aufgaben selbst wahrzunehmen. Da er aber die Privaten weitgehend finanziert und auch hinsichtlich des Angebots gegenüber den Bürgern keine Abstriche geplant sind, wird das bemängelte „Service-Denken" nicht merklich zurückgehen. Auch vermag eine Privatisierung der beklagten zunehmenden Staatsverdrossenheit nicht wirklich entgegen zu wirken. Der Staat löst sich zwar von einem von Missständen geprägten System, das zu Frustrationen bei den Bürgern geführt hat. Er bestimmt aber weiter entscheidend den Kurs der deutschen Bewährungs- und Gerichtshilfe und wird durch umfangreiche Regularien eine Wahrnehmung der Aufgaben in seinem Sinne versuchen sicher zu stellen.

Andererseits wird befürchtet, dass sich der Staat im Falle einer Privatisierung dem Vorwurf ausgesetzt sähe, nichts zum Schutz der Bevölkerung vor weiteren Straftaten durch die Verurteilten zu tun, sondern dies privaten Sozialarbeitern zu überlassen.[656] Solange der Staat die fast vollständige finanzielle Verantwortung tragen und durch entsprechende Vorkehrungen auch die Qualität der geleisteten Arbeit sicherstellen würde, ist eine derartige Reaktion der Bevölkerung wohl nicht zu erwarten. Mit den soeben genannten Argumenten lässt sich auch der Vorwurf entkräften, der Staat begebe sich im Falle einer Privatisierung in eine zu große Abhängigkeit von den beauftragten Privaten.[657] Bzgl. des „ob" der Aufgabenwahrnehmung muss berücksichtigt werden, dass Beamte und Angestellte im öffentlichen Dienst kein bzw. nur ein eingeschränktes Streikrecht besitzen, während das im Privatsektor anders ist. Dort drohen u.U. Versorgungsengpässe.[658] Durch die vertragliche Verpflichtung Privater, im Falle eines Streiks Notdienste aufrechtzuerhalten, lässt sich die Gefahr möglicherweise entschärfen. Das „wie" der Aufgabenwahrnehmung lässt sich vertraglich ohnehin recht gut bestimmen. Aufgrund des großen (auch) finanziellen Einflusses des Staates erscheint es letztlich angebrachter, von einer gegenseitigen Abhängigkeit zu sprechen.

Gegen eine Privatisierung könnten möglicherweise auch die Beweggründe sprechen, die in den fünfziger Jahren gegen eine Beibehaltung des privaten Systems sprachen. Bzgl. der Gerichtshilfe hatte man von staatlicher Seite die „Furcht, justizfremde Kräfte könnten Gerichtshilfeorganisationen aufbauen, auf die die Justiz keinen Einfluss nehmen könne"[659]. Ein Wildwuchs privater Anbieter wäre – wie bereits in Kap.3 2. erwähnt – im Falle einer Umsetzung der in

---

656 Vgl. in der Länderumfrage Stellungnahme des Landes Rheinland-Pfalz vom 25.9.2000.

657 Vgl. in der Länderumfrage Stellungnahme des Saarlandes vom 20.9.2000.

658 *von Hagemeister* 1991, S.93.

659 *Lange* in *Kerner* 1990, S.107 (117ff.).

Kap.7 unterbreiteten Vorschläge nicht zu befürchten, da eine koordinierte Zulassung Privater erfolgen würde, denen Bewährungs- und Gerichtshilfeaufgaben auch wieder entzogen werden könnten.

Des weiteren wird befürchtet, dass es im Falle einer Privatisierung von Bewährungs- und Gerichtshilfe zu einem Rückgang der Einbeziehung Sozialer Dienste kommen würde.[660] Zur Begründung wird nicht so sehr auf die bereits in Kap.8 1. beschriebene Zufriedenheit der auftraggebenden Stellen mit der Arbeitsleistung Privater abgestellt, sondern auf deren räumliche und organisatorische Trennung von den Auftraggebern.[661] Aus Sicht der Verfasserin würde sich die Annahme vermutlich in erster Linie in der Anfangsphase bestätigen. Sowohl der *VBSA* in Österreich, als auch die freien TOA-Stellen in Niedersachsen oder die Vermittlungsstellen in Mecklenburg-Vorpommern haben nach Anfangsschwierigkeiten hohe Auftragszahlen.

4. Ergebnis

Insbesondere der wettbewerbsbedingte Rentabilitätsdruck sowie die große organisatorische und personelle Flexibilität, die ein privates System kennzeichnen würden, geben Anlass zu der Vermutung, dass Private die Arbeit von Bewährungs- und Gerichtshilfe auf Dauer kostengünstiger und qualitativ besser ausführen würden. Die mit einer Privatisierung verbundenen Nachteile (z.B. Streiks) wiegen aus Sicht der Verfasserin hingegen nicht so schwer. Eine zunächst modellhafte Erprobung einer privaten Bewährungs- und Gerichtshilfe erscheint somit – vorbehaltlich der rechtlichen Zulässigkeit – empfehlenswert.

660 Vgl. in der Länderumfrage Stellungnahme Nordrhein-Westfalens vom 6.9.2000.

661 Vgl. in der Länderumfrage Stellungnahme Nordrhein-Westfalens vom 6.9.2000.

Kap. 9 Rechtliche Grenzen einer Privatisierung der Sozialen Dienste

Die oben ausgeführten Vorschläge[662] für eine Privatisierung in den Bereichen Bewährungs-, Gerichtshilfe und gemeinnützige Arbeit müssten mit den geltendenen verfassungsrechtlichen und einfachgesetzlichen Regelungen vereinbar sein. Im Folgenden soll daher sowohl der verfassungsrechtliche als auch der einfachgesetzliche Rahmen aufgezeigt werden, innerhalb deren sich zulässigerweise Veränderungen in Richtung Privatisierung[663] bewegen können.

1. Verfassungsrechtlicher Rahmen

Im Rahmen der verfassungrechtlichen Betrachtung wird die Vereinbarkeit der Privatisierungsvorschläge mit dem Grundsatz des staatlichen Gewaltmonopols, mit den Grundrechten, dem Demokratie- und Sozialstaatsprinzip sowie mit Art. 33 IV GG erörtert werden.

1.1 Staatliches Gewaltmonopol

Die in Kapitel 8 skizzierten Vorschläge für eine Privatisierung der Sozialen Dienste[664] müssten mit dem Grundsatz des staatlichen Gewaltmonopols vereinbar sein. Eine ausdrückliche Erwähnung des staatlichen Gewaltmonopols findet sich im Grundgesetz nicht.[665] Es wird einerseits aus der Funktion des Staates, den Rechtsfrieden sicherzustellen, abgeleitet,[666] andererseits wird auf das aus Art. 20 III und Art. 28 I GG abzuleitende Rechtsstaatsprinzip zurückgegriffen,

---

662 Siehe oben Kap.7.

663 An dieser Stelle soll auf die wichtigsten verfassungs- und einfachrechtlichen Vorgaben eingegangen werden. Eine detaillierte und umfassende Rechtsprüfung würde zu weit führen.

664 Hinsichtlich der rechtlichen Zulässigkeit der Vorschläge für den Bereich der GA ist zu differenzieren. Bzgl. der Beschäftigungsstellen wird auf die Ausführungen im Rahmen von Kap.7 2.3.2 verwiesen; bzgl. der Vermittlungsstellen wird auf die nun folgenden Ausführungen für eine Zulässigkeit der Privatisierung der Gerichtshilfe hingewiesen, da zumindest in Niedersachsen die Vermittlung GA noch von Gerichtshelfern übernommen wird. Darüber hinaus sei nochmals angemerkt, dass die vorgeschlagenen privaten Vermittlungsstellen aus Sicht der Verfasserin beliehen werden sollten.

665 *Hammer* DÖV 2000, 613 (617).

666 *Kulas* 2001, S.71; *Bracher* 1987, S.101; *Isensee* in *Isensee / Kirchhof* 1987 § 13 Rz.74; *Jeand'Heur* AöR 119 (1994), 107 (113).

auf einen Zusammenhang mit dem Grundrechtsschutz abgestellt oder Art. 33 IV GG als verfassungsrechtliche Konkretisierung des staatlichen Gewaltmonopols angesehen.[667] Mit dem staatlichen Gewaltmonopol korrespondiert ein grundsätzliches Gewaltverbot für Private.[668]

Möglicherweise spricht der Grundsatz des staatlichen Gewaltmonopols gegen eine Privatisierung von Bewährungs- und Gerichtshilfe, da in diesem Fall Private im Bereich der Sicherstellung des Rechtsfriedens tätig würden. „Gewalt" im Sinne des staatlichen Gewaltmonopols wird jedoch nach überwiegend vertretener Ansicht als physische Gewalt im Sinne von körperlichem Zwang gegen Personen und Sachen verstanden.[669] Es handelt sich üblicherweise um Befugnisse von Polizei, Militär oder um Mittel der Zwangsvollstreckung.[670] Da die Ausübung physischen Zwangs eindeutig nicht zu den Aufgaben von Bewährungs- und Gerichtshilfe gehört,[671] wäre im Falle einer Privatisierung der genannten Sozialen Dienste das staatliche Gewaltmonopol nicht tangiert.[672]

Der Grundsatz des staatlichen Gewaltmonopols steht einer Übertragung der Aufgaben von Bewährungs- und Gerichtshilfe auf Private somit nicht entgegen.

1.2 Grundrechte

Die Privatisierung von Bewährungs- und Gerichtshife müsste mit den verfassungsrechtlich gewährleisteten Grundrechten vereinbar sein.

---

667 *Weiner* 2001, S.118.

668 *Kulas* 2001, S.71.

669 *Isensee* in *Isensee / Kirchhof* 1987 § 13 Rz.75; *Gamma* 2001, S.57ff.; *Merten* 1975, S.31; *Schulte* DVBl 1995, 130 (130ff.).

670 *Schulte* DVBl 1995, S.130 (132).

671 Vgl. *Fischer* 2001 § 56 d Rn.5; *Koch* 1999, S.37.

672 Selbst wenn man der z.T. vertretenen Auffassung (Nachweise bei *Gamma* 2001, S.62) folgen würde, dass „Gewalt" im Sinne des staatlichen Gewaltmonopols auch als nichtphysische Gewalt bzw. psychischer Zwang zu verstehen sei und Bewährungs- und Gerichtshelfer genau diesen Zwang täglich ausüben würden, so wäre ein Verstoß gegen den Grundsatz des staatlichen Gewaltmonopols keineswegs zwingend. Es besteht nämlich kein lückenloses Ausführungsmonopol des Staates in diesem Bereich. Vielmehr kann nach allgemeiner Ansicht aufgrund einer Beleihung auch einem Privaten das Recht zustehen, anstelle einer Behörde „Gewalt" i.S.d. staatlichen Gewaltmonopols auszuüben (*Kulas* 2001, S.71f.; *Bracher* 1987, S.128).

Sofern die Verwaltung in öffentlich-rechtlicher Form einem Bürger gegenübertritt, ist sie gem. Art. 1 III GG an die Grundrechte gebunden. Private sind hingegen generell nicht an Grundrechte gebunden. Es wird daher häufig ein mit Privatisierungsmaßnahmen einhergehender Grundrechtsverlust befürchtet, wenn Private Bürgern gegenüberstehen.[673]

Fraglich ist, ob der Grundrechtsschutz der Probanden von Bewährungs- und Gerichtshilfe unzulässigerweise eingeschränkt würde, wenn ihnen private Bewährungs- oder Gerichtshelfer gegenüberstünden. Die oben erläuterten Vorschläge für eine Privatisierung der genannten Sozialen Dienste sehen eine Beleihung von Privatpersonen oder freien Trägern vor. Da Beliehene nach allgemeiner Ansicht an die Grundrechte gebunden sind,[674] wäre ein Verstoß gegen die verfassungsrechtlich gewährleisteten Grundrechte nicht zu befürchten.

1.3 Demokratie- und Sozialstaatsprinzip

Fraglich ist, ob eine private Bewährungs- und Gerichtshilfe mit dem Demokratieprinzip einerseits und dem Sozialstaatsprinzip andererseits vereinbar wäre.

Demokratieprinzip

Auch aus dem in Art. 20 I, II sowie Art. 28 I GG verankerten Demokratieprinzip werden Schranken für Privatisierungen abgeleitet.[675]

Das Demokratieprinzip gebietet die Rückführbarkeit allen staatlichen Handelns auf den Willen des Gesetzgebers und letztlich des Volkes.[676] Alle staatlichen Entscheidungen müssen sowohl in personeller als auch in sachlicher Hinsicht demokratisch gerechtfertigt sein. Die Entscheidungskompetenz des jeweiligen Amtswalters muss durch eine ununterbrochene Kette von Berufungsakten auf den Volkswillen zurückzuführen sein. Zudem müssen die Entscheidungsmaßstäbe (i.d.R. die anzuwendenden Normen) eine entsprechende Qualität besitzen.[677] Durch die Verlagerung von Tätigkeiten staatlicher Stellen auf Private könnte jedoch die Gefahr bestehen, dass die notwendige Legitimationskette

---

673 *Kulas* 2001, S.92, *Grabbe* 1979, S.111, *Gromoll* 1982, S.179.

674 *Kulas* 2001, S.92; *Grabbe* 1979, S.112; *von Hagemeister* 1992, S. 140; *Maunz / Dürig / Herzog / Scholz-Dürig* 2001 Art. 1 Rn.107.

675 Vgl. *Kulas* 2001, S.81; *von Hagemeister* 1992, S.160; *Schoch* DVBl 1994, 962 (970); *Seifert / Hömig-Antoni* 1999 Art. 20 Rz.3; *Bonk* JZ 2000, 435 (440).

676 BVerfGE 83, 60 (73); *Kulas* 2001, S.81f.; *von Hagemeister* 1992, S.161; *Weiner* 2001, S.155.

677 BVerfGE 93, 37 (66f.); *Weiner* 2001, 155.

zwischen Volk und Verwaltung durchbrochen würde. Prinzipiell steht der nicht durch eine demokratische Wahl legitimierte Private nämlich außerhalb des durch Wahlakt, die Organisation und Hierarchie der Verwaltung manifestierten allgemeinen Willens.[678]

Im Falle einer Umsetzung der oben unterbreiteten Vorschläge würde eine Privatisierung der Bewährungs- und Gerichtshilfe durch Beleihung erfolgen, bei der nach überwiegend vertretener Ansicht der Vorbehalt des Gesetzes zu beachten wäre.[679] Der der erforderlichen Beleihungsgrundlage innewohnende Willensakt des gesetzgebenden Organs würde jedoch ausreichen, um die geforderte Legitimationskette aufrechtzuerhalten.[680] Für eine generelle Zulässigkeit der Privatisierung von Bewährungs- und Gerichtshilfe müsste eine – bislang noch fehlende – gesetzliche Grundlage geschaffen werden, durch die oder aufgrund derer im Wege der Beleihung Private mit den Aufgaben der genannten Sozialen Dienste betraut werden können. Das Demokratieprinzip reicht jedoch darüber hinaus bis in die Folgen der Privatisierung hinein, denn es bedarf ausreichender Einwirkungs- und Kontrollmöglichkeiten der übergeordneten staatlichen Behörden über die beliehenen Privaten.[681] Derartige Prüfungskompetenzen und Einflussmöglichkeiten sehen die unterbreiteten Vorschläge vor.[682]

Das Demokratieprinzip stünde demnach einer Privatisierung von Bewährungs- und Gerichthilfe nicht entgegen, sofern eine gesetzliche Grundlage für eine Beleihung geschaffen würde.

Sozialstaatsprinzip

Auch auf das in Art. 20 I, 28 I 1 GG verankerte Sozialstaatsprinzip[683] werden Bedenken gegen Privatisierungsmaßnahmen gestützt.[684] Zwar ist die Reichweite des Sozialstaatsprinzips nach wie vor unklar,[685] allgemein anerkannt ist jedoch, dass der Staat aus dem Sozialstaatsprinzip verpflichtet ist, für soziale Gerech-

---

678 *von Hagemeister* 1992, S.161; *Kulas* 2001, S.82; *Gromoll* 1982, S.167.

679 BVerwGE DÖV 1984, 1025 (1025); *Kulas* 2001, S.82f.

680 *Gromoll* 1982, S.168; *Kulas* 2001, S.82f.; *Weiner* 2001, S.157.

681 *Weiner* 2001, S.157; *von Hagemeister* 1992, S.162; *Gromoll* 1982, S.168; *Jarass / Pieroth-Pieroth* 2002 Art. 20 Rn.10.

682 Siehe oben z.B. Kap.7 2.1.1.

683 *Seifert / Hömig-Antoni* 1999 Art. 20 Rz.4; *Weiner* 2001, S.158; *von Hagemeister* 1991, S.157; *Gromoll* 1982, S.203.

684 Vgl. *Kulas* 2001, S.83; vgl. *Tiemann* BayVBl 1976, 261 (267); *von Hagemeister* 1991, S.157.

685 *Seifert / Hömig-Antoni* 1999 Art. 20 Rn.4; *Kulas* 2001, S.83.

tigkeit zu sorgen, schädliche Auswirkungen schrankenloser Freiheit zu verhindern,[686] Leistungen für den Bürger in lebensnotwendigen Bereichen langfristig sicherzustellen[687] und für annähernd gleiche Lebensbedingungen zu sorgen.[688] Dazu gehört auch die staatliche Garantie eines bestimmten Sicherheitsstandards für alle Bürger.[689] Möglicherweise bestünde im Falle einer Privatisierung von Bewährungs- und Gerichtshilfe die Gefahr, dass der Staat sowohl gegenüber den Probanden als auch gegenüber der Allgemeinheit seinen ihm aus dem Sozialstaatsprinzip erwachsenden Verpflichtungen nicht mehr vollumfänglich nachkommen könnte. Denkbar wäre z.B., dass die Privatisierung zu einem generellen Abbau der Betreuungs- und Überwachungsleistungen führen würde. Häufig wird im Rahmen der Privatisierungsdiskussion auch auf die Gefahr eines längeren Streiks der privaten Arbeitnehmer hingewiesen.[690] Im Gegensatz zu den bisher zumeist verbeamteten wären private Bewährungs- und Gerichtshelfer befugt, zur Förderung gemeinsamer Berufsinteressen kollektive wirtschaftliche Kampfmaßnahmen zu ergreifen. Nach ganz überwiegend vertretener Ansicht begründet das Sozialstaatsprinzip jedoch kein generelles Privatisierungsverbot.[691] So wird davon ausgegangen, dass der Bürger aus der Sozialstaatsklausel unmittelbare Rechtsansprüche nur in seltenen Ausnahmefällen ableiten kann[692] und die Klausel auch nicht vorschreibe, ob der Staat den oben genannten Aufgaben durch Übertragung auf Private oder durch Eigenwahrnehmung nachzukommen habe.[693] Vielmehr wird aus dem Sozialstaatsprinzip im Falle einer Privatisierung lediglich eine Garantiepflicht des Staates der Gestalt abgeleitet, dass der Staat ein hohes Qualitätsniveau der übertragenen Aufgaben sicherzustellen habe.[694] So sei es seine Aufgabe, bei einer Privatisierung auf eine vertragliche Absicherung des erwünschten Leistungsstandards zu drängen.[695] Auch treffe ihn eine Selbsteintrittspflicht in Fällen, in denen die privaten Leistungsanbieter eine ausreichende Versorgung nicht mehr herstellen könnten oder

---

686 BVerfGE 5, 85 (206); *von Hagemeister* 1991, S.155; *Weiner* 2001, S.158ff.

687 *von Heimburg* 1982, S.25.

688 *Weiner* 2001, S.159.

689 *Weiner* 2001, S.159.

690 *von Hagemeister* 1991, S.147; *Grabbe* 1979, S.155; *Thiele* GewArch 1980, 105 (107); *Kulas* 2001, S.89.

691 *von Heimburg* 1982, S.25; *Schoch* DVBl 1994, 962 (970); *Kulas* 2001, S.86.

692 BVerfGE 1, 97 (105); 27, 253 (283). Einen der seltenen Ausnahmefälle stellt der Anspruch auf existenzsichernde Sozialhilfe dar (vgl. BVerfGE 40, 121 (133); 82, 60 (85)).

693 *von Heimburg* 1982, S.25.

694 *Kulas* 2001, S.84.

695 *Kulas* 2001, S.86; *von Hagemeister* 1991, S.159; *Tiemann* BayVBl 1997, 261 (267).

wollten, sofern die Erfüllung der übertragenen Aufgaben für ein ordnungsgemäßes Funktionieren des Staatsgefüges unabdingbar sei.[696]

Im Falle einer Umsetzung der oben ausgeführten Vorschläge für eine Privatisierung von Bewährungs- und Gerichtshilfe ist dem Staat eine Erfüllung der Verpflichtungen aus dem Sozialstaatsprinzip ohne weiteres möglich. Der geforderte gleichbleibende Leistungsstandard kann durch die vorgesehenen Verträge gewährleistet werden. Der Gefahr eines Selbsteintritts kann von staatlicher Seite durch die vertragliche Festlegung ausreichend langer Kündigungsfristen begegnet werden. Es erschiene zudem sinnvoll, mit den Tarifpartnern die Aufrechterhaltung von Notdiensten während eines möglicherweise notwendigen Arbeitskampfes zu vereinbaren.[697]

Das Sozialstaatsprinzip steht somit einer Privatisierung von Bewährungs- und Gerichtshilfe nicht entgegen.

1.4 Art. 33 IV GG

Die Privatisierung von Bewährungs- und Gerichtshilfe müsste mit Art. 33 IV GG vereinbar sein. Danach ist „die Ausübung hoheitsrechtlicher Befugnisse [...] als ständige Aufgabe in der Regel Angehörigen des öffentlichen Dienstes übertragen, die in einem öffentlich-rechtlichen Dienst- und Treueverhältnis stehen". Fraglich ist zunächst, ob Bewährungs- und Gerichtshelfer hoheitsrechtliche Befugnisse wahrnehmen.

1.4.1 Hoheitsrechtliche Befugnisse

Die Auslegung des Begriffs „hoheitsrechtliche Befugnisse" ist umstritten.[698] Zu seiner Bestimmung werden im wesentlichen drei unterschiedliche Auffassungen vertreten.[699]

---

696 *Kulas* 2001, S.88.

697 vgl. insofern auch *Kulas* 2001, S.89.

698 *Sachs-Battis* 1999 Art. 33 Rn.55; *Dreier-Lübbe-Wolff* 1998 Art. 33 Rn.57; *von Münch / Kunig-Kunig* 2001 Art. 33 Rn.47.

699 *Bracher* 1987, S.68; vgl. *Dreier-Lübbe-Wolff* 1998 Art. 33 Rn.57; *Isensee* in *Benda* 1995, § 32 Rn.56.

1.4.1.1 Enge Interpretation

Die Vertreter einer engen Interpretation sind der Auffassung, dass hoheitsrechtliche Befugnisse nur im Rahmen einer Eingriffsverwaltung ausgeübt werden, d.h. wenn der Staat mit Befehl und Zwang tätig wird.[700] Sie berufen sich insbesondere auf die Entstehungsgeschichte des Art. 33 IV GG. So sei es gerade nicht Zweck des Funktionsvorbehaltes gewesen, einen extensiven Verbeamtungszwang auszulösen. Vielmehr habe im Parlamentarischen Rat ein parteiübergreifender Konsens dahingehend bestanden, dass eine – im Vergleich zum Bisherigen – restriktive Verbeamtungspraxis anzustreben sei.[701]

Fraglich ist, ob die Tätigkeiten der Bewährungshilfe einerseits und der Gerichtshilfe andererseits dem Bereich der Eingriffsverwaltung zuzuordnen sind.

Bewährungshilfe

Wie bereits ausführlich dargestellt,[702] werden die Bewährungshelfer sowohl kontrollierend als auch betreuend tätig.[703] Sie überwachen die Einhaltung der vom Gericht erteilten Auflagen, Weisungen, Anerbieten und Zusagen durch den Probanden und melden gröbliche Verstöße dem zuständigen Richter. Gleichzeitig stehen sie dem Probanden helfend zur Seite. Zwar haben sie im Bereich des Erwachsenenstrafrechts keine eigenen Anweisungs- und direkten Zwangsrechte[704], dennoch sprechen aus Sicht der Verfasserin verschiedene Argumente dafür, dass die Bewährungshilfe hoheitsrechtliche Befugnisse im Sinne der engen Interpretation wahrnimmt.

Möglicherweise ist die Tätigkeit der Bewährungshelfer der Eingriffsverwaltung zuzuordnen, weil die Sozialarbeiter permanent persönliche Informationen über

---

700 AK-Schuppert 1989 Art. 33 IV, V Rn.37; *Di Fabio* JZ 1999, 585 (591); *Jung* 1971, S.192; *Thieme* in *Forsthoff* 1973, S.303 (354); *Leitges* 1998, S.261.

701 Vgl. *Dreier-Lübbe-Wolff* 1998 Art. 33 Rn.58; AK-Schuppert 1989 Art. 33 IV, V Rn.25; *Sachs-Battis* 1999 Art. 33 Rn.55. Laut *Gramm* 2001, S.367 wird die enge Interpretation des Begriffs „hoheitsrechtliche Befugnisse" neuerdings durch die europarechtlich inspirierte Auslegung des Art. 33 IV GG im Lichte des Art. 48 IV EGV in Verbindung mit § 4 II BRRG, § 7 II BBG verstärkt. Danach wird die Einbeziehung von Privaten in die staatliche Aufgabenerfüllung in anderen Aufgabenbereichen von vornherein nicht vom Normbereich des Art. 33 IV GG erfasst.

702 Siehe oben Kap.3 1.2 und 3.2.

703 Im Rahmen von Kap.9 1.4 wird lediglich die Vereinbarkeit der Übertragung der üblichen Aufgaben von Bewährungs- und Gerichtshilfe auf Private mit Art. 33 IV GG untersucht. Zur Übertragung von Aufsichtsbefugnissen über Restbeamte auf Private s.o. Kap.8 3.

704 Vgl. dagegen im Jugendstrafrecht § 24 II 4, 5 JGG.

ihre Probanden sammeln und ggf. auch an das Gericht weiterleiten. Das aus Art. 2 II i.V.m. Art. 1 I GG abgeleitete Recht auf informationelle Selbstbestimmung schützt die „Befugnis des einzelnen, grundsätzlich selbst zu entscheiden, wann und innerhalb welcher Grenzen persönliche Lebenssachverhalte offenbart werden“[705]. Zu den geschützten Daten gehören Akten und Informationen einer Suchtberatungsstelle[706] oder eines Sozialarbeiters[707] sowie Daten über die seelische Verfassung und den Charakter[708] oder über persönliche wirtschaftliche Verhältnisse.[709] Erhebung, Speicherung, Verwendung und Weitergabe personenbezogener Daten stellen Eingriffe in das Recht auf informationelle Selbstbestimmung dar.[710] Aufgabe der Bewährungshelfer ist es u.a., kontinuierlich Erkenntnisse über den Charakter und die persönliche Lebenssituation ihrer Probanden zu gewinnen, festzuhalten und ggf. an den zuständigen Richter weiterzuleiten. Die Tätigkeiten der Bewährungshilfe stellen somit Eingriffe in das Recht auf informationelle Selbstbestimmung dar[711] und sind daher auch nach der engen Interpretation als Ausübung hoheitsrechtlicher Befugnisse zu betrachten.

Darüber hinaus könnten insbesondere die Überwachungsmaßnahmen der Bewährungshelfer als solche mit Eingriffscharakter zu werten sein. Zwar werden die Bewährungshelfer nicht mit Befehl und direktem Zwang tätig, dennoch ist ihre Machtposition gegenüber den Probanden vergleichbar groß. Auch wenn sie ihre Probanden weder zur Mitarbeit noch zur Einhaltung von Weisungen und Auflagen direkt zwingen können, so vermögen sie doch alle Gegebenheiten an den zuständigen Richter weiterzumelden. Von ihrer Reaktion hängt oftmals nicht nur das „ob“ einer Reaktion des zuständigen Gerichts, sondern auch das „wie“ ab. Verweigert ein Proband beharrlich die Zusammenarbeit mit seinem Bewährungshelfer und verstößt gegen etwaige Auflagen und Weisungen, so hängt ein Bewährungshilfewiderruf maßgeblich von der Stellungnahme des Bewährungshelfers ab. Aus Sicht der Verfasserin üben die Bewährungshelfer indirekten Zwang über ihre Probanden aus und greifen dadurch in deren Rechts-

---

705 BVerfGE 65, 1 (41f.); 80, 367 (373).

706 BVerfGE 44, 353 (372); *Jarass / Pieroth-Jarass* 2002 Art. 2 Rn.33.

707 BVerfGE 33, 367 (374f.); *Jarass / Pieroth-Jarass* 2002 Art. 2 Rn.33.

708 BVerfGE 89, 69 (82); *Jarass / Pieroth-Jarass* 2002 Art. 2 Rn.33; *Schmidt-Bleibtreu / Klein-Kannengießer* 1999 Art. 2 Rn.2c.

709 BVerfGE 77, 121 (125); *Jarass / Pieroth-Jarass* 2002 Art. 2 Rn.33.

710 BVerfGE 65,1 (43); 84, 239 (279); BVerwGE 84, 375 (378); *Jarass / Pieroth-Jarass* 2002 Art. 2 Rn.40.

711 So auch im Rahmen der Länderumfrage die Stellungnahmen des Saarlands vom 20.9.2000 und Bayerns vom 31.10.2000.

und Freiheitssphäre ein.[712] Auch aus diesem Grund üben die Bewährungshelfer hoheitsrechtliche Befugnisse im Sinne der engen Interpretation aus.[713]

Gerichtshilfe

Fraglich ist, ob auch die Gerichtshilfe nach der engen Interpretation hoheitsrechtliche Befugnisse ausübt. Gerichtshelfer üben – wie oben[714] ausgeführt – sehr unterschiedliche Aufgaben aus. Zum einen ermitteln sie im Auftrag von Gericht oder Staatsanwaltschaft Persönlichkeit und Umfeld der Straftäter. Zu diesem Zweck sammeln sie in umfangreichem Maße persönliche Daten über ihre Probanden und leiten sie in Form von Berichten an ihre Auftraggeber weiter. Auch sie greifen damit in das Recht des Straftäters auf informationelle Selbstbestimmung ein. Wie die Bewährungshelfer, haben die Gerichtshelfer keine Befehls- oder direkten Zwangsrechte. Sollte ein Straftäter jedoch die Zusammenarbeit mit einem Gerichtshelfer verweigern oder einen besonders negativen Eindruck hinterlassen, so meldet der Gerichtshelfer dies an seine justitiellen Auftraggeber weiter und nimmt großen Einfluss auf deren Entscheidung. Im Aufgabenbereich der Ermittlungs- und Berichtstätigkeit üben die Gerichts-

---

712 Vgl. so auch die Stellungnahme Baden-Württembergs vom 13.4.2000. Gestützt auf das Argument, dass das Bewährungshilfeverhältnis zwangsweise zustande gekommen sei, gehen einige Länder (Baden-Württemberg und Rheinland-Pfalz) noch weiter und neigen dazu, alle Tätigkeiten der Bewährungshilfe als hoheitlich zu qualifizieren.
Auch im Bereich des Strafvollzugs geht man z.T. von der Möglichkeit der Ausübung indirekten Zwangs aus (*Kaiser / Kerner / Schöch* 1992 § 5 Rn.34; *Schwind / Böhm-Böhm* 1999 § 4 Rn.8). Gem. § 4 I 1 StVollzG wirkt der Gefangene an der Gestaltung seiner Behandlung und an der Erreichung des Vollzugsziels mit. Eine – wenn auch vorsichtige – Berücksichtigung der Mitwirkungsbereitschaft des Gefangenen an seiner Behandlung im Rahmen der Entscheidungen über Lockerungen, Urlaub (§§ 11, 13 StVollzG) oder eine vorzeitige Entlassung (§ 57 StGB) vermag diesen unter einen nicht unerheblichen Druck zu setzen (so auch *Laubenthal* 1998 Rn.216).

713 Selbst wenn man davon ausgeht, dass Bewährungshelfer lediglich im Rahmen ihrer überwachenden Tätigkeit hoheitsrechtliche Befugnisse wahrnehmen und ihre Aufgaben daher als Mischaufgaben (teils hoheitsrechtlich – teils nicht hoheitsrechtlich) zu qualifizieren sind, ist die Einschlägigkeit von Art. 33 IV GG zu bejahen. Im Parlamentarischen Rat war man sich darüber einig, dass ein Verbeamtungszwang für Mischfunktionen (z.B. Fürsorgerinnen) vermieden werden sollte. (*Weiner* 2001, S.164f.) Die Verbeamtung der Fürsorgerinnen sollte jedoch dem großzügig interpretierten Ausnahmevorbehalt unterfallen und damit ins politische Ermessen gestellt sein. (*Weiner* 2001 ebenda; *Dreier-Lübbe-Wolff* 1998 Art. 33 Rn.59).

714 Siehe oben Kap.3 1.1 und Kap.3 3.2.

helfer somit aus Sicht der Verfasserin indirekten Zwang und damit hoheitsrechtliche Befugnisse im Sinne der engen Interpretation aus.

Darüber hinaus wird die Gerichtshilfe in zunehmendem Maße auch im Bereich der Vermittlung und Betreuung gemeinnütziger Arbeit sowie der Durchführung von Täter-Opfer-Ausgleichen tätig. In beiden Bereichen sammeln die Gerichtshelfer ebenfalls, wenn auch in geringerem Umfang als im Rahmen der Ermittlungs- und Berichtstätigkeit, sensible Daten über die Person des Straftäters, sei es, um ihm eine ihm angemessene Beschäftigungsstelle zuzuweisen oder um zu einem Gelingen des TOA beizutragen. Ein Eingriff in das Recht aus Art. 2 II i.V.m. Art. 1 I GG ist somit auch dort zu bejahen.

Im Bereich der GA obliegt dem Gerichtshelfer neben der Vermittlung einer Beschäftigungsstelle auch die Überwachung der GA sowie die Einleitung von Maßnahmen bei Arbeitsstörungen. Letztere können im ungünstigsten Fall dahingehen, dass der Gerichtshelfer die Verbüßung der Ersatzfreiheitsstrafe anregt. In jedem Fall erfolgt eine Rückmeldung an den justitiellen Auftraggeber. Aus Sicht der Verfasserin ist der Proband daher in seinem Verhalten gegenüber dem Gerichtshelfer nicht frei, er wird zumindest indirekt zu einem adäquaten Verhalten gezwungen.

Im Bereich des TOA wird zwar allgemein anerkannt, dass ein Ausgleich gegen den Willen des Täters nicht möglich ist[715] und er somit nicht direkt vom Gerichtshelfer zur Mitarbeit gezwungen werden kann. Da der Gerichtshelfer das Ergebnis der Vermittlungsgespräche und gegebenenfalls die Einhaltung getroffener Vereinbarungen an den Auftraggeber mitteilt, ist der Proband in seinem Verhalten gegenüber dem Gerichtshelfer angesichts andernfalls zu befürchtender negativer Konsequenzen nicht frei. Auch hier wird seitens der Gerichtshelfer indirekter Zwang ausgeübt.

In allen Hauptaufgabengebieten üben die Gerichtshelfer aus Sicht der Verfasserin somit hoheitsrechtliche Befugnisse im Sinne der engen Interpretation aus.[716]

---

715 Vgl. *Pfeiffer* 1999 § 153 a Rn.3; No 4 der Richtlinie für den Täter-Opfer-Ausgleich im allgemeinen Strafrecht, Gem. RdErl. d. MJ u. d. MI v. 10.3.2000.

716 Im Falle einer Qualifizierung der Aufgaben der Gerichtshelfer als Mischaufgaben gilt das oben (Fn.713) Gesagte.

1.4.1.2 Mittlere und weite Interpretation

Mittlere Interpretation

Da die Eingriffsverwaltung im Rahmen der gesamten staatlichen Tätigkeit in zunehmendem Maße von anderen Bereichen (z.B. Daseinsvorsorge und Subventionen) verdrängt wird[717] und die Vorenthaltung einer Leistung eine dem klassischen Eingriff vergleichbare Grundrechtsbeeinträchtigung darstellen kann,[718] wollen Vertreter der wohl herrschenden mittleren Auffassung den Begriff der hoheitsrechtlichen Befugnisse dynamisch interpretiert wissen. Nicht nur im Bereich der Eingriffsverwaltung sondern auch im Bereich der grundrechtsgleichen Leistungsverwaltung würden hoheitsrechtliche Befugnisse ausgeübt.[719]

Da die Tätigkeit der Bewährungs- und Gerichtshelfer – wie soeben[720] erläutert – der Eingriffsverwaltung zuzuordnen ist, üben Bewährungs- und Gerichtshelfer auch nach der mittleren Interpretation hoheitsrechtliche Befugnisse aus. Eine Ausweitung hoheitsrechtlicher Befugnisse auf den Bereich der Leistungsverwaltung ändert nichts an dem bisher festgestellten Ergebnis.

Vertritt man die Ansicht, dass jedenfalls die rein betreuende Tätigkeit der Bewährungs- und Gerichtshelfer nicht der Eingriffsverwaltung zuzuordnen ist, so ließe sie sich möglicherweise der grundrechtsrelevanten Leistungsverwaltung zuordnen. Bewährungs- und Gerichtshelfer würden dann im Bereich des aus Art. 2 I i.V.m. Art. 1 GG abgeleiteten Rechts auf Resozialisierung[721] tätig. Nach der mittleren Interpretation wäre das Merkmal der hoheitsrechtlichen Befugnisse zu bejahen ohne dass es eines Rückgriffs auf den Willen des Gesetzgebers bedürfte.

---

717 *Maunz / Dürig / Herzog / Scholz-Maunz* 2001 Art. 33 Rn.33.

718 *von Münch / Kunig-Kunig* 2001 Art. 33 Rn.48.

719 *Maunz / Dürig / Herzog / Scholz-Maunz* 2001 ebenda; *Grabbe* 1979, S.54; *Jarass / Pieroth-Pieroth* 2002 Art. 33 Rn.30; *Dreier-Lübbe-Wolff* 1998 Art. 33 Rn.59; *von Münch / Kunig-Kunig* 2001 Art. 33 Rn.48.

720 Kap.9 1.4.1.1.

721 Vgl. zum Recht auf Resozialisierung *Schmidt-Bleibtreu / Klein-Kannengießer* 1999 Art. 2 Rn.8; *Jarass / Pieroth-Jarass* 2002 Art. 2 Rn.53; BVerfGE 35, 202 (235ff.); BVerfG NJW 1998, 1133 (1133ff.).

Weite Interpretation

Weiter noch als die Vertreter der wohl herrschenden Ansicht gehen die Anhänger einer dritten Meinung,[722] indem sie generell die Erfüllung öffentlicher Aufgaben – auch mit Mitteln des Privatrechts – zur Ausübung hoheitsrechtlicher Befugnisse zählen.[723] Sowohl die Aufgaben der Bewährungs- als auch der Gerichtshilfe sind der Strafvollstreckung zuzuordnen. Da diese unstreitig eine öffentliche Aufgabe darstellt, üben Bewährungs- und Gerichtshelfer auch nach der weiten Interpretation hoheitsrechtliche Befugnisse aus.

1.4.2 Ständige Aufgabe

Private Bewährungs- und Gerichtshelfer müssten hoheitsrechtliche Befugnisse als „ständige Aufgaben" wahrnehmen. Eine Übertragung erfolgt als „ständige Aufgabe", wenn ein Bediensteter nicht nur vorläufig, sondern unbefristet oder für eine längere Frist mit der Wahrnehmung einer Aufgabe betraut ist.[724] Kurzzeitig befristete Übertragungen aus Übergangsgründen bzw. im Vorfeld als endgültig vorgesehener Entscheidungen erfüllen demnach das Kriterium „ständige Aufgabe" nicht.[725] Hinsichtlich einer Übertragung der Aufgaben von Bewährungs- und Gerichtshilfe auf Private muss differenziert werden.

Wie bereits oben[726] erwähnt, würden Private vermutlich zunächst lediglich im Rahmen eines befristeten Modellprojekts mit der Ausübung der genannten hoheitsrechtlichen Befugnisse betraut. Es würde sich um eine Übertragung im Vorfeld einer eventuellen endgültigen Übertragung handeln. In der Modellphase würden private Bewährungs- und Gerichtshelfer hoheitsrechtliche Befugnisse somit noch nicht als „ständige Aufgaben" i.S.d. Art. 33 IV GG übernehmen.

Im Falle einer endgültigen Übertragung würden die Aufgaben von Bewährungs- und Gerichtshilfe grundsätzlich dauerhaft von Privaten wahrgenommen. Zwar würde der Staat möglicherweise befristete Verträge schließen, aber schon im eigenen Interesse lange Vertragslaufzeiten und längere Kündigungsfristen verein-

---

722 *Leisner* 1988, S.52ff.; vgl. *Kirchhof* 1968, S.613; wohl auch *Isensee* in *Benda* 1995 § 32 Rn.57.

723 Zum Teil wird einschränkend eine öffentlich-rechtliche Handlungsform gefordert, vgl. *Rudolf* VVDStL 37 (1979), 175 (202f.).

724 *von Münch / Kunig-Kunig* 2001 Art. 33 Rn.50; vgl. auch *Maunz / Dürig / Herzog / Scholz-Maunz* 2001 Art. 33 Rn.42.

725 *von Münch / Kunig-Kunig* 2001 Art. 33 Rn.50.

726 Siehe oben Kap.7 2.

baren. Demnach würden private Bewährungs- und Gerichtshelfer hoheitsrechtliche Befugnisse als „ständige Aufgaben" i.S.d. Art. 33 IV GG übernehmen.

1.4.3 Regelfall oder zulässige Ausnahme

Im Falle einer Umsetzung der in Kap.7 dargestellten Vorschläge würden die privaten Bewährungs- und Gerichtshelfer hoheitsrechtliche Befugnisse als ständige Aufgaben ausüben. Die ständige Ausübung hoheitsrechtlicher Befugnisse soll jedoch gem. Art. 33 IV GG im Regelfall Angehörigen des öffentlichen Dienstes vorbehalten sein, die in einem öffentlich-rechtlichen Dienst- und Treueverhältnis stehen. Aufgrund des Zusammenhangs mit Art. 33 V GG sind dies nach ganz überwiegend vertretener Ansicht Beamte und weder Angestellte oder Arbeiter des öffentlichen Dienstes noch Beliehene.[727] Nur in besonders begründeten Ausnahmefällen ist ein Abweichen von dieser Regel möglich.

Im Falle einer Privatisierung von Bewährungs- und Gerichtshilfe würden Nichtbeamte mit der ständigen Ausübung hoheitsrechtlicher Befugnisse betraut. Fraglich ist daher, ob die Voraussetzungen für eine Ausnahme von der in Art. 33 IV GG statuierten Regel vorliegen und wie das Regel-Ausnahme-Verhältnis näher bestimmt werden kann. Denkbar ist sowohl eine quantitative als auch eine qualitative Bestimmung. Dass eine quantitative Komponente besteht, ist allgemein anerkannt, denn Art. 33 IV GG fordert, dass die Wahrnehmung hoheitsrechtlicher Befugnisse durch Nichtbeamte insgesamt eine Ausnahmeerscheinung bleibt.[728] Dennoch kann es für die Frage, ob der gebotene Ausnahmecharakter gewahrt ist, nicht allein auf einen zahlenmäßigen Vergleich der überhaupt mit Hoheitsaufgaben befassten Stellen ankommen.[729] Bei einer rein quantitativen Bestimmung bestünde die Gefahr, dass das einschränkende Tatbestandsmerkmal „in der Regel" im Sinne einer bloß statistischen Wahrscheinlichkeit auf eine Art „Lotteriefaktor" der Gestalt verkürzt würde, dass der Bürger lediglich mehrheitlich die Chance hat, dass Beamte hoheitsrechtliche Befugnisse ausüben.[730] Darüber hinaus ist unklar, welche Bezugsgröße für die

---

727 Vgl. BVerwGE 57, 55 (60); *Jarass / Pieroth-Pieroth* 2002 Art. 33 Rn.30, *Schmidt-Bleibtreu / Klein-Brockmeyer* 1999 Art. 33 Rn.10; *Maunz / Dürig / Herzog / Scholz-Maunz* 2001 Art. 33 Rn.39; *Kulas* 2001, S.61.

728 *Bracher* 1987, S.70; *Weiner* 2001, S.164.

729 *Dreier-Lübbe-Wolff* 1998 Art. 33 Rn.62f.; *Gramm* 2001, S.372.

730 *Weiner* 2001, S.165.

maßgebliche Regel ausschlaggebend sein soll[731] und „wie viel Ausnahme die Regel verträgt“[732].

Nach überwiegend vertretener Ansicht stellt Art. 33 IV GG für die Zulässigkeit einer Ausnahme von der Regel qualitative Anforderungen.[733] Zumeist wird nicht ein zwingender Rechtfertigungsgrund im Sinne einer strikten Erforderlichkeit für eine Privatisierung verlangt, sondern das Vorliegen sachlicher Gründe.[734] Solche Gründe können nur den Eigenheiten der privaten Rechtsverhältnisse im Vergleich mit denen des Beamtenstatus' folgen, also insbesondere Einstellung von vornherein nur für eine bestimmte Tätigkeit (und nicht im Grundsatz auf Lebenszeit), Kündbarkeit oder fehlendes Laufbahnprinzip.[735] Darüber hinaus wird als Maßstab für die Zulässigkeit einer Ausnahme das Verhältnismäßigkeitsprinzip im engeren Sinne, also der Grundsatz der Proportionalität genannt. Es müsse die Frage gestellt werden, ob die Vorteile einer Ausübung hoheitsrechtlicher Befugnisse durch Nichtbeamte so gewichtig seien, dass die damit verbundene Einschränkung der statuierten Regel ausnahmsweise hingenommen werden könne.[736] Allein das Vorliegen irgendeines beliebigen Grundes könne keine zulässige Ausnahme begründen.[737] So sei im Einzelfall insbesondere nach der Wahrscheinlichkeit einer bewusst oder versehentlich fehlerhaften Anwendung hoheitsrechtlicher Befugnisse durch Private (z.B. aufgrund ihrer möglichen Interessenbindungen) im Vergleich zur Aufgabenwahrnehmung durch Beamte zu fragen.[738]

Im vorliegenden Fall sprechen zum einen die oben[739] ausführlich abgewogenen sachlichen Gründe für eine Privatisierung. Auch wäre die Gefahr einer fehlerhaften Anwendung hoheitsrechtlicher Befugnisse durch private Bewährungs- und Gerichtshelfer aufgrund ihrer möglicherweise vorhandenen Interessenbindungen nicht deutlich erhöht. Als Eigeninteresse kommt in erster Linie die Si-

731 *Gramm* 2001, S.372 der zu Recht fragt, ob es dafür – eher formal betrachtet – auf die jeweilige organisatorische Einheit ankomme und wenn ja auf welche (Behörde, Körperschaft) oder eher auf den gesamten Aufgabenbereich (Polizei, Schule).

732 Vgl. *Gramm* 2001, S.372, der Prozentzahlen von zehn, dreiunddreißig und neunundvierzig Prozent zur Debatte stellt.

733 *Bracher* 1987, S.70.

734 *Bonk* JZ 2000, 435 (439); *Jarass / Pieroth-Pieroth* 2002 Art. 33 Rn.31; *von Münch / Kunig-Kunig* 2001 Art. 33 Rn.50.

735 *von Münch / Kunig-Kunig* 2001 Art. 33 Rn.50.

736 *Bracher* 1987, S.76; vgl. auch *Jachmann / Strauß* ZBR 1999, 289 (294).

737 *Bracher* 1987, S.76.

738 *Bracher* 1987, S.88.

739 Siehe oben Kap.8.

cherung des eigenen Arbeitsplatzes / Auskommens in Frage und somit u.U. auch die Festigung der Position des Anstellungsträgers. Fehlerhafte Verhaltensweisen privater Bewährungs- und Gerichtshelfer in den Bereichen Umgang mit personenbezogenen Daten und Ausübung indirekten Zwangs,[740] die ihren persönlichen Interessen oder denen ihrer Anstellungsträger besonders nutzen könnten, ohne zugleich auch einen Straftatbestand zu erfüllen,[741] sind kaum vorstellbar. Im übrigen ist zu erwarten, dass die privaten Bewährungs- oder Gerichtshelfer ihren vertraglich vereinbarten Pflichten nachkommen werden, weil sie stärkeren Kontrollen als im bisherigen staatlichen System unterliegen und bei groben Verstößen ihren Arbeitsplatz verlieren könnten.

Eine Privatisierung von Bewährungs- und Gerichtshilfe würde somit eine zulässige Ausnahme von der in Art. 33 IV GG statuierten Regel darstellen und wäre mit Art. 33 IV GG vereinbar.

Eine Umsetzung der in Kap.7 dargelegten Privatisierungsvorschläge ist verfassungsrechtlich zulässig.

2. Einfachgesetzlicher Rahmen

Fraglich ist, ob eine Wahrnehmung der Aufgaben von Bewährungs- und Gerichtshilfe durch Private insbesondere dem im Strafgesetzbuch und in der Strafprozessordnung verankerten Bild dieser Sozialen Dienste entsprechen würde.

2.1 Bewährungshilfe

Die entscheidenden einfachgesetzlichen Vorgaben hinsichtlich der Bewährungshilfe finden sich in den §§ 56 d, e und 57 StGB, in denen insbesondere die Bestellung und Abberufung des Bewährungshelfers sowie seine Pflichten festgelegt sind. Darüber hinaus sind datenschutzrechtliche Bestimmungen in §§ 483, 487 StPO und §§ 9ff. NdsDSchG enthalten. Die Verschwiegenheitspflicht des Bewährungshelfers ist in § 203 StGB geregelt.

740 Wie in Kap.9 1.4.1 erörtert, werden nur dort hoheitsrechtliche Befugnisse ausgeübt.

741 In Betracht käme u.a. eine Strafbarkeit nach §§ 133, 203, 253, 331, 332 StGB.

Bestellung und Abberufung des Bewährungshelfers

Gem. § 56 d IV 1 StGB wird der Bewährungshelfer vom Gericht bestellt. Der Wortlaut des Gesetzes „der Bewährungshelfer“ legt eine namentliche Bestellung nahe.[742]

Fraglich ist, ob eine Bestellungspraxis, wie sie in den oben aufgeführten Vorschlägen[743] vorgesehen ist, mit § 56 d IV 1 StGB vereinbar wäre. Alle drei Vorschläge schließen eine namentliche Bestellung durch das zuständige Gericht nicht aus, sehen jedoch für den Fall einer nicht namentlichen Bestellung eine Ernennung des zuständigen Bewährungshelfers durch eine Koordinierungsstelle und / oder eine zuständige Person innerhalb des freien Trägers vor. Wie bereits erwähnt[744], erfolgt schon heute innerhalb des staatlichen Systems die Bestellung der Bewährungshelfer oftmals nicht namentlich, sondern anhand eines Geschäftsverteilungsplans oder durch den Koordinator. Die im Falle einer Privatisierung der Bewährungshilfe angestrebte Bestellungspraxis würde demnach mit der heute überwiegend für zulässig erachteten weiten Auslegung von § 56 d IV StGB übereinstimmen.

Gem. § 56 e StGB kann das Gericht Entscheidungen nach §§ 56 b bis 56 d nachträglich ändern oder aufheben, d.h. einen Bewährungshelfer auch abberufen. Einem dahingehenden Beschluss hat sich der betreffende Bewährungshelfer – unabhängig davon, ob er staatlich oder privat angestellt ist, – zu fügen.[745]

Pflichten des Bewährungshelfers

Gem. § 56 d III StGB gehört es zu den Pflichten des Bewährungshelfers, dem Probanden gegenüber helfend und betreuend tätig zu werden sowie dem zuständigen Gericht über die Lebensführung des Probanden zu berichten und ihm dessen Verstöße gegen Auflagen, Weisungen, Anerbieten oder Zusagen mitzuteilen. Gem. § 56 d IV 2 StGB hat der Bewährungshelfer etwaigen Anweisungen des Gerichts Folge zu leisten.

Wie schon im Falle einer Abberufung, treffen die genannten Pflichten einen privat angestellten Bewährungshelfer ebenso wie einen staatlich angestellten. Fraglich ist jedoch, ob im Falle einer Umsetzung der oben[746] dargelegten Vor-

742 Vgl. zur namentlichen Bestellung OLG Köln in JR 1991, 473ff. mit Anm. *Horn*.

743 Siehe oben Kap.7 2.1.

744 Siehe oben Kap.3 3.2.

745 Zur Sicherstellung dieser Pflicht siehe sogleich die Ausführungen zu den Pflichten des Bewährungshelfers.

746 Siehe oben Kap.7 2.1.

schläge die Wahrscheinlichkeit einer tatsächlichen Einhaltung der gesetzlichen Vorgaben ebenso hoch wäre wie innerhalb des bisherigen staatlichen Systems.

Würde man freiberuflich tätige Einzelpersonen mit der Wahrnehmung der Bewährungshilfeaufgaben betrauen (Vorschlag A), so würden sie einzeln beliehen und jeweils einen Vertrag mit dem Land schließen. In diesem Vertrag würden sie sich zur gewissenhaften Wahrnehmung der beschriebenen Aufgaben und der Befolgung der richterlichen Anweisungen verpflichten. Eine gröbliche Verletzung dieser Verpflichtungen würde sinnvollerweise vertraglich als Kündigungsgrund festgelegt. Im Falle einer Beleihung eines oder mehrerer freier Träger mit den Aufgaben der Bewährungshilfe (Vorschläge B und C), würden die Träger und nicht die einzelnen Bewährungshelfer Verträge mit dem Land schließen. Eine unmittelbare Verpflichtung der Bewährungshelfer gegenüber dem Land zur gewissenhaften Wahrnehmung ihrer Aufgaben bzw. Befolgung richterlicher Anweisungen bestünde somit nicht. Jedoch würden sich die beliehenen Träger vertraglich verpflichten, im Rahmen ihres Direktionsrechts auf ihre Arbeitnehmer einzuwirken und im Falle gröblicher Verletzungen Abmahnungen oder ggf. auch Kündigungen vorzunehmen.

Aus Sicht der Verfasserin wäre demnach im Falle einer Umsetzung der in Kap.7 2.1 dargelegten Vorschläge die Wahrscheinlichkeit einer tatsächlichen Einhaltung der gesetzlichen Vorgaben ebenso hoch wie innerhalb des bisherigen staatlichen Systems.

Datenschutz

Wie bereits ausgeführt[747] erheben und sammeln Bewährungshelfer sensible Daten ihrer Probanden. Fraglich ist zum einen, auf welche Rechtsgrundlage diese Tätigkeit bisher gestützt wird und zum anderen, ob dadurch auch ein entsprechendes Handeln privater Bewährungshelfer gedeckt wäre.

Eine ausdrückliche Befugnisnorm für die Speicherung, Veränderung und Nutzung personenbezogener Daten in Dateien durch die Bewährungshilfe findet sich in § 483 StPO. Die Übermittlung gespeicherter Daten an die Bewährungshilfe oder von der Bewährungshilfe an zuständige Stellen ist in § 487 StPO geregelt.

---

747 Siehe oben Kap.9 1.4.1.1.

Das Erheben, Speichern, Verändern und Nutzen nicht in Dateien gespeicherter Daten ist hingegen nicht explizit geregelt,[748] ebenso wenig die Übermittlung nicht in Dateien gespeicherter Daten durch oder an die Bewährungshilfe.[749] Bisher wird die Befugnis der Bewährungshelfer daher auf § 56 d StGB i.V.m. §§ 9ff. NdsDSchG gestützt.[750] Im Falle einer Übertragung der Bewährungshilfeaufgaben auf Private könnte das Erheben, Speichern, Verändern, Nutzen und Übermitteln nicht in Dateien gespeicherter persönlicher Daten zumindest übergangsweise auf §§ 56 d StGB, 9ff. NdsDSchG i.V.m. § 2 I 2 NdsDSchG gestützt werden. § 2 I 2 NdsDSchG bestimmt nämlich, dass im Falle einer Übertragung von Aufgaben der öffentlichen Verwaltung auf eine Person oder Stelle außerhalb des öffentlichen Bereichs diese „öffentliche Stelle" i.S.d. NdsSchG ist.[751]

Fraglich ist, ob die Speicherung, Veränderung, Nutzung und Übermittlung personenbezogener Daten in Dateien durch private Bewährungshelfer auf §§ 483, 487 StPO gestützt werden kann. Orientiert man sich am Wortlaut der genannten Vorschriften, so ließe sich dies bejahen.[752] Aus Sicht der Verfasserin[753] erscheint es jedoch sinnvoller, hinsichtlich der Auslegung der §§ 483, 487 StPO auf die Ratio und Systematik der Vorschriften abzustellen. Daraus ergibt sich, dass der Gesetzgeber von einer staatlichen Bewährungshilfestelle ausging. Die Speicherung, Veränderung, Nutzung und Übermittlung personenbezogener Daten in

---

748 Vgl. dazu kritisch den *Nds. Beauftragten für den Datenschutz* in Nr. 27.1 seines Tätigkeitsberichts 1997 / 1998 (http://www.lfd.niedersachsen.de/wir/wir5.html (Stand: 22.3.2002)).

Entgegen der in den Ländergutachten z.T. vertretenen Ansicht lässt sich eine Datenübermittlung an die Bewährungshilfe auch nicht pauschal auf §§ 479 II, 474 II StPO stützen, da dort die Übermittlung für verfahrensexterne Zwecke und nicht an am Verfahren mitwirkende Stellen geregelt ist (vgl. *Brodersen* NJW 2000, 2536 (2540); *Pfeiffer* 2001 § 474 Rn.1).

749 Lediglich die Übermittlung personenbezogener Daten seitens der Vollzugsbehörden ist in § 180 IV 1 Nr.1 StVollzG festgeschrieben.

750 Telefonische Auskunft *Buschs* (Referent beim *Niedersächsischen Beauftragten für Datenschutz*) vom 7.11.2001, zustimmend auch *Rublack* (Referentin beim *Schleswig-Holsteinischen Beauftragten für Datenschutz*) in einem Telefonat am 9.11.2001.

751 Die Übermittlung personenbezogener Daten von Vollzugsbehörden an private Bewährungshelfer ließe sich auf §§ 180 IV 1 Nr.1, 187 S.1 i.V.m. § 2 IV 2 BDSG stützen.

752 Es wird lediglich pauschal die Bewährungshilfe genannt, theoretisch fällt darunter eine private ebenso wie eine staatliche.

753 Auffassung telefonisch bestätigt durch *Busch* (Referent bei *Niedersächsischen Beauftragten für Datenschutz*) vom 21.11.2001.

Dateien sollte daher nicht auf §§ 483, 487 StPO sondern ebenfalls auf §§ 56d StGB, 9ff. NdsDSchG i.V.m. § 2 I 2 NdsDSchG gestützt werden.

Der geschilderte Umgang privater Bewährungshelfer mit personenbezogenen Daten ist somit mit den geltenden datenschutzrechtlichen Regelungen vereinbar.

Verschwiegenheit

Der Wahrung des persönlichen Lebens- und Geheimnisbereiches dient die Vorschrift des § 203 StGB. Staatliche Bewährungshelfer können sich als Sozialarbeiter gem. § 203 I Nr. 5 Alt. 1 StGB bzw. als Beamte oder Angestellte des öffentlichen Dienstes gem. § 203 I, II Nr. 1 i.V.m. § 11 I Nr. 2 a oder c StGB strafbar machen, wenn sie Privatgeheimnisse ihrer Probanden offenbaren.

Fraglich ist, ob private Bewährungshelfer in gleichem Maße zur Verschwiegenheit verpflichtet wären. Im Rahmen der oben aufgeführten Privatisierungsvorschläge ist ausschließlich ein Einsatz staatlich anerkannter Sozialarbeiter vorgesehen, die sich ggf. gem. § 203 I Nr. 5 Alt. 1 StGB strafbar machen würden. Darüber hinaus wären sie im Falle einer Beleihung (Vorschlag A) Amtsträger nach § 11 I Nr. 2 c StGB[754] oder (Vorschlag B und C) für den öffentlichen Dienst besonders Verpflichtete gem. § 11 I Nr. 4 StGB und somit gem. § 203 I, II Nr. 1 oder 2 besonders zur Wahrung von Privatgeheimnissen verpflichtet.[755]

Eine Privatisierung der Bewährungshilfe i.S.d. in Kapitel 8 2.1 dargelegten Vorschläge wäre mit den einfachgesetzlichen Vorgaben des StGB, der StPO und des NdsDSchG vereinbar.

2.2 Gerichtshilfe

Einfachgesetzliche Regelungen zur Gerichtshilfe finden sich in den §§ 160 III und 463d StPO sowie in Art. 294 EGStGB.[756] Anders als im Bereich der Be-

---

754 Vgl. *Schönke / Schröder-Eser* 2001 § 11 Rn.21.

755 Aufgrund des Status der privaten Bewährungshelfer als Amtsträger oder für den öffentlichen Dienst besonders Verpflichtete, werden sie darüber hinaus auch durch die Strafandrohungen in § 133 StGB (Verwahrungsbruch), § 331 StGB (Vorteilsnahme), § 332 StGB (Bestechlichkeit) und § 353b (Verletzung des Dienstgeheimnisses) zu einer ordnungsgemäßen Aufgabenwahrnehmung verpflichtet.

756 Hinsichtlich des Datenschutzes und der Verschwiegenheit in §§ 483, 487 StPO und § 203 StGB.

währungshilfe wird die Stellung der Gerichtshilfe dort nicht näher geregelt,[757] vielmehr beschränkt sich die bundesgesetzliche Vorgabe im wesentlichen „auf die Nominierung der bloßen Existenz der Gerichtshilfe, enthält sich aber jeglicher Regelungen zu Organisation und Aufgabenbereichen im einzelnen“[758]. Gem. Art. 294 S.1 EGStGB gehört die Gerichtshilfe zum Geschäftsbereich der Landesjustizverwaltungen. Alle Bundesländer haben daher Vorschriften zu Organisation, Aufgaben und Geschäftsgang der Gerichtshilfe erlassen.[759] In Niedersachsen wird die institutionelle Ausgestaltung und Tätigkeit der Gerichtshilfe auf untergesetzlicher Ebene durch Verordnungen geregelt.[760]

Um zu überprüfen, ob eine private Gerichtshilfe die bisher vorgeschriebenen Gegebenheiten in diesem Bereich völlig verändern würde, wird im Folgenden auch auf untergesetzliche Bestimmungen abgestellt.

Beauftragung der Gerichtshelfer

Gem. §§ 160 III, 463d StPO wird die Gerichtshilfe durch die Staatsanwaltschaft oder das Gericht beauftragt. Gem. § 10 AV d. MJ v. 24.5.1976 kommen als auftraggebende Stellen darüber hinaus Führungsaufsichtsstellen und Stellen, die mit Gnadensachen oder Vergünstigungen nach dem Bundeszentralregistergesetz befasst sind, als Auftraggeber in Betracht. Anders als im Bereich der Bewährungshilfe gibt es im Bereich der Gerichtshilfe keine Hinweise in den entsprechenden einfach- oder untergesetzlichen Vorschriften, die auf eine namentliche Bestellung der Gerichtshelfer hindeuten.[761] Im Falle einer Umsetzung der in Kapitel 8 2.2 unterbreiteten Vorschläge würden sich die Auftraggeber entweder an eine für die Gerichtshilfe zuständige Koordinierungsstelle (Vorschläge D und E) oder an den für die Gerichtshilfe zuständigen freien Träger (Vorschlag F) wenden. Die im Falle einer Privatisierung angestrebte Beauftragungspraxis würde sich demnach nicht maßgeblich von dem bisher untergesetzlich vorgesehenen Procedere unterscheiden.[762]

---

757 Vgl. *Roxin* 1995 § 10 Rn.44; vgl. *Löwe / Rosenberg-Rieß* 1989 § 160 Rn.70.

758 *Block* 1997, S.68f.

759 Vgl. dazu im Einzelnen *Block* 1997, S.69f.

760 Siehe dazu oben ausführlich Kap.3 1.1.

761 Vielmehr sprechen §§ 7 und 8 der AV d. MJ v. 24.5.1976 und Nr.4 des Gem. RdErl. d. MJ u. d. MI v. 10.3.2000 sowie §§ 3 und 6 der Verordnung über die Abwendung der Ersatzfreiheitsstrafe durch freie Arbeit vom 19. April 1996 für eine pauschale Beauftragung der Gerichtshilfe.

762 Dennoch wären im Falle einer Privatisierung der Gerichtshilfe Änderungen der untergesetzlichen Vorschriften notwendig, da diese eindeutig von einer Wahrnehmung der Aufgaben der Gerichtshilfe primär durch staatliche Stellen ausgehen.

Pflichten des Gerichtshelfers

Wie bereits ausgeführt, wird in den §§ 160 III, 463d StPO lediglich festgeschrieben, dass sich Staatsanwaltschaft und Gericht der Gerichtshilfe bedienen können. Einfachgesetzlich ist somit in erster Linie das „ob“ der Aufgabenwahrnehmung der Gerichtshilfe im Arbeitsfeld der täterorientierten Diagnostik und Berichterstattung festgeschrieben. Die Vermittlungs- und Kontrolltätigkeit in den Bereichen gemeinnützige Arbeit und Täter-Opfer-Ausgleich werden hingegen ebenso wenig erwähnt wie die konkreten Pflichten der Gerichtshilfe.

Das „wie“ der Aufgabenwahrnehmung ist untergesetzlich[763] z.B. in den §§ 9 (Aufgaben des Gerichtshelfers), 11 (Arbeitsweise und Gesprächsführung) und 12 (Gerichtshilfebericht) festgelegt. Die Einhaltung dieser untergesetzlich verankerten Rechte und Pflichten würde im Falle einer Privatisierung der Gerichtshilfe durch Verträge zwischen freiberuflich tätigen Einzelpersonen und dem Land (Vorschlag D) oder über die Arbeitsverträge der angestellten Gerichtshelfer verbunden mit dem Direktionsrecht ihrer Arbeitgeber (Vorschläge E und F) sichergestellt.

Datenschutz

Auch die Gerichtshelfer sammeln im Rahmen der Wahrnehmung ihrer verschiedenen Aufgaben personenbezogene Daten ihrer Probanden. Wie im Bereich der Bewährungshilfe, ist die Speicherung, Veränderung und Nutzung personenbezogener Daten in Dateien in § 483 StPO sowie die Übermittlung gespeicherter Daten in § 487 StPO geregelt. Das Erheben, Speichern, Verändern und Nutzen nicht in Dateien gespeicherter Daten ist lediglich für den Aufgabenbereich des TOA in § 155 b StPO geregelt, eine explizite Befugnisnorm für die anderen Aufgabenbereiche der Gerichtshilfe fehlt. Die Arbeit mit personenbezogenen Daten im Rahmen der Ermittlungstätigkeit und der GA wird daher auf § 160 III StPO i.V.m. §§ 9ff. NdsDSchG bzw. § 463 d StPO i.V.m. §§ 9ff. NdsDSchG gestützt.[764]

Im Falle einer Privatisierung der Gerichtshilfe ließe sich das Erheben, Speichern, Verändern und Nutzen nicht in Dateien gespeicherter personenbezogener Daten für den Aufgabenbereich des TOA auf § 155 b StPO[765] und für die weite-

763 Vgl. AV d. MJ v. 24.5.1976.

764 Vgl. auch *Nds. MJ* 2001, S.13; sowie telefonische Auskünfte *Buschs* vom 7.11.2001 und *Rublacks* vom 9.11.2001.

765 Durch § 155 b StPO ist auch der Umgang nicht öffentlicher Stellen mit in Dateien gespeicherten personenbezogenen Daten gedeckt.

ren Aufgabenbereiche auf §§ 160 III oder 463 d StPO, 9ff. NdsDSchG i.V.m. § 2 I 2 NdsDSchG stützen.[766]

Aus den oben[767] genannten Gründen sollte die Speicherung, Veränderung, Nutzung und Übermittlung personenbezogener Daten in Dateien durch private Gerichtshelfer nicht auf §§ 483, 487 StPO gestützt werden. Als Rechtsgrundlage kommen vielmehr zumindest übergangsweise §§ 160 III bzw. 463 d StPO i.V.m. §§ 9 ff. NdsDSchG in Betracht.

Der geschilderte Umgang privater Gerichtshelfer mit personenbezogenen Daten ist somit mit den geltenden datenschutzrechtlichen Vorschriften vereinbar.

Verschwiegenheit

Staatliche Gerichtshelfer unterliegen als Sozialarbeiter bzw. Beamte oder Angestellte des öffentlichen Dienstes ebenfalls der Strafandrohung des § 203 StGB. Private Gerichtshelfer wären wie private Bewährungshelfer zur Verschwiegenheit verpflichtet. Ein Unterschied zur momentanen Verschwiegenheitspflicht bestünde nicht.

Eine Privatisierung der Gerichtshilfe i.S.d. in Kapitel 8 2.2 dargelegten Vorschläge wäre demnach ebenfalls mit den einfachgesetzlichen Vorgaben der StPO, des StGB, des NdsDSchG sowie auch mit den sich aus den untergesetzlichen Vorschriften ergebenden Grundsätzen vereinbar.

3. Exkurs: Übergangslösung für Restbeamte[768]

Trotz der oben[769] beschriebenen Pensionierungswelle ist davon auszugehen, dass im Falle einer Privatisierung ein großer Stab beamteter Bewährungs- und Gerichtshelfer vorhanden wäre. Da es nicht nur sinnvoll, sondern unerlässlich ist, ihren Sachverstand in der Übergangs- und Anfangsphase zu nutzen,[770] stellt

---

766 Vgl. auch dahingehende Aussagen *Buschs* und *Rublacks*.

767 Kap.9 2.1.

768 Im Folgenden sollen lediglich knapp und überblicksartig einige Übergangslösungen dargestellt werden. Eine detailliertere Vertiefung würde an dieser Stelle zu weit führen.

769 Siehe Kap.3 3.1.

770 Eine neu organisierte private Bewährungs- / Gerichtshilfe, in der fast ausschließlich Sozialarbeiter ohne Berufserfahrung in diesem speziellen Bereich tätig würden, wäre aus Sicht der Verfasserin von Beginn an zum Scheitern verurteilt. Versetzungen der Beamten in andere staatliche Bereiche wie etwa das Jugend- oder Sozialamt, in denen ebenfalls Sozialarbeiter tätig sind, sollten daher nur in Ausnahmefällen erfolgen.

sich die Frage, auf welcher rechtlichen Grundlage ihr freiwilliger oder zwangsweiser Einsatz in einem privaten System erfolgen könnte.

Sollten bisher beamtete Bewährungs- oder Gerichtshelfer freiwillig aus dem staatlichen in das private System wechseln wollen, so dürfte dies ohne größere Probleme möglich sein.

Ist eine vorübergehende Tätigkeit des Beamten im privaten System geplant, so kommt eine Beurlaubung in Betracht. Voraussetzungen dafür sind ein entsprechender Antrag des Beamten, ein wichtiger Grund und das Fehlen entgegenstehender dienstlicher Gründe.[771] Eine Beurlaubung von Beamten mit dem Ziel, dass sie ihre Tätigkeit bei einer privaten Gesellschaft ausüben, richtet sich nach der jeweiligen Sonderurlaubsverordnung des Landes.[772]

Erklärt sich der Beamte hingegen zu einem endgültigen Wechsel vom staatlichen zum privaten System bereit, so kommt eine Entlassung aus dem Beamtenverhältnis nach § 23 I Nr. 3 BRRG in Betracht. Voraussetzung ist ein entsprechender Antrag des Beamten. Beweggründe für einen derartigen Schritt würden vermutlich neben einer grundsätzlichen Überzeugung von den Vorzügen eines privaten Systems finanzielle Anreize sein.[773]

Problematischer dürfte es hingegen sein, beamtete Bewährungs- / Gerichtshelfer zu einer Arbeit bei einem freien Träger zu zwingen.

Als Rechtsgrundlage für eine zwangsweise Überleitung der Beamten zu einem freien Träger kommt § 123 a II BRRG in Betracht.[774] Danach kann dem Beamten einer Dienststelle, die ganz oder teilweise in eine privatrechtlich organisierte Einrichtung der öffentlichen Hand umgebildet wird, auch ohne seine Zustimmung eine seinem Amt entsprechende Tätigkeit bei dieser Einrichtung zugewiesen werden, wenn dringende öffentliche Interessen dies erfordern. Im Falle einer Privatisierung würden an die Stelle der staatlichen Bewährungs- und Gerichtshilfebüros private Träger treten. Sehr fraglich ist, ob es sich bei diesen freien Trägern um „privatrechtlich organisierte Einrichtungen der öffentlichen Hand" i.S.v. § 123 a II BRRG handelt, denn seit dem Gesetzgebungsverfahren des BRRG geht man davon aus, dass es sich um privatrechtlich organisierte

---

771 Vgl. *Blanke / Sterzel* 1999, S.77ff.

772 Vgl. *Blanke / Sterzel* 1999, S.78.

773 In Österreich lohnte sich Mitte der neunziger Jahre ein Ausscheiden aus dem staatlichen System und ein Einstieg in den *VBSA* für die unter 40jährigen Beamten. (mündliche Auskunft *Kaufmanns* und *Rosenbergs* (*VBSA*) vom 17. / 18.9.2001).

774 Eine Rechtsgrundlage für eine zwangsweise Überleitung der Beamten in die freiberufliche Tätigkeit (s.o. Vorschläge A und D) ist bisher nicht ersichtlich.

Unternehmen (z.B. GmbH, AG) handelt, an denen die öffentliche Hand zumindest eine Mehrheitsbeteiligung halten muss, um auch weiterhin einen bestimmten Einfluss gelten machen zu können.[775] Im Falle einer Umsetzung der in Kap.7 dargelegten Vorschläge würde es sich bei den privaten Trägern zum einen nicht zwingend um Unternehmen handeln, zum anderen wäre die öffentliche Hand niemals direkt beteiligt.[776] Das skizzierte Problem lässt sich aus Sicht der Verfasserin auf zwei Weisen lösen: entweder hält man § 123 a II BRRG trotz der dargelegten Schwierigkeiten für einschlägig und argumentiert, dass der große finanzielle und organisatorische Einfluss, den der Staat im Falle einer Privatisierung von Bewährungs- und Gerichtshilfe hätte, einer Mehrheitsbeteiligung faktisch gleichstünde, oder man ändert den Wortlaut des § 123 a BRRG und bezieht die Zuweisung zu Trägern ohne Mehrheitsbeteiligung der öffentlichen Hand ausdrücklich mit ein. Im Hinblick auf die – unabhängig von dem vorliegend behandelten Problem – geäußerten Bedenken an der verfassungsrechtlichen Zulässigkeit von § 123 a II BRRG,[777] scheint eine nochmalige Auseinandersetzung des Gesetzgebers mit der Frage der Überleitung von Beamten auf Private unerlässlich. Eine Änderung des § 123 a II BRRG aus Klarstellungsgründen sollte in diesem Zusammenhang diskutiert werden. Für eine kurze Übergangszeit ließe sich eine zwangsweise Überleitung möglicherweise auf § 123 a II BRRG stützen, sofern auch die weiteren Voraussetzungen „dringendes öffentliche Interesse" und „amtsgemäße Verwendung" erfüllt wären. Ein dringendes öffentliches Interesse ließe sich im Falle einer Privatisierung der Bewährungs- / Gerichtshilfe mit der Begründung bejahen, dass eine Weiterbeschäftigung bei der privaten Einrichtung im Hinblick auf die Fachkunde der betreffenden Beamten geboten erschiene. Da die beamteten Bewährungs- und Gerichtshelfer bei einem privaten Träger dieselben Aufgaben wahrnehmen würden wie bisher, wäre eine amtsgemäße Verwendung ebenfalls sichergestellt. Eine zwangsweise Überleitung der bisher beamteten Bewährungs- und Gerichtshelfer wäre danach rechtlich möglich. Die Dienst- und Fachaufsicht über die verbleibenden Beamten müsste entweder weiter bei den bisherigen Dienstherrn liegen oder der jeweilige freie Träger würde – wie der *VBSA* in Österreich – mit der Aufgabe der erstinstanzlichen Fach- und

---

775 *Blanke / Sterzel* 1999, S.92f.; *Plog / Wiedow / Beck / Lemhoefer* 2001 § 27 Rn.13; Beschlussempfehlung und Bericht des Innenausschusses zum Entwurf eines Gesetzes zur Änderung des Beamtenrechtsrahmengesetzes BT-Drs. 13/5057, S.64.

776 So ist im Falle der Beauftragung eines Vereins z.B. nicht vorgesehen, dass es „geborene" staatliche Vorstandsmitglieder gäbe.

777 Siehe dazu ausführlich *Blanke / Sterzel* 1999, S.96ff.

Dienstaufsicht beliehen.[778] Im Falle einer Beleihung der freien Träger müsste zumindest eine entsprechende landesrechtliche Rechtsgrundlage geschaffen werden.[779] Aus Sicht der Verfasserin sollten die praktischen Schwierigkeiten eine zwangsweisen Zuweisung jedoch nicht unterschätzt werden. Motivation und Einsatzbereitschaft der Restbeamten dürften unter einer zwangsweisen Zuordnung erheblich leiden. Ein möglicherweise drohender „Dienst nach Vorschrift" ließe insbesondere im Bereich der Betreuung von Probanden schlimme Auswirkungen befürchten.[780]

---

778 Kritisch dazu *Blanke / Sterzel* 1999, S.106ff., die eine Übertragung der Dienstherrenbefugnisse auf private Rechtssubjekte ohne eine zusätzliche ausdrückliche verfassungsrechtliche Absicherung (vgl. Art. 143 b III 2 GG für Postbeamte) für verfassungswidrig halten.

779 Vgl. *Blanke / Sterzel* 1999, S.112f.

780 Dieser Ansicht scheinen auch die Justizministerien der Länder zu sein. Ihren Stellungnahmen in der Länderumfrage ist zu entnehmen, dass sie eine einvernehmliche Lösung mit den beamteten Bewährungshelfern anstreben.

4. Teil: Resümee der Untersuchung

Aufgrund von hohen Fallzahlbelastungen, mangelhafter Ausstattung und ineffektiven Arbeitsstrukturen werden in den Bereichen Bewährungs-, Gerichtshilfe und gemeinnützige Arbeit Neustrukturierungen seit Jahren gefordert. In der vorliegenden Arbeit wird untersucht, ob eine Privatisierung der genannten Sozialen Dienste angesichts der beschriebenen Defizite und in Zukunft vermutlich weiter steigender Fallzahlen sowie anhaltender Sparzwänge empfehlenswert ist. **(Kap. 1)**

Zunächst werden die Termini **Privatisierung** und **Strafvollstreckung** näher erläutert.
Da die in Kap.7 2. unterbreiteten Vorschläge weder auf eine vollständige Verlagerung der Strafvollstreckungsaufgaben auf Private (materielle Privatisierung), noch auf eine bloße Änderung der Organisationsform (formelle Privatisierung) abzielen, lassen sie sich begrifflich der **Vollzugsprivatisierung** zuordnen. Ideologisch wird Privatisierung nicht mit Kommerzialisierung gleichgesetzt, vielmehr liegt ein **partizipatorischer Gedanke** zugrunde.
Der Begriff der Strafvollstreckung wird dahingehend eng verstanden, dass sich die Untersuchung auf ausgewählte ambulante Strafvollstreckungsmaßnahmen gegenüber Erwachsenen beschränkt. Im einzelnen werden die Vollstreckungsaussetzung zur Bewährung, der Täter-Opfer-Ausgleich (TOA) sowie die Möglichkeit der Abwendung der Ersatzfreiheitsstrafe durch gemeinnützige Arbeit (GA) nach Art. 293 EGStGB betrachtet. Es werden auch nicht die Vollstreckungsbehörden im eigentlichen Sinn auf Privatisierungsmöglichkeiten hin untersucht, sondern die **Bewährungs-** und die **Gerichtshilfe**. Des weiteren wird die gegenwärtige und künftige Situation der **Vermittlungs- und Beschäftigungsstellen für GA** und der **Vermittlungsstellen für TOA** beleuchtet.
Die Untersuchung erfolgt in drei Schritten: Zunächst werden anhand einer Darstellung der derzeitigen Situation in den Bereichen Bewährungs-, Gerichtshilfe und GA Anknüpfungspunkte für eine Ausweitung privater Elemente in den genannten Bereichen herausgearbeitet. Anschließend werden, basierend auf den zuvor gewonnenen Erkenntnissen sowie ausländischen, insbesondere österreichischen Erfahrungen, konkrete Vorschläge für eine Ausweitung der privaten Elemente unterbreitet. In einem dritten Schritt werden neben einer Auseinandersetzung mit möglichen Vor- und Nachteilen, die eine Umsetzung der erörterten Vorschläge mit sich bringen könnte, der verfassungsrechtliche- und der einfachgesetzliche Rahmen, innerhalb dessen sich zulässigerweise Veränderungen in Richtung Privatisierung bewegen könnten, dargestellt. **(Kap.2)**

Da eine umfassende Darstellung der unterschiedlichen **rechtlichen und tatsächlichen Situation** in allen sechzehn Bundesländern zu weit führen würde, erfolgt die Bestandsaufnahme exemplarisch anhand der Situation des Landes **Niedersachsen** und im Bereich der GA zusätzlich anhand der Situation des Landes **Mecklenburg-Vorpommern**.
Die Situation der **Gerichtshilfe** ist geprägt durch eine seit Jahren steigende Fallzahlbelastung. Insbesondere die „neuen" Aufgabenfelder der GA und des TOA haben nicht nur zu einer Mehrbelastung geführt, sondern zu einer Verlagerung des Tätigkeitsfelds von der primär ermittelnden zur betreuenden Arbeit. Die personelle, räumliche und technische Ausstattung der Gerichtshilfe hat mit dieser Entwicklung in den vergangenen Jahren nicht Schritt gehalten und führt immer wieder zu **Schwierigkeiten bei der Aufgabenbewältigung**. Gerade im Bereich des TOA wird deutlich, dass dieser auch im Bereich des Erwachsenenstrafrechts nicht notwendigerweise von der staatlichen Gerichtshilfe durchgeführt werden muss, sofern die staatliche Unterstützung der freien TOA-Stellen verbessert würde.
Wie die Gerichtshilfe sind auch die hauptamtlichen **Bewährungshelfer** in Niedersachsen derzeit gezwungen, **sehr viele Probanden** trotz einer nur mäßigen technischen Ausstattung zu versorgen. So fehlen ein einheitliches Datenverarbeitungssystem, Faxgeräte und Internetzugänge, die zu spürbaren Arbeitserleichterungen führen könnten. Besonders **kritisch ist die Lage der ehrenamtlichen Bewährungshelfer**. Ihre Zahl ist seit Jahren rückläufig. Es gibt keine landesweite Vereinigung, innerhalb derer ein Informations- und Gedankenaustausch oder notwendige Fortbildungsmaßnahmen erfolgen.
In **Mecklenburg** hat das Projekt *Ausweg*, in dem **private Vermittlungsstellen** Geldstrafenschuldner in GA vermitteln, die **Situation im Bereich der GA sehr positiv** verändert. Der beschriebene Erfolg ist jedoch nicht allein auf die weitgehende Wahrnehmung der Vermittlungs- und Betreuungsaufgaben durch freie Träger zurückzuführen. Vielmehr ist die dort mögliche flankierende Betreuung problembelasteter Schuldner ebenfalls ausschlaggebend.
In **Niedersachsen** wird die GA bisher **ausschließlich** von **staatlicher Hand** vermittelt. Eine breit angelegte Übertragung der Vermittlung auf freie Träger wie in Mecklenburg-Vorpommern ist in Niedersachsen derzeit nicht geplant. So bedeutet die GA für die zuständige Gerichts- und Bewährungshilfe zusätzliche Arbeit. Immer wieder weisen die Gerichtshelfer darauf hin, dass ihr Klientel zunehmend schwieriger wird und einer zeitaufwendigen Betreuung bedarf, die sie nicht, oder nur unter Vernachlässigung anderer Aufgaben, zu leisten vermögen. **(Kap.3-5)**

Die Systeme einiger **ausgewählter europäischer Staaten** (Belgien, England, Frankreich, Niederlande, Italien) werden einander anhand der Strukturmerkmale Rechtsform, Finanzierung, Organisation / Aufgaben, Zuständigkeit, Auftragserteilung, Kontrolle / Aufsicht, Fallbelastung, Professionalisierung / Ausbildung und kürzliche Veränderungen gegenübergestellt. In der **Mehrzahl der** betrachteten **Länder** ist die der **Strafrechtspflege zugeordnete Sozialarbeit staatlich und allzuständig**. Sie arbeitet in erster Linie mit hauptamtlichen Kräften, die durch ehrenamtliche unterstützt wird. Ein allgemeiner Trend, der wachsenden Aufgabenlast mit einer Privatisierung der Sozialen Dienste zu begegnen, lässt sich in Europa nicht ausmachen. Zwar werden gerade im Bereich alternativer Sanktionen zunehmend freiwillige Helfer eingesetzt. Man versucht aber, innerhalb der bestehenden staatlichen Systeme den veränderten Anforderungen durch die Schaffung klarerer, strafferer Organisationsstrukturen und ggf. durch die Zubilligung von mehr Autonomie der Sozialen Dienste Rechnung zu tragen.

In **Österreich nimmt** der *Verein für Bewährungshilfe und Soziale Arbeit* (*VBSA*) als **Privater die der Strafrechtspflege zugeordnete Sozialarbeit wahr.** Das Verhältnis zwischen der Republik Österreich und dem *VBSA* ist in einem Generalvertrag geregelt. Die gesetzlich Grundlage bildet das BewHG. Hauptfinancier des Vereins ist das Bundesministerium der Justiz als Auftraggeber. Der *VBSA* ist organisatorisch in die vier Fachbereiche Bewährungshilfe, Haftentlassenenhilfe, Außergerichtlicher Tatausgleich und Wohn- und Kriseneinrichtungen gegliedert. Die Fallzahlbelastung der österreichischen Bewährungshelfer ist gesetzlich auf 30 Probanden pro hauptamtlichem Helfer festgelegt. Beim Außergerichtlichen Tatausgleich liegt die Belastung bei ca. 120 Fällen pro Jahr. Die für die Betreuung der Straffälligen zuständigen, hauptamtlichen Mitarbeiter des *VBSA*, sind in erster Linie ausgebildete Sozialarbeiter. Für sie wie auch für die Ehrenamtlichen bietet der Verein zahlreiche Fortbildungsveranstaltungen an. Besonders hervorzuheben ist die enge Zusammenarbeit von Haupt- und Ehrenamtlichen. Da auch in Österreich zunehmend die Wirkung von Dienstleistungen vor der Vergabe finanzieller Mittel kritisch hinterfragt wird, sieht sich der *VBSA* gezwungen, seit dem 1.1.2002 grundlegende organisatorische Veränderungen durchzuführen. Insbesondere auf regionaler Ebene wird die Arbeit der Fachbereiche nicht mehr durch einzelne, getrennte Büros wahrgenommen, vielmehr werden die verschiedenen Einrichtungen im Laufe des Jahres 2002 Österreichweit zu 14 Leistungszentren zusammengefasst werden. Der *VBSA* ist mittlerweile unter dem Namen *NEUSTART* tätig.

Auf die privatisierungsbedingte Konkurrenzsituation zurückzuführen sind die umfangreichen Maßnahmen des *VBSA / NEUSTART* zur Qualitätssicherung: neben einer regelmäßigen intensiven Schulung der haupt- und ehrenamtlichen Mitarbeiter sind dies die Festlegung einer angemessenen Arbeitsbelastung sowie insbesondere die rigorose, extrem flexible Anpassung ganzer Organisationsbereiche an veränderte Rahmenbedingungen und die ständige inhaltliche Auseinandersetzung mit der geleisteten oder noch zu leistenden Arbeit. Andererseits wird zu Recht auf bestehende Dienstleistungslücken in Österreich, etwa im Bereich der Erwachsenengerichtshilfe hingewiesen. Bevor vorschnell, aufgrund der beschriebenen Vorteile des österreichischen Systems für eine Einführung privater Aufgabenwahrnehmung auch in Deutschland plädiert wird, sollten die grundlegenden Unterschiede zwischen Deutschland und Österreich beachtet werden: Österreich ist viel kleiner und die positiven österreichischen Erfahrungen sind vermutlich auch auf die Überschaubarkeit des dortigen Systems zurückzuführen. Auch stehen bei den deutschen Bewährungshelfern – anders als bei ihren österreichischen Kollegen – neben betreuenden auch kontrollierende Aufgaben gleichberechtigt auf der Tagesordnung. (**Kap.6**)

Die seit Jahren schwierige Situation der deutschen Bewährungs- und Gerichtshilfe hat zu **anhaltenden Diskussionen über Reformen in den Sozialen Diensten der Justiz** geführt. Die **bisher unterbreiteten Vorschläge** zielen in erster Linie auf **Neuerungen innerhalb des staatlichen Systems** ab. Trotz der besonderen historischen Tradition privater Straffälligenhilfe, wurde eine Privatisierung der Sozialen Dienste in der Justiz bisher nur vereinzelt angedacht. Zum einen wurde die Übertragung der Aufgaben von Bewährungs- und Gerichtshilfe auf einen (neu zu gründenden) bundesweit tätigen freien Träger (Verein), zum anderen – unter dem Stichwort Kommerzialisierung – die Übertragung der Aufgaben der Bewährungshelfer auf selbständige Sozialarbeiter angeregt. Erst im Jahr 2000 befasste sich das *Justizministerium Baden-Württemberg* ausführlich mit der Frage der rechtlichen Zulässigkeit und Zweckmäßigkeit einer Privatisierung speziell der Bewährungshilfe und führte zu diesem Zweck eine Länderumfrage durch. Den Reaktionen der verschiedenen Bundesländer lässt sich entnehmen, dass zwar die rechtliche Zulässigkeit einer Privatisierung der Bewährungshilfe überwiegend bejaht wird, nicht aber deren Zweckmäßigkeit. Momentan scheint kein Bundesland außer Baden-Württemberg eine Privatisierung der Bewährungshilfe näher in Erwägung zu ziehen. Im Bereich der GA nach Art. 293 EGStGB werden z. Zt. neben der Einführung der GA als eigenständiger Sanktion insbesondere die Möglichkeiten der Entlastung der mit der Vermittlung GA betrauten staatlichen Stellen diskutiert. So wird u.a. vorgeschlagen, die steigende Zahl vorbelasteter Personen in gesonderte Arbeitsprojekte zu vermitteln, deren Träger eine arbeitsbegleitende Zusatzbetreuung anbieten. Darüber hinaus wird in mehreren Bundesländern diskutiert, diese Aufgaben in vollem Umfang an freie Träger abzugeben.

Sowohl für die Bewährungs-, als auch für die Gerichtshilfe erscheinen aus Sicht der Verfasserin im wesentlichen **drei Privatisierungsmodelle** vorstellbar: die **Übertragung der Aufgaben der Bewährungs- bzw. Gerichtshilfe auf freiberuflich tätige Einzelpersonen, auf mehrere freie Träger oder auf einen einzelnen freien Träger**.

Voraussetzung aller Vorschläge wäre die Schaffung einer entsprechenden Rechtsgrundlage, da die privaten Träger oder Einzelpersonen als Beliehene zu qualifizieren wären. Darüber hinaus müssten zwischen den Privaten und dem jeweiligen Bundesland Verträge geschlossen werden, in denen die gegenseitigen Rechte und Pflichten festgelegt werden würden. Um einen unwürdigen Wettbewerb zwischen den Privaten zu vermeiden, sollte in jedem Landgerichtsbezirk nur eine bestimmte Anzahl freier Träger oder Einzelpersonen zugelassen werden. Grundvoraussetzung für eine Beauftragung wäre eine entsprechende Qualifikation der privaten Bewährungs- oder Gerichtshelfer etwa als staatlich anerkannte Sozialarbeiter. Freie Träger müssten neben soliden Arbeits- und Kontrollstrukturen insbesondere die Gewähr der Dauerhaftigkeit bieten. Die Bestellung der Bewährungshelfer für bestimmte Probanden würde im Falle einer Beauftragung von Einzelpersonen oder mehreren freien Trägern durch neu zu schaffende Koordinierungsstellen vorgenommen. Diese könnten auch die Dienst- und Fachaufsicht über die freiberuflich tätigen Einzelpersonen wahrnehmen. Im Falle einer Beauftragung eines oder mehrerer freier Träger wäre bzgl. der Dienst- und Fachaufsicht zu differenzieren: Die Aufsicht über die einzelnen Bewährungshelfer könnte ihren Arbeitgebern übertragen werden. Die Aufsicht über die Träger würde hingegen sinnvollerweise das zuständige Ministerium ausüben.

Eine endgültige Entscheidung zugunsten eines erläuterten Vorschlags kann und soll nicht fallen. Es kann jedoch festgehalten werden, dass die Beauftragung von Einzelpersonen zahlreiche Schwierigkeiten mit sich bringen würde, die durch eine Zuordnung der nichtstaatlichen Bewährungs- und Gerichtshelfer zu mehreren freien Trägern verringert werden und bei einer Beauftragung nur eines freien Trägers nicht mehr ins Gewicht fallen würden. So wären im Falle einer Beauftragung eines freien Trägers u.a. keine zusätzlichen Koordinierungsstellen notwendig und Fortschritte in den Bereichen Fortbildung und Ehrenamtlicheneinbindung besonders wahrscheinlich.

Die **Vorschläge für das Gebiet der gemeinnützigen Arbeit** setzen sowohl im Bereich der Vermittlung der Geldstrafenschuldner (Vermittlungsstellen) als auch im Bereich der fachlichen Ableistung der Arbeit (Beschäftigungsstellen) an. Es wird vorgeschlagen, die bisher von staatlichen Stellen wahrgenommenen **Vermittlungs- und Kontrollaufgaben einem oder mehreren freien Trägern zu übertragen**. Die Voraussetzungen für eine rechtmäßige Übertragung (Beleihung, Verträge, Ausschreibung, Dienst- und Fachaufsicht, Qualifikation) würden mit den bei der Bewährungs- und Gerichtshilfe ausgeführten Vorgaben übereinstimmen. Für die Beziehungen zwischen Beschäftigungsstellen und Geldstrafenschuldnern sollten aus Sicht der Verfasserin in Zukunft von staatlicher Seite Mindeststandards vorgegeben werden, da die Beschäftigungsstellen für den Staat Sanktionen vollziehen. Sinnvollerweise sollten nurmehr solche Arbeiten als straftilgend anerkannt werden, die auf der Basis einer schriftlichen Vereinbarung zwischen Beschäftigungsstelle und Geldstrafenschuldner durchgeführt werden. In der Vereinbarung sollten u.a. Arbeitszeiten, Ansprechpartner und das Procedere bei Fehlverhalten der Schuldner festgelegt werden. Eine entscheidende Verbesserung der Position des Geldstrafenschuldners könnte dadurch erreicht werden, dass man vereinbarungsgemäßes Verhalten des Probanden gesetzlich als Vollzugshindernis der Ersatzfreiheitsstrafe festschreiben würde. Darüber hinaus sollten flächendeckend Beschäftigungsstellen mit gesonderter Betreuung für besonders gefährdete Geldstrafenschuldner eingeführt werden. (**Kap.7**)

Im Vordergrund der Abwägung **im Falle einer Privatisierung zu erwartender Vor- und Nachteile** steht die Auseinandersetzung mit **Qualitäts- und Kostenargumenten**. Insbesondere der wettbewerbsbedingte Rentabilitätsdruck sowie die große organisatorische und personelle Flexibilität, die ein privates System kennzeichnen würden, geben Anlass zu der Vermutung, dass Private die Arbeit der Bewährungs- und Gerichtshelfer auf Dauer kostengünstiger und qualitativ besser ausführen würden. Die mit einer Privatisierung möglicherweise verbunden Nachteile (z.B. Streiks) wiegen aus Sicht der Verfasserin hingegen nicht so schwer. (**Kap.8**)

Hinsichtlich der **rechtlichen Grenzen einer Privatisierung** der Sozialen Dienste ist zwischen dem verfassungsrechtlichen und dem einfachgesetzlichen Rahmen innerhalb dessen sich zulässigerweise Veränderungen in Richtung Privatisierung bewegen können, zu unterscheiden.

Weder der Grundsatz des staatlichen Gewaltmonopols noch das Demokratieprinzip stehen einer Übertragung der Aufgaben von Bewährungs- und Gerichtshilfe auf Private entgegen. Auch ein Verstoß gegen die verfassungsrechtlich gewährleisteten Grundrechte ist im Falle einer Privatisierung nicht zu befürchten.

Eine Privatisierung wäre auch mit Art. 33 IV GG vereinbar. Dessen Einschlägigkeit ist im Falle einer endgültigen Übertragung der Aufgaben von Bewährungs- und Gerichtshilfe auf Private zu bejahen. Die Bewährungs- und Gerichtshelfer üben nämlich aus Sicht der Verfasserin hoheitsrechtliche Befugnisse aus, weil sie in die Rechte ihrer Probanden aus Art. 2 II i.V.m. 1 I GG eingreifen und weil sie indirekten Zwang über ihre Probanden ausüben, indem sie durch ihr Votum bestimmte Reaktionen der justitiellen Auftraggeber veranlassen können. Zwar sehen die in Kap.7 unterbreiteten Vorschläge die Wahrnehmung hoheitsrechtlicher Befugnisse durch Private und nicht durch Angehörige des öffentlichen Dienstes, die in einem öffentlich-rechtlichen Dienst- und Treueverhältnis stehen, vor wie es Art. 33 IV GG eigentlich vorschreibt. Auch werden an ein Abweichen von der in Art. 33 IV GG statuierten Regel strenge Anforderungen gestellt. Im vorliegenden Fall sprechen aber zum einen die in

Kap.8 ausführlich abgewogenen sachlichen Gründe für eine Privatisierung. Zum anderen wäre die Gefahr einer fehlerhaften Anwendung hoheitsrechtlicher Befugnisse durch private Bewährungs- und Gerichtshelfer aufgrund ihrer möglicherweise vorhandenen Interessenbindungen nicht deutlich erhöht. Fehlerhafte Verhaltensweisen, die nicht zugleich auch einen Straftatbestand erfüllen, sind kaum vorstellbar. Eine Umsetzung der in Kap.7 dargelegten **Privatisierungsvorschläge** ist **verfassungsrechtlich zulässig**.
Eine Wahrnehmung der Aufgaben von Bewährungs- und Gerichtshilfe durch Private würde auch nicht dem im Strafgesetzbuch, der StPO und in untergesetzlichen Vorschriften verankerten Bild dieser Sozialen Dienste widersprechen. Die Vorschläge sind mit den einfachgesetzlichen Vorgaben bezüglich der Bestellung und Abberufung von Bewährungshelfern sowie den rechtlich vorgegebenen Betreuungs- und Berichtspflichten von Bewährungs- und Gerichtshelfern vereinbar. Hinsichtlich der datenschutzrechtlichen Vorschriften könnte das Erheben, Speichern, Verändern, Nutzen und Übermitteln nicht in Dateien gespeicherter persönlicher Daten durch private Bewährungshelfer zumindest übergangsweise auf §§ 56d StGB, 9 ff. NdsDSchG i.V.m. § 2 I 2 NdsDSchG gestützt werden. Bei den Gerichtshelfern ließen sich diese Tätigkeiten für den Aufgabenbereich des TOA auf § 155 b StPO und für die weiteren Aufgabenbereiche auf §§ 160 III oder 463 d StPO, 9 ff. NdsDSchG i.V.m. § 2 I 2 NdsDSchG stützen. Die Speicherung, Veränderung, Nutzung und Übermittlung personenbezogener Daten in Dateien sollte aus systematischen Gründen nicht auf §§ 483, 487 StPO sondern bei den Bewährungshelfern auf §§ 56 d StGB, 9 ff. NdsDSchG i.V.m. § 2 I 2 NdsDSchG und den Gerichtshelfern auf §§ 160 III bzw. 463 d StPO i.V.m. §§ 9 ff. NdsDSchG gestützt werden. Da ausschließlich ein Einsatz staatlich anerkannter Sozialarbeiter vorgesehen ist, würden sich diese gem. § 203 I Nr. 5 Alt. 1 StGB strafbar machen, wenn sie Privatgeheimnisse ihrer Probanden offenbaren würden. Die **Vorschläge** sind somit auch **einfachgesetzlich zulässig. (Kap.9)**

Aus Sicht der Verfasserin lässt sich nicht definitiv sagen, ob es in den Sozialen Diensten „besser wird, wenn es anders wird". Die vorliegende Untersuchung hat jedoch gezeigt, dass **im Falle einer Umsetzung der unterbreiteten Vorschläge eine reelle Verbesserungschance** bestünde, die angesichts der zunehmend schwierigen Situation im Bereich der ambulanten Strafvollstreckung nicht ungenutzt bleiben sollte.

Literaturverzeichnis

Adams, Robert: Bewährungshilfe als Teil der Strafjustizverwaltung: Strukturen und Probleme der Bewährungshilfe in Frankreich, in: BewHi 1996, S.269-274.

Albrecht, Hans-Jörg; Schädler, Wolfram: Die gemeinnützige Arbeit auf dem Weg zur eigenständigen Sanktion? Entwicklung, Stand, Perspektiven, in: ZRP 1988, S.278-283.

Asprion, Peter: RAZ-FAZ – Bewährungshilfe neu, in: BewHi 2000, S.274-281.

Azzola, Axel (Bearb.): Kommentar zum Grundgesetz für die Bundesrepublik Deutschland, Reihe Alternativkommentare, Band 1 (Art. 1-37), 2. Auflage, Neuwied Luchterhand 1989. (zit. AK-Bearbeiter)

Barth, Stephan: Bewährungshilfe in der kommunitaristischen Gesellschaft, in: BewHi 1998, S.280-287.

Battis, Ulrich; Grigoleit, Klaus Joachim: Die Universität als privatrechtliche Stiftung: Modell einer glaubwürdig staatsfernen Hochschule, in: ZRP 2002, S.65-69.

Bertram, Claus; Lücke, Uwe; Schwiers, Helmut: Qualitätssicherung: Auch bei den Sozialen Diensten der Justiz?!, in: BewHi 1997, S.248-261.

Best, Peter: Ambulante Soziale Dienste der Justiz im Verbund mit der Freien Straffälligenhilfe, in: BewHi 1994, S.131-141.

Best, Peter: Freie Arbeit statt Ersatzfreiheitsstrafe. Ein Praxisbericht aus Niedersachsen, in: Steinhilper, Gernot (Hrsg.): Soziale Dienste in der Strafrechtspflege. Praxisberichte und Untersuchungen aus Niedersachsen, Heidelberg Kriminalistik 1984, S.209-245.

Best, Peter: Soziale Dienste der Justiz und freie Straffälligenhilfe im Verbund – Projektentwicklung in Niedersachsen, in: Jehle, Jörg-Martin; Sohn, Werner (Hrsg.): Organisation und Kooperation der Sozialen Dienste in der Justiz, Kriminologie und Praxis Band 14, Wiesbaden KrimZ 1994, S.305-319.

Blanke, Thomas; Sterzel, Dieter: Privatisierungsrecht für Beamte, Baden-Baden Nomos 1999.

Block, Petra: Befragung von Vermittlern, Geldstrafenschuldnern und Mitarbeitern der Beschäftigungsstellen zur Praxis der Gemeinnützigen Arbeit, in: Jehle, Jörg-Martin; Feuerhelm, Wolfgang; Block, Petra: Gemeinnützige Arbeit statt Ersatzfreiheitsstrafe: Forschungskolloquium zu einer bundesweiten Untersuchung, Berichte, Materialien, Arbeitspapiere aus der Kriminologischen Zentralstelle Heft 4, Wiesbaden KrimZ 1990, S.97-122.

Block, Petra: Rechtliche Strukturen der ehrenamtlichen Bewährungshilfe, in: BewHi 1998, S.121-132.

Block, Petra: Rechtliche Strukturen der Sozialen Dienste in der Justiz: eine vergleichende Analyse der Ländervorschriften, Kriminologie und Praxis Band 11, 2. Auflage, Wiesbaden KrimZ 1997.

Blumenstein, Hans Alfred: Chancen und Probleme ehrenamtlicher sozialer Arbeit in der Strafrechtspflege, in: BewHi 1998, S.112-120.

Böhm, Alexander: Gemeinnützige Arbeit als Strafe: zu einer Gesetzesinitiative des Bundesrates, in: ZRP 1998, S.360-365.

Böhm, Horst: Ehrenamtliche Bewährungshilfe noch ein Experiment?, in: BewHi 1977, S.216-224.

Bonk, Heinz Joachim: Rechtliche Rahmenbedingungen einer Privatisierung im Strafvollzug, in: JZ 2000, S.435-442.

Bottke, Wilfried: Bemerkungen zur Gerichtshilfe für Erwachsene, in: MschrKrim 1981, S.62-81.

Bovensiepen, Nina: „Wir sind nicht das Amt“: das niederländische Unternehmen Maatwerk sucht im Auftrag der Sozialämter für die Verlierer der Gesellschaft einen Job – und verdient damit auch noch Geld, in: Süddeutsche Zeitung vom 1.3.2002, S.23.

Bracher, Christian-Dietrich: Gefahrenabwehr durch Private: eine verfassungrechtliche Untersuchung zu den Grenzen der Übertragung von Aufgaben der Gefahrenabwehr auf Private und der staatlichen Zulassung privater Gefahrenabwehr, Berlin Duncker & Humblot 1987 (Diss. Bonn 1986).

Bringewat, Peter: Strafvollstreckung: Kommentar zu den §§ 449-463 d StPO, Baden-Baden Nomos 1993.

Brodersen, Kilian: Das Strafverfahrensänderungsgesetz 1999, in: NJW 2000, S.2536-2542.

Bruns, Sabine: Ehrenamt in der Straffälligenhilfe – Auswertung einer Befragung, in: ZfStrVo 2000, S.295-297.

Bundesministerium der Justiz (Hrsg.); **Dölling, Dieter** (Beteiligt): Täter-Opfer-Ausgleich in Deutschland: Bestandsaufnahme und Perspektiven, Mönchengladbach Forum 1998.

Busch, Max: Staatliche und freie Hilfe für Straffällige in gemeinsamer Verantwortung, in: BewHi 1993, S.423-436.

Christochowitz, Sylvia: Täter-Opfer-Ausgleich im allgemeinen Strafrecht aus der Sicht von Amtsanwälten, in: Pfeiffer, Christian (Hrsg.): Täter-Opfer-Ausgleich im Allgemeinen Strafrecht: die Ergebnisse der Begleitforschung des WAAGE-Projekts Hannover, Baden-Baden Nomos 1997, S.217-290.

Cohen, Stanley: Dezentralisierung erst genommen: Werte, Visionen und Strategien, in: KrimJ 1988, S.10-31.

Cornel, Heinz: Gemeinnützige Arbeit: neues Konzept in Brandenburg, in: NKrimPol 1999, S.8.

Damian, Hanspeter: Die (anfängliche) Strafaussetzung und die (nachträgliche) Aussetzung des Strafrestes. Grundzüge ihrer Entwicklung bis zum Dritten Strafrechtsänderungsgesetz, in: Kerner, Hans-Jürgen (Hrsg.): Straffälligenhilfe in Geschichte und Gegenwart: Beiträge und Dokumente zur Entwicklung von Gerichtshilfe, Strafaussetzung, Bewährungshilfe, Strafvollzug und Strafentlassenenhilfe aus Anlaß des 40. Jahrestages praktischer Bewährungshilfe in der Bundesrepublik Deutschland, Bonn Forum 1990, S.55-90.

Dammann, Burkhard: Drogentherapie als privatrechtlich ausgestaltete Form des Strafvollzugs?, in: KrimJ 1985, S.97-112.

Dämpfert, Ellen: Standards in den Sozialen Diensten der Justiz: ein Diskussionsbeitrag aus Brandenburg, in: BewHi 1995, S.273-287.

Däubler-Gmelin, Herta: 50 Jahre Bewährungshilfe in Deutschland: zu aktuellen Entwicklungen und Fragen der Rechtspolitik, in: BewHi 2002, 15-24.

Derks, Jack T.M.; Kalmthout, Anton M. van: Eine Palette von Systemen europäischer Bewährungshilfe, in: Kalmthout, Anton M. van; Derks, Jack T.M. (Hrsg.): Probation and Probation Services: A European Perspective, Nijmegen Wolf Legal Publishers 2000, S.1-36 (Deutsche Übersetzung von Bas P. J. van Riel).

Deutsche Bewährungshilfe e.V.: Gerichtshilfe – Hilfe für wen?, DBH Materialien Nr. 9, Bonn - Bad Godesberg 1991.

Di Fabio, Udo: Privatisierung und Staatsvorbehalt: zum dogmatischen Schlüsselbegriff der öffentlichen Aufgabe, in: JZ 1999, S.585-592.

Dreier, Horst (Hrsg.): Grundgesetz Kommentar, Band II (Art. 20-82), Tübingen Mohr Siebeck 1998.

Driebold, Rolf: Teilnahme statt Ausgrenzung: ein anderer Umgang mit Devianten, Bielefeld KT 1990.

Driebold, Rolf: Privatisierung als Chance? Zum Wandel des Zugriffs auf soziale Arbeit, in: BewHi 1998, S.267-279.

Dünkel, Frieder; Grosser, Rudolf: Vermeidung von Ersatzfreiheitsstrafen durch gemeinnützige Arbeit, in: NKrimPol 1999, S.28-33.

Dünkel, Frieder; Scheel, Jens; Grosser, Rudolf: Vermeidung von Ersatzfreiheitsstrafen durch gemeinnützige Arbeit durch das Projekt „Ausweg" in Mecklenburg-Vorpommern, in: BewHi 2002, S.56-72.

Egg, Rudolf; Jehle, Jörg-Martin; Marks, Erich: Aktuelle Entwicklungen in den Sozialen Diensten der Justiz: Strukturen, Spezialisierung, Qualifizierung, Kriminologie und Praxis Band 20, Wiesbaden KrimZ 1996.

Eschenbacher, Manfred: Nordrhein-Westfalen begeht neue Wege im Bereich der Abschiebehaft, in: ZfStrVo 1994, S.158-161.

Etzioni, Amitai: Im Winter einen Pullover ablehnen, weil es im Sommer warm war? Ein kommunitaristischer Versuch, den Wohlfahrtsstaat neu zu definieren, in: Blätter für deutsche und internationale Politik 1997, S.232-243.

Faeste, Einar: Norway, in: Kalmthout, Anton M. van; Derks, Jack T.M. (Ed.): Probation and Probation Services: A European Perspective, Nijmegen Wolf Legal Publishers 2000, S.411-439.

Feuerhelm, Wolfgang: Die gemeinnützige Arbeit im Strafrecht, in: NKrimPol 1999, S.22-27.

Feuerhelm, Wolfgang: Gemeinnützige Arbeit als Alternative in der Geldstrafenvollstreckung, Kriminologie und Praxis Band 6, Wiesbaden KrimZ 1991.

Feuerhelm, Wolfgang: Gemeinnützige Arbeit als eigenständige Sanktion? Der Entwurf des Bundesrates vom März 1998, in: BewHi 1998, S.400-405.

Feuerhelm, Wolfgang: Stellung und Ausgestaltung der gemeinnützigen Arbeit im Strafrecht: historische, dogmatische und systematische Aspekte einer ambulanten Sanktion, Kriminologie und Praxis Band 22, Wiesbaden KrimZ 1997.

Fischer, Thomas: Strafgesetzbuch und Nebengesetze, 50. Auflage, München Beck 2001.

Gamma, Marco: Möglichkeiten und Grenzen der Privatisierung polizeilicher Gefahrenabwehr, Bern, Stuttgart, Wien Paul Haupt 2001 (Diss. Fribourg 2000).

Gandini, Luisa: Italy, in: Kalmthout, Anton M. van; Derks, Jack T.M. (Ed.): Probation and Probation Services: A European Perspective, Nijmegen Wolf Legal Publishers 2000, S.289-319.

Gerz, Hans: Aktuelle Aufgaben und Perspektiven der Sozialen Dienste der Justiz – Stellungnahmen der ADB e.V., in: Egg, Rudolf; Jehle, Jörg-Martin; Marks, Erich (Hrsg.): Aktuelle Entwicklungen in den Sozialen Diensten der Justiz: Strukturen, Spezialisierung, Qualifizierung, Kriminologie und Praxis Band 20, Wiesbaden KrimZ 1996, S.257-264.

Gilly, Thomas: France, in: Kalmthout, Anton M. van; Derks, Jack T.M. (Ed.): Probation and Probation Services: A European Perspective, Nijmegen Wolf Legal Publishers 2000, S.201-234.

Glückel, Jürgen: „Soziale Dienste für die Justiz": Minister Pfeiffer kündigt Reform der Bewährungshilfe an, in: Göttinger Tageblatt vom 29.1.2002, S.9.

Grabbe, Jürgen: Verfassungsrechtliche Grenzen der Privatisierung kommunaler Aufgaben, Schriften zum Öffentlichen Recht Band 359, Berlin Duncker & Humblot 1979 (Diss. Köln 1978).

Gramm, Christof: Privatisierung und notwendige Staatsaufgaben, Berlin Duncker & Humblot 2001.

Gromoll, Bernhard: Rechtliche Grenzen der Privatisierung öffentlicher Aufgaben untersucht am Beispiel kommunaler Dienstleistungen, München Minvera 1982.

Groß, Karl-Heinz: Privatisierung in der Strafverfolgung?, in: BewHi 2001, S.99-110.

Groß, Karl-Heinz: Zur Organisation der sozialen Arbeit in der Justiz, in: Egg, Rudolf; Jehle, Jörg-Martin, Marks, Erich (Hrsg.): Aktuelle Entwicklungen in den Sozialen Diensten der Justiz: Strukturen, Spezialisierung, Qualifizierung, Kriminologie und Praxis Band 20, Wiesbaden KrimZ 1996, S.265-268.

Hagelücken, Axel: Zauberwort Privatisierung: viele Pläne zur Reform der Bundesanstalt für Arbeit zielen auf Abbau der Bürokratie, in: Süddeutsche Zeitung vom 22.2.2002, S.2.

Hagemeister, Adrian von: Die Privatisierung öffentlicher Aufgaben: eine verfassungs- und verwaltungsrechtliche Abhandlung unter Zugrundelegung des Verfassungs- und Verwaltungsrecht der Republik Österreich und der Bundesrepublik Deutschland, Rechtswissenschaftliche Forschung und Entwicklung Band 332, München VVF 1992 (Diss. Innsbruck 1991).

Hamann, Wolfgang: Privatisierung der Arbeitsvermittlung und Arbeitnehmerüberlassung, in: NZS 1995, S.493-500.

Hammer, Felix: Private Sicherheitsdienste, staatliches Gewaltmonopol, Rechtsstaatsprinzip und „schlanker Staat“, in: DÖV 2000, S.613-621.

Hartmann, Ute Ingrid: Forschungsergebnisse zum Täter-Opfer-Ausgleich im allgemeinen Strafrecht: Eine rechtstatsächliche Untersuchung und Begleitforschung zum Modellprojekt „WAAGE Hannover e.V.“ auf der Grundlage staatsanwaltschaftlicher Ermittlungsakten, in: Pfeiffer, Christian (Hrsg.): Täter-Opfer-Ausgleich im Allgemeinen Strafrecht: die Ergebnisse der Begleitforschung des WAAGE-Projekts Hannover, Baden-Baden Nomos 1997, S.129-215.

Hassemer, Elke: Fallbeispiele zum Täer-Opfer-Ausgleich, in: Bundesministerium der Justiz (Hrsg.); Dölling, Dieter (Beteiligt): Täter-Opfer-Ausgleich in Deutschland: Bestandsaufnahme und Perspektiven, Mönchengladbach Forum 1998, S.433-461.

Heimburg, Sibylle von: Verwaltungsaufgaben und Private: Funktionen und Typen der Beteiligung Privater an öffentlichen Aufgaben unter besonderer Berücksichtigung des Baurechts, Berlin Duncker & Humblot 1982 (Diss. Berlin 1981).

Heims, Hans-Jörg: Lotsen auf dem Weg zurück in die Gesellschaft: zunehmende Arbeitslosigkeit erschwert es den Bewährungshelfern, Straftäter erfolgreich zu integrieren, in: Süddeutsche Zeitung vom 21.8.2001, S.2.

Heinze, Udo; Lilje, Hans-Jürgen; Schendler, Jürgen: Qualitätsstandards und Qualitätssicherung in der Bewährungshilfe: Inhalt, Begründung und Genese eines Diskussionsentwurfes, in: BewHi 1998, S.82-88.

Hering, Rainer Dieter: Arbeitsfeld Gerichtshilfe, in: Egg, Rudolf; Jehle, Jörg-Martin; Marks, Erich (Hrsg.): Aktuelle Entwicklungen in den Sozialen Diensten der Justiz: Strukturen, Spezialisierung, Qualifizierung, Kriminologie und Praxis Band 20, Wiesbaden KrimZ 1996, S.125-133.

Hermann, Wolfgang: Was soll schlecht sein am Begriff Kunde?, in: sub 1 2000, S.16-17.

Hirtenlehner, Helmut: Neue Ehrenamtlichkeit in der Bewährungshilfe? Ausbildungshintergrund, Berufstätigkeit und Motivation ehrenamtlicher Bewährungshelfer, in: sub 1 1998, S.19-29.

Hofritz, Jutta: Wassertrinken: die Unzufriedenheit mit staatlichen Schulen wächst. Immer mehr Eltern suchen private Alternativen, in: Wirtschaftswoche Nr.26 1998, S.96-105.

Höll, Hilde: Vom „Ehrenamt" zum „bürgerschaftlichen Engagement" in der Straffälligenhilfe, in: BewHi 1998, S.133-140.

Huchting, Konrad: Bewährungs- & Gerichtshilfe: acht Gründe, warum sie doch in einer Hand zu praktizieren ist, in: BewHi 1997, S.328-334.

Isak, Franz; Wagner, Alois: Strafvollstreckung, Handbuch der Rechtspraxis Band 9, 6. Auflage, München Beck 1999.

Isensee, Josef; Kirchhof, Paul (Hrsg.): Handbuch des Staatsrechts der Bundesrepublik Deutschland, Band I Grundlagen von Staat und Verfassung, Heidelberg C.F. Müller 1987.

Isensee, Josef: Öffentlicher Dienst, in: Benda, Ernst (Hrsg.) Handbuch des Verfassungsrechts der Bundesrepublik Deutschland, 2. Auflage, Berlin, New York de Gruyter 1995, S.1527-1577.

Jachmann, Monika; Strauß, Thomas: Berufsbeamtentum, Funktionsvorbehalt und der „Kaperbrief für den Landeinsatz", in: ZBR 1999, S.289-300.

Jarass, Hans D.; Bodo Pieroth: Grundgesetz für die Bundesrepublik Deutschland, 6. Auflage, München Beck 2002.

Jardim, Maria Amelia Vera: Portugal, in: Kalmthout, Anton M. van; Derks, Jack T.M. (Ed.): Probation and Probation Services: A European Perspective, Nijmegen Wolf Legal Publishers 2000, S.441-470.

Jeand'Heur, Bernd: Von der Gefahrenabwehr als staatlicher Angelegenheit zum Einsatz privater Sicherheitskräfte: einige rechtspolitische und verfassungsrechtliche Anmerkungen, in: AöR 1994 (119), S.105-136.

Jehle, Jörg-Martin: Dieselben Probleme, verschiedene Lösungen? Der justitielle Sozialdienst im europäischen Vergleich, in: BewHi 1996, S.259-268.

Jehle, Jörg-Martin: Fragestellung, Anlage und Durchführung des Forschungsprojekts „Gemeinnützige Arbeit statt Ersatzfreiheitsstrafe", in: Jehle, Jörg-Martin; Feuerhelm, Wolfgang; Block, Petra: Gemeinnützige Arbeit statt Ersatzfreiheitsstrafe: Forschungskolloquium zu einer bundesweiten Untersuchung; mit einem Anhang zur Situation in der DDR, Berichte, Materialien, Arbeitspapiere Heft 4, Wiesbaden KrimZ 1990, S.29-45.
Jehle, Jörg-Martin: Soziale Dienste in der Justiz: Problemstellung und Forschungsanlage einer empirischen Untersuchung, in: Jehle, Jörg-Martin; Sohn, Werner (Hrsg.): Organisation und Kooperation der Sozialen Dienste in der Justiz, Wiesbaden KrimZ 1994, S.13-28.

Jung, Heike: Anmerkungen zum Verhältnis von Strafe und Staat, in: GA 1996, S.507-517.

Jung, Heike: Zur Privatisierung des Strafrechts, in: Jung, Heike; Müller-Dietz, Heinz; Neumann, Ulfrid (Hrsg.): Perspektiven der Strafrechtsentwicklung, Baden-Baden Nomos 1996, S.69-78.

Jung, Jörg: Die Zweispurigkeit des öffentlichen Dienstes: eine Untersuchung über die Veränderungen der Personalstruktur im öffentlichen Dienst und die Verankerung des Berufsbeamtentums im Grundgesetz, Berlin Duncker & Humblot 1971.

Kaiser, Günther; Kerner, Hans-Jürgen; Schöch, Heinz: Strafvollzug, 4. Auflage, Heidelberg Müller 1992.

Kästner, Otto: Gedanken zum Ausbau ehrenamtlicher Bewährungshilfe und freiwilliger Mitarbeit in der Strafrechtspflege, in: BewHi 1978, S.36-44.

Keller, Rainer: Verhältnis von staatlicher und privater Sozialkontrolle aus staatstheoretischer und öffentlich-rechtlicher Sicht, in: Sack, Fritz; Voß, Michael; Frehsee, Detlev; Funk, Albrecht; Reinke, Herbert (Hrsg.): Privatisierung staatlicher Kontrolle: Befunde, Konzepte, Tendenzen, Baden-Baden Nomos 1995, S.88-103.

Kerner, Hans-Jürgen; Kästner, Otto (Hrsg.): Gemeinnützige Arbeit in der Strafrechtspflege, Bonn Eigenverlag der Deutschen Bewährungshilfe e.V. 1986.

Kerner, Hans-Jürgen: Vom „Verein Bewährungshilfe e.V." zum „DBH-Fachverband für Soziale Arbeit, Strafrecht und Kriminalpolitik", in: BewHi 2002, S.5-14.

Kipp, Angelo: Zur Frage der Erweiterung fachlicher Qualität durch Neustrukturierung der Sozialen Dienste in der Justiz, in: BewHi 1995, S.211-215.

Kirchhof, Paul: Der Begriff der hoheitsrechtlichen Befugnis in Artikel 33 Absatz IV des Grundgesetzes, München 1968 (Diss. München 1968).

Klug, Wolfgang: Professionalität in der Bewährungshilfe, in: BewHi 2000, S.263-273.

Knuf, Thorsten: Private im Aufwind, in: Berliner Zeitung vom 7.2.2002, S.5.

Koch, Veronika: Erwachsenengerichtshilfe. Eine Einführung für die soziale Arbeit, Opladen Leske+Budrich 1999 (Diss.).

Köhler, Michael: Zur Kritik an der Zwangsarbeitsstrafe, in: GA 1987, S.145-161.

Konfliktschlichtung e.V. (Hrsg.): Jahresstatistik 1999. Täter-Opfer-Ausgleich in der Stadt Oldenburg und im Landgerichtsbezirk Oldenburg, Oldenburg Gegendruck 1999.

Konfliktschlichtung e.V. (Hrsg.): Konfliktregelung durch Täter-Opfer-Ausgleich und Mediation, die Chance für eine Verständigung in Konfliktsituationen, Oldenburg.

Koss, Christoph: Austria, in: Kalmthout, Anton M. van; Derks, Jack T.M. (Ed.): Probation and Probation Services: A European Perspective, Nijmegen Wolf Legal Publishers 2000, S.29-60.

Kosubek, Siegfried: Ehrenamtliche Mitarbeiter in der Straffälligenhilfe. Ein sozial-pädagogisches Modell aus der Praxis, Darmstadt Stoytscheff 1983.

Kroworz, Karola: Bewahren und Verändern – ein unauflösbares Dilemma? Bemerkungen zur Entwicklung von Gerichts- und Bewährungshilfe für Erwachsene in Berlin, in: Egg, Rudolf; Jehle, Jörg-Martin; Marks, Erich (Hrsg.): Aktuelle Entwicklungen in den Sozialen Diensten der Justiz: Strukturen, Spezialisierung, Qualifizierung, Kriminologie und Praxis Band 20, Wiesbaden KrimZ 1996, S.269-285.

Kulas, Axel: Privatisierung hoheitlicher Verwaltung: zur Zulässigkeit privater Strafvollzugsanstalten, 2. Auflage, Köln, Berlin, Bonn Heymanns 2001.

Kurze, Martin: Personal- und Organisationsentwicklung in den Sozialen Diensten in der Justiz: einen Projektskizze für die „Lernende Organisation Bewährungshilfe“, in: BewHi 2000, S.243-262.

Kurze, Martin: Soziale Arbeit und Strafjustiz: eine Untersuchung zur Arbeit von Gerichtshilfe, Bewährungshilfe, Führungsaufsicht, Kriminologie und Praxis Band 26, Wiesbaden KrimZ 1999.

Kurze, Martin; Feuerhelm, Wolfgang: Soziale Dienste zwischen Bewahrung und Innovation: die Erprobung der Bewährungs- und Gerichtshilfe für den Landgerichtsbezirk Flensburg bei dem Generalstaatsanwalt, Berichte, Materialien, Arbeitspapiere aus der Kriminologischen Zentralstelle Heft 16, Wiesbaden KrimZ 1999.

Lange, Hubertus: Geschichtliche Entwicklung, Nachkriegssituation und Aufbauphase der Gerichtshilfe, in: Kerner, Hans-Jürgen (Hrsg.): Straffälligenhilfe in Geschichte und Gegenwart: Beiträge und Dokumente zur Entstehung von Gerichtshilfe, Strafaussetzung, Bewährungshilfe, Strafvollzug und Strafentlassenenhilfe aus Anlaß des 40. Jahrestages praktischer Bewährungshilfe in der Bundesrepublik Deutschland, Bonn Forum 1990, S.107-136.

Lange, Ulrich: Justizförmige Sozialkontrolle oder soziale Integrationshilfe: die derzeitige Aufgabenstellung Freier Träger im Bereich der Strafjustiz und der Straffälligenhilfe ist eine Gratwanderung zwischen Innovation und Repression, in: NKrimPol 1992, S.28-33.

Lange, Ulrich: „Wir können nicht alles“: von der notwendigen Schwerpunktsetzung und Aufgabenteilung zwischen öffentlichen und freien Trägern der Straffälligenhilfe, in: BewHi 1992, S.34-43.

Laubenthal, Klaus: Strafvollzug, 2. Auflage, Berlin, Heidelberg, New York Springer 1998.

Leirer, Herbert: „Bewährungshilfe – Neu" – kursorischer Endbericht über ein Zwischenergebnis, in: sub 3-4 1995, S.13-27.

Leisner, Walter : Legitimation des Berufsbeamtentums aus der Aufgabenerfüllung, Bonn Dt. Beamtenverlag 1988.

Leitges, Konrad: Die Entwicklung des Hoheitsbegriffes in Art. 33 Abs. 4 des Grundgesetzes: Untersuchung zu Inhalt und Grenzen des beamtenrechtlichen Funktionsvorbehaltes, zugleich ein Beitrag zur Hoheitsverwaltung, Frankfurt am Main, Berlin, Bern Lang 1998.

Lindenberg, Michael; Schmitt-Semisch, Henning: Sozialer Ausschuß. Neue Probleme und Aufgaben in der Arbeit mit Straffälligen, in: BewHi 1998, S.376-384.

Lochmann, Reiner: Das „Esslinger Modell" – Ein Modell zur sozialräumlichen Neustrukturierung der Straffälligenhilfe, in: Lochmann, Reiner; Baumann, Heinz; Chilian, Walter (Hrsg.): Kooperation und Vernetzung in der Straffälligenhilfe: sozialräumliche Neustrukturierung der Hilfsangebote, Bonn Forum 1994, S.9-84.

Maelicke, Bernd; Simmedinger, Renate: Fortentwicklung der Sozialen Dienste in der Justiz, ISS-Paper 6, Frankfurt am Main ISS 1987.

Mai, Roland: Gegenwärtiger Stand und Perspektiven der Gerichtshilfe, in: Jehle, Jörg-Martin; Sohn, Werner (Hrsg.): Organisation und Kooperation der Sozialen Dienste in der Justiz, Kriminologie und Praxis Band 14, Wiesbaden KrimZ 1994, S.171-179.

Maunz, Theodor; Zippelius, Reinhold: Deutsches Staatsrecht: ein Studienbuch, 30. Auflage, München Beck 1998.

Maunz, Theodor; Dürig, Günter: Grundgesetz Kommentar, Band I (Art. 1-11), München Beck Loseblatt Stand: Juli 2001.

Maunz, Theodor; Dürig, Günter: Grundgesetz Kommentar, Band III (Art. 20 a-53), München Beck Loseblatt Stand: Juli 2001.

Maurer, Hartmut: Allgemeines Verwaltungsrecht, 13. Auflage, München Beck 2000.

Merten, Detlef: Rechtsstaat und Gewaltmonopol, Recht und Staat in Geschichte und Gegenwart 442, Tübingen Mohr 1975.

Meyer-Goßner, Lutz: Strafprozeßordnung, Gerichtsverfassungsgesetz, Nebengesetze und ergänzende Bestimmungen, 45. Auflage, München Beck 2001.

Münch, Ingo von; Kunig, Philip: Grundgesetz-Kommentar, Band 2 (Art. 20 bis 69), 4./5. Auflage, München Beck 2001.

Netzig, Lutz; Petzold, Frauke: Abschlußbericht der Aktionsforschung zum Modellprojekt Täter-Opfer-Ausgleich bei der WAAGE Hannover e.V., in: Pfeiffer, Christian (Hrsg.): Täter-Opfer-Ausgleich im Allgemeinen Strafrecht: die Ergebnisse der Begleitforschung des WAAGE-Projekts Hannover, Baden-Baden Nomos 1997, S.9-128.

Netzig, Lutz: „Brauchbare Gerechtigkeit": Täter-Opfer-Ausgleich aus der Perspektive der Betroffenen, Mönchengladbach Forum 2000 (Diss. Hannover 1999).

Nibbeling, Joachim: Die Privatisierung des Haftvollzugs: die neue Gefängnisfrage am Beispiel der USA, Frankfurt am Main Lang 2001 (Diss. Leipzig 2000).

Niedersächsisches Ministerium für Justiz und Europaangelegenheiten: Verzeichnis der Sozialen Dienste in der Strafrechtspflege und im Justizvollzug, Stand: Mai 1999.

Niedersächsisches Justizministerium: Standards der Bewährungshilfe, Hannover 2000.

Niedersächsisches Justizministerium: Standards der Gerichtshilfe, Hannover 2001.

Päckert, Werner: Forum für soziale Rechts- und Kriminalpolitik, in: Schäfer, Karl-Heinrich; Sievering, Ulrich O. (Hrsg.): Strafvollzug im Wandel – Privatisierung contra Resozialisierung? Vollzugspolitische Entwicklungen vor dem Hintergrund hessischer Tradition, Frankfurt am Main, Haag und Herchen 1999, S.115-124.

Pfeiffer, Christian: Erfolg und Misserfolg des WAAGE-Projektes: Zu den Schwierigkeiten, den Täter-Opfer-Ausgleich in die Praxis des Strafrechts zu integrieren, in: Pfeiffer, Christian (Hrsg.): Täter-Opfer-Ausgleich im allgemeinen Strafrecht: die Ergebnisse der Begleitforschung des WAAGE-Projekts Hannover, Baden-Baden Nomos 1997, S.1-8.

Pfeiffer, Gerd: Strafprozeßordnung und Gerichtsverfassungsgesetz, 3. Auflage, München Beck 2001.

Pfohl, Michael: Gemeinnützige Arbeit als strafrechtliche Sanktion: eine rechtsvergleichende Untersuchung unter Berücksichtigung der britischen Community Service Order, Berlin Duncker & Humblot 1983 (Diss. Tübingen 1982-3).

Pilgram, Arno: Organisationsformen sozialer Arbeit auf dem Gebiet der Strafjustiz und Folgen für die Qualität der Dienstleistung, in: BewHi 1995, S.216-227.

Pilgram, Arno: Private Bewährungshilfe. Das Beispiel Österreichs, in: sub 3-4 1995, S.35-46.

Pilgram, Arno: Straffälligenhilfe im europäischen Vergleich: eine Standortbestimmung der Sozialen Dienste der Strafjustiz sowie der Strafvollzugsnovelle in Österreich, in: sub 3-4 1995, S.89-108.

Pitschas, Rainer; Stober, Rolf (Hrsg.): Quo vadis Sicherheitsgewerberecht?, Köln, Berlin, Bonn Heymanns 1998.

Ploeg, Gerhard: The Netherlands, in: Kalmthout, Anton M. van; Derks, Jack T.M. (Ed.): Probation and Probation Services: A European Perspective, Nijmegen Wolf Legal Publishers 2000, S.379-409.

Plog, Ernst; Wiedow, Alexander; Beck, Gerhard; Lemhoefer, Bernt: Kommentar zum Bundesbeamtengesetz mit Beamtenversorgungsgetz, Band 1, Neuwied Luchterhand Loseblatt Stand: Februar 2002.

Preiß, Jochen: Die Öffentlichkeitsarbeit des Vereins für Bewährungshilfe und Soziale Arbeit von außen betrachtet, in: sub 1996, S.60-82.

Rensmann, Theo: Der Fortbildungskurs Fachliche Leitung in den Sozialen Diensten der Justiz, in: BewHi 1999, S.186-197.

Rieß, Peter (Hrsg.): Die Strafprozessordnung und das Gerichtsverfassungsgesetz: Großkommentar / Löwe-Rosenberg, Band 2 (§§ 112-197), 24. Auflage, Berlin, New York de Gruyter 1989. (zit. Löwe / Rosenberg-Bearbeiter)

Rieß, Peter (Hrsg.): Die Strafprozessordnung und das Gerichtsverfassungsgesetz: Großkommentar / Löwe-Rosenberg, Band 6 (§§ 374-495), 25. Auflage, Berlin, New York de Gruyter 2001.(zit. Löwe / Rosenberg-Bearbeiter)

Roxin, Claus: Strafverfahrensrecht, 24. Auflage, München Beck 1995.

Rubner, Jeanne: Private im Aufwind: immer mehr Eltern bevorzugen nichtstaatliche Schulen, und wer seinem Kind Gutes tun will, schickt es nach England, in: Süddeutsche Zeitung vom 18.12.2001, S.V2 / 12.

Rudolf, Walter: Der Öffentliche Dienst im Staat der Gegenwart, in VVDStL 37 (1979), S.175-214.

Sachs, Michael (Hrsg.): Grundgesetz Kommentar, 2. Auflage, München Beck 1999.

Schädler, Wolfram: Das Projekt „Gemeinnützige Arbeit" – die nicht nur theoretische Chance des Art. 293 EGStGB, in: ZRP 1983, S.5-10.

Schall, Hero: Die Sanktionsalternative der gemeinnützigen Arbeit als Surrogat der Geldstrafe, in: NStZ 1985, S.104-111.

Schaper, Ralf: EDV in der Bewährungshilfe – ein Markt der elektronischen Möglichkeiten, in: BewHi 1999, S.237-254.

Schellhoss, Hartmut: Gibt es einen Änderungsbedarf in der Organisation der Sozialen Dienste?, in: Jehle, Jörg-Martin; Sohn, Werner (Hrsg.): Organisation und Kooperation der Sozialen Dienste in der Justiz, Kriminologie und Praxis Band 14, Wiesbaden KrimZ 1994, S.345-348.

Scheunemann, Frauke: Die Bedeutung freier Träger für ambulante Maßnahmen in der Jugendstrafrechtspflege: eine Untersuchung unter besonderer Berücksichtigung der Landgerichtsbezirke München I, II, Landshut und Passau, Frankfurt am Main Lang 1999 (Diss. Passau 1998).

Schmidt-Bleibtreu, Bruno; Klein, Franz (Hrsg.): Kommentar zum Grundgesetz, 9. Auflage, Luchterhand Neuwied, Kriftel 1999.

Schmitt, Norbert: Zentrale Dokumentenverwaltung für die sozialen Dienste, in: BewHi 1999, S.261-266.

Schneider, Urusla: Gemeinnützige Arbeit als „Zwischensanktion", in: MschrKrim 2001, S.273-287.

Schoch, Friedrich: Privatisierung von Verwaltungsaufgaben, in: DVBl 1994, S.962-975.

Schönke, Adolf; Schröder, Horst; Lenckner, Theodor: Strafgesetzbuch Kommentar, 26. Auflage, München Beck 2001.

Schönrock, Sabrina: Beamtenüberleitung anlässlich der Privatisierung von öffentlichen Unternehmen, Berlin 2000 (Diss. HU Berlin 2000).

Schulte, Martin: Gefahrenabwehr durch private Sicherheitskräfte im Lichte des staatlichen Gewaltmonopols, in: DVBl 1995, S.130-135.

Schwind, Hans-Dieter; Böhm, Alexander (Hrsg.): Strafvollzugsgesetz Kommentar, 3. Auflage, Berlin, New York de Gruyter 1999.

Seifert, Karl-Heinz; Hömig Dieter (Hrsg.): Grundgesetz für die Bundesrepublik Deutschland, 6. Auflage, Baden-Baden Nomos 1999.

Sobottka, Jürgen: Die soziale Arbeit des Bewährungshelfers im Spiegelbild seiner Kontakte zu Klienten und an dem Betreuungsverlauf beteiligten Personen und Institutionen: eine deskriptiv-statistische Untersuchung bei der hauptamtlichen Bewährungshilfe für Erwachsene in Hamburg, Bonn Forum 1990.

Steiner, Udo: Der „beliehene Unternehmer" – VG Münster, NJW 1967, 171, in: JuS 1969, S.69-75.

Steinert, Heinz: Zur Geschichte und möglichen Überwindung einiger Irrtümer in der Kriminalpolitik, in: Maelicke, Bernd; Ortner, Helmut (Hrsg.): Alternative Kriminalpolitik: Zukunftsperspektiven eines anderen Umgangs mit Kriminalität, Weinheim, Basel Beltz 1988, S.34-61.

Stelkens, Paul; Bonk, Heinz-Joachim; Sachs, Michael (Hrsg.): Verwaltungsverfahrensgesetz Kommentar, 6. Auflage, München Beck 2001.

Stelman, Andy: England and Wales, in: Kalmthout, Anton M. van; Derks, Jack T.M. (Ed.): Probation and Probation Services: A European Perspective, Nijmegen Wolf Legal Publishers 2000, S.149-174.

Stichting Reclassering Nederland: An die Arbeit mit den Tätern, Niederlande 2000.

Stober, Rolf (Hrsg.): Privatisierung im Strafvollzug?, Köln Heymann 2001.

Ström-Huppert, Margaretha; Bishop, Norman: Sweden, in: Kalmthout, Anton M. van; Derks, Jack T.M. (Ed.): Probation and Probation Services: A European Perspective, Nijmegen Wolf Legal Publishers 2000, S.521-542.

Thiele, Wille: Das Problem der Privatisierung – rechtlich gesehen, in: GewArch 1980, S.105-109.

Thieme, Werner: Verfassungsrechtliche Grenzen des öffentlichen Dienstrechts, in: Forsthoff, Ernst; Münch, Ingo von; Schick, Walter; Thieme, Werner; Ule, Carl Hermann; Mayer, Franz (Hrsg.): Verfassungsrechtliche Grenzen eine Reform des öffentlichen Dienstrechts, Baden-Baden Nomos 1973, S.303-440.

Thum, Monika: Die „Standard-Diskussion" in der Arbeitsgemeinschaft Deutscher Bewährungshelfer und Bewährungshelferinnen (ADB), in: BewHi 1994, S.150-154.

Tiemann, Burkhard: Privatisierung öffentlicher Verwaltungstätigkeit, in: BayVBl 1976, S.261-268.

Trapp, Hans-Joachim: Aufgaben und Probleme privater Vereine in der Straffälligenhilfe, in: BewHi 1984, S.107-116.

Valck, Sabine de: Belgium, in: Kalmthout, Anton M. van; Derks, Jack T.M. (Ed.): Probation and Probation Services: A European Perspective, Nijmegen Wolf Legal Publishers 2000, S.61-91.

Valk, Ted van der: Vom untergeschobenen Kind zum gefragten Partner: Struktur, Funktion und Position der Bewährungs- und Straffälligenhilfe in den Niederlanden, in: BewHi 1996, S. 279-284.

Verein für Bewährungshilfe und Soziale Arbeit (Hrsg.), **Georg Mikusch** (Verf.): „Diversionsgesetz" Erläuterungen zur Strafprozessnovelle 1999, Juristische Arbeitsbehelfe 13, Wien Oktober 1999.

Verein für Bewährungshilfe und Soziale Arbeit (Hrsg.), **Georg Mikusch** (Verf.): Erläuterungen zum Strafrechtsänderungsgesetz 1996, Juristische Arbeitsbehelfe 8, Wien 1997.

Verein für Bewährungshilfe und Soziale Arbeit (Hrsg.): Probezeit: Geschichte des Vereins für Bewährungshilfe und Soziale Arbeit 1957-1989, Wien 1997.

Vinding, Sandra: Denmark, in: Kalmthout, Anton M. van; Derks, Jack T.M. (Ed.): Probation and Probation Services: A European Perspective, Nijmegen Wolf Legal Publishers 2000, S.119-148.

Vogt-Airaksinen, Tiina: Finland, in: Kalmthout, Anton M. van; Derks, Jack T.M. (Ed.): Probation and Probation Services: A European Perspective, Nijmegen Wolf Legal Publishers 2000, S.175-199.

Wagner, Christean: Privatisierung im Justizvollzug – Ein Konzept für die Zukunft, in: ZRP 2000, S.169-172.

Wahl, Alfons: Zur Entwicklung der deutschen Straffälligen- und Bewährungshilfevereinigungen, in: Kerner, Hans-Jürgen (Hrsg.): Straffälligenhilfe in Geschichte und Gegenwart: Beiträge und Dokumente zur Entwicklung von Gerichtshilfe, Strafaussetzung, Bewährungshilfe, Strafvollzug und Strafentlassenenhilfe aus Anlaß des 40. Jahrestages praktischer Bewährungshilfe in der Bundesrepublik Deutschland, Bonn Forum 1990, S.101-105.

Walter, Michael: Privatisierung der Strafrechtspflege: Leistungsoptimierung oder staatliche Kapitulation? in: Schäfer, Karl Heinrich; Sievering, Ulrich O. (Hrsg.): Strafvollzug im Wandel – Privatisierung contra Resozialisierung?: vollzugspolitische Entwicklungen vor dem Hintergrund hessischer Tradition, Frankfurt am Main Haag und Herchen 1999, S.21-29.

Walter, Michael: Über Privatisierung der Verbrechenskontrolle aus kriminologischer Sicht, in: Pitschas, Rainer; Stober, Rolf (Hrsg.): Quo vadis Sicherheitsgewerberecht?, Köln, Bonn Berlin Heymanns 1998, S.65-85.

Wandrey, Michael; Weitekamp, Elmar G.M.: Die organisatorische Umsetzung des Täter-Opfer-Ausgleichs in der Bundesrepublik Deutschland – eine vorläufige Einschätzung der Entwicklung im Zeitraum von 1989 bis 1995, in: Bundesministerium der Justiz (Hrsg.); Dölling, Dieter (Beteiligt): Täter-Opfer-Ausgleich in Deutschland: Bestandsaufnahme und Perspektiven, Mönchengladbach Forum 1998, S.121-148.

Wegener, Hartmut: Arbeitsfeld Landesjustizverwaltung, in: Egg, Rudolf; Jehle, Jörg-Martin; Marks, Erich (Hrsg.): Aktuelle Entwicklungen in den Sozialen Diensten der Justiz: Strukturen, Spezialisierung, Qualifizierung, Kriminologie und Praxis Band 20, Wiesbaden KrimZ 1996, S.135-141.

Weiner, Bernhard: Privatisierung von staatlichen Sicherheitsaufgaben: eine Untersuchung mit verfassungsrechtlichem Schwerpunkt, Frankfurt am Main; Berlin, Bern, Peter Lang 2001 (Diss. Osnabrück 2000).

Wübben, Josy: Eine Tasse Kaffee und einen Job: private Vermittlungen funktionieren wie Personalabteilungen, in: Süddeutsche Zeitung vom 6.3.2000, S.48.

Wydra, Bernhard: Organisations- und Arbeitsformen, in: BewHi 1997, S.389-395.

Zembaty, Andreas: „Heimliche" Helfer und „schrille Schlagzeilen", in: sub 2 1994, S.45-50.

Zimmermann, Dieter: Tilgung uneinbringlicher Geldstrafen durch freie Arbeit: Das hessische Projekt „Gemeinnützige Arbeit", in: BewHi 1982, S.113-125.

Bezüglich der verwandten Abkürzungen siehe:

Kirchner, Hildebert: Abkürzungsverzeichnis der Rechtssprache, 4. Auflage, Berlin, New York de Gruyter 1993.

Anhang I: Inhaltsverzeichnis

Österreich

Anhang XI: Statuten des Vereins für Bewährungshilfe und Soziale Arbeit in der Fassung des Beschlusses der Generalversammlung vom 26.11.1999

Anhang XII: Generalvertrag über die Durchführung der Straffälligenhilfe durch den Verein für Bewährungshilfe und Soziale Arbeit vom 29.6.1994

Anhang XIII: Auszüge aus der österreichischen Strafprozessordnung

Anhang II: Projekt „Haftentscheidungshilfe"
RV d. MJ vom 30.10.1987

Nieders. Justizministerium

Projekt "Haftentscheidungshilfe"

RV d. MJ v. 30.10.1987 nach Maßgabe der Erlasse v. 03.03.1988, 16.02.1990 und 01.08.1990 (4205 - 306. 40)

1. Ziel

Die Haftentscheidungshilfe soll - der Gerichtshilfe angegliedert - Gerichte und Staatsanwaltschaften bei der Ermittlung der Grundlagen für Haftentscheidungen unterstützen, und zwar insbesondere zur Vorbereitung von Entscheidungen über die Fortdauer einer wegen Fluchtgefahr angeordneten Untersuchungshaft.

2. Aufgaben

Die Haftentscheidungshilfe soll nach Anordnung der Untersuchungshaft erkunden, durch welche anderen Maßnahmen der Gefahr, daß der Beschuldigte sich dem Strafverfahren entzieht, begegnet werden kann und ob Möglichkeiten der Haftverschonung bestehen. In geeigneten Fällen soll sie dem Beschuldigten ferner die fachlich gebotene Hilfe und Betreuung anbieten oder vermitteln. Zu den Aufgaben der Haftentscheidungshilfe gehört es insbesondere,

- das soziale Umfeld zu erkunden,
- vorhandene soziale Bindungen des Beschuldigten zu ermitteln und zu festigen,
- zu prüfen, ob der Beschuldigte eine Arbeits- oder Ausbildungsstelle hat und bei fortbestehender Inhaftierung Gefahr läuft, sie zu verlieren,
- Möglichkeiten einer Wiedereingliederung im Falle der Entlassung aus der Untersuchungshaft zu klären,
- bei der Beschaffung eines Arbeits- oder Ausbildungsplatzes Hilfe zu leisten, - festzustellen, ob ein Heimplatz zur Verfügung steht, auch zum Zwecke einer Unterbringung nach §§ 71, 72 JGG,
- festzustellen, ob ambulante oder stationäre Therapieeinrichtungen bereit sind, den Beschuldigten aufzunehmen,
- bei der Geltendmachung von Ansprüchen auf Sozialleistungen und beder Regelung von Unterhaltsverpflichtungen, Wiedergutmachungsleistungen und anderen Schulden behilflich zu sein.

3. Einsatzbereiche

Die Haftentscheidungshilfe wird im Auftrag der Staatsanwaltschaft oder des Gerichts so früh wie möglich eingesetzt. Geeignet sind in der Regel Verfahren gegen

- Jugendliche und Heranwachsende, und zwar unter Beteiligung der Jugendgerichtshilfe,
- junge Erwachsende bis zur Vollendung des 24. Lebensjahres,
- Frauen, die minderjährige Kinder zu versorgen haben,
- Beschuldigte, die bisher nicht bestraft sind,
- Beschuldigte, die sich seit ihrer letzten Entlassung aus dem Strafvollzug mindestens drei Jahre lang straffrei geführt haben.

Die Staatsanwaltschaft zieht die Haftentscheidungshilfe nicht heran, wenn Verdunkelungsgefahr oder die Voraussetzungen des § 112 Abs. 3 StPO angenommen werden.

4. Arbeitsweise der Haftentscheidungshilfe

Für die Organisation und den Dienstbetrieb der Haftentscheidungshilfe gilt die Anordnung über Organisation, Aufgaben und Dienstbetrieb der Gerichtshilfe vom 24.5.1976 (Nds. Rpfl. S. 127) entsprechend. Mit der Wahrnehmung der Fachaufsicht kann der Leitende Oberstaatsanwalt einen Abteilungsleiter beauftragen.

Ist der Beschuldigte der Aufsicht und Leitung eines Bewährungshelfers unterstellt, so stimmt die Haftentscheidungshilfe ihr Vorgehen mit dem Bewährungshelfer ab.

Anhang III: Hinweise für Beschäftigungsgeber und Betroffene

Gerichtshilfe im Landgerichtsbezirk Göttingen, Waageplatz 7, 37073 Göttingen,

Geschäftsnummer: [redacted]

Hinweise für Beschäftigungsgeber und Betroffene

Dem Betroffenen darf kein Arbeitsentgelt gezahlt werden. Fahrtkostenersatz, Verpflegung, Trinkgeld oder andere geringfügige Zuwendungen sind zulässig, werden jedoch in keiner Weise vorausgesetzt. Mangels Arbeitsentgelt besteht keine Versicherungspflicht für Kranken-, Renten- oder Arbeitslosenversicherung. Während der Arbeitsleistung greift die gesetzliche Unfallversicherung ein.

Der Betroffene hat den Weisungen der Strafvollstreckungsbehörde und im Rahmen des Beschäftigungsverhältnisses den Anordnungen des Beschäftigungsgebers nachzukommen. Versäumte Arbeitszeit kann - auch wenn das Fernbleiben entschuldigt ist - nicht angerechnet werden.

Der Beschäftigungsgeber verpflichtet sich der Staatsanwaltschaft mitzuteilen, wenn der Betroffene

- ohne genügende Entschuldigung nicht zur Arbeit erscheint oder die Arbeit abbricht,
- trotz Abmahnung des Beschäftigungsgebers mit seiner Arbeitsleistung hinter den Anforderungen zurückbleibt, die üblicherweise an ihn gestellt werden können,
- gröblich oder beharrlich gegen ihm erteilte Weisungen und Anordnungen verstößt,
- durch sonstiges schuldhaftes Verhalten seine Weiterbeschäftigung für den Beschäftigungsgeber unzumutbar macht,
- aus sonstigem Grund nicht mehr weiterbeschäftigt werden kann.

Auch erklärt sich der Beschäftigungsgeber bereit, eine Bescheinigung auszustellen, sobald der Betroffene die festgesetzte Stundenzahl erfüllt hat.

Die Staatsanwaltschaft kann die Gestattung widerrufen und die Vollstreckung der Ersatzfreiheitsstrafe anordnen,

- wenn Sie ohne genügende Entschuldigung die Ihnen zugewiesene Arbeit nicht aufnehmen, wiederholt nicht zur Arbeit erscheinen oder die Arbeit abbrechen,
- wenn Sie die Arbeit nicht ordnungsgemäß leisten,
- wenn Sie gröblich oder beharrlich entweder gegen Weisungen oder Anordnungen verstoßen oder sich dem Kontakt mit der Gerichtshilfe entziehen,
- wenn Sie durch anderes schuldhaftes Verhalten Ihre Weiterbeschäftigung für die Beschäftigungsstelle unzumutbar machen oder
- wenn Sie ohne Verschulden bei der bisherigen Beschäftigungsstelle nicht mehr weiter tätig sein können und ein anderes Beschäftigungsverhältnis nicht in angemessener Zeit vermittelt werden kann.

Die Gestattung endet, wenn Sie in Untersuchungs- oder Strafhaft genommen werden.

Hochachtungsvoll

[redacted]
Gerichtshelferin

Anlage:

Hinweise für Beschäftigungsstelle und Antragsteller

Anhang IV: Betriebliche Regeln und Pflichten

Betriebliche Pflichten und Regeln

Herr/Frau .... wird von der NEUE ARBEIT BROCKENSAMMLUNG ab................................ als Mitarbeiter/in beschäftigt.

1. Die persönliche Arbeitszeit im Arbeitsbereich .... ist zur Zeit:

Montags bis Donnerstag	....Uhr
Freitag	....Uhr
Samstag	....Uhr

Bei Arbeitserprobung werden die Arbeitszeiten mündlich festgelegt.
Die vereinbarte tägliche Arbeitszeit, insbesondere deren Beginn ist pünktlich einzuhalten. Verspätungen und unentschuldigte Fehlzeiten werden von Lohn oder Gehalt abgezogen.
Angefallene Überstunden werden nicht ausgezahlt, sondern durch Freistunden abgegolten.

2. Die Mittagspause ist regelmäßig von $12.^{00}$ - $12.^{30}$ Uhr zu nehmen.

3. Bei krankheitsbedingter Arbeitsunfähigkeit ist der Abteilungsleiter sofort, spätestens morgens zu Arbeitsbeginn telefonisch über Tel.:506730 zu informieren Als Nachweis für die Arbeitsunfähigkeit ist umgehend eine ärztliche Bescheinigung ab dem ersten Krankheitstag vorzulegen; unentschuldigte Fehlzeiten werden nicht bezahlt und führen zur fristlosen Kündigung, wenn sie gehäuft vorkommen.

4. Alle Mitarbeiter haben nüchtern zur Arbeit zu erscheinen, die Einnahme von Alkohol, Tabletten (Ausnahme: bei akuten Erkrankungen auf ärztliche Anordnung) und sonstigen Drogen während oder unmittelbar vor der Arbeitszeit ist untersagt. Der/die Mitarbeiter/in ist grundsätzlich mit einer Kontrolle einverstanden. Verstöße dagegen haben arbeitsrechtliche Konsequenzen

5. Handel mit Drogen innerhalb der Einrichtung führt zur fristlosen Kündigung.

6. Androhung oder Ausübung von Gewalt im persönlichen Umgang wird nicht geduldet und fuhrt regelmäßig zur fristlosen Kündigung.

7. Unterschlagung von Gegenständen die der NEUE ARBEIT BROCKENSAMMLUNG angeboten werden oder worden sind, kann ebenso wie Diebstahl zur fristlosen Kündigung führen.

8. Die Teilnahme an theoretischem Unterricht ist entsprechend den vorgesehenen Bausteinen der Qualifizierung Bestandteil des Arbeitsvertrages.

9. Nach MTArb und BAT, § 8 ff. ist der/die Arbeitnehmer/in verpflichtet, seine/ihre Arbeitsaufgabe, die ihm zugewiesen werden ordentlich und gewissenhaft auszuführen. Insbesondere gelten folgende Pflichten:

Der/die Mitarbeiter/in sind verpflichtet:

- betriebsschädigendes Verhalten zu unterlassen, das ist alles, was den guten Ruf und die materiellen Interessen der Neuen Arbeit schädigen könnte,
- Schäden an Betriebseigentum (LKW und Transportgut) zu verhindern,
- für Nebentätigkeiten vorher die Zustimmung der Betriebsleitung einzuholen,
- das Betriebseigentum, also Räume, Möbel, Fahrzeuge, Werkzeug, Material usw. pfleglich zu behandeln.

Bei groben Verstößen gegen diese Pflichten haftet der/die Mitarbeiter/in persönlich für entstandene Schäden.

10. Der/die Arbeitnehmer/in verpflichtet sich, in Zusammenarbeit mit dem Sozialdienst alle Möglichkeiten zu verfolgen, um eine Übernahme in ein unbefristetes Arbeitsverhältnis bei einem freien Arbeitnehmer zu erreichen oder eine Umschulung/Fortbildung anzunehmen.

Der/die Mitarbeiter/in kann den Sozialdienst der Einrichtung im vorgesehenen Rahmen zur Aussprache und Beratung über persönliche Probleme in Anspruch nehmen.

Die oben genannten Regeln werden als Bestandteil meines Arbeitsvertrages verbindlich anerkannt. Die Nichteinhaltung führt in der Regel zu arbeitsrechtlichen Konsequenzen, in schweren Fällen zur Kündigung.

Göttingen am ....

Unterschrift des/der Mitarbeiters/Mitarbeiterin

Anhang V: Verordnung über die Abwendung der Vollstreckung einer Ersatzfreiheitsstrafe durch freie Arbeit vom 23.2.1993, GVBl. Mecklenburg-Vorpommern 1993, S.172-178.

Verordnung über die Abwendung der Vollstreckung einer Ersatzfreiheitsstrafe durch freie Arbeit

Vom 23. Februar 1993

GS Meckl.-Vorp.Gl.Nr.B 450-16-3

Aufgrund des Artikels 293 Abs. 1 des Einführungsgesetzes zum Strafgesetzbuch vom 2. März 1974 (BGBl. I S. 469), zuletzt geändert durch Einigungsvertrag vom 31. August 1990 (BGB1. II S. 889, 954) in Verbindung mit § 1 der Landesverordnung zur Übertragung der Ermächtigung zum Erlaß einer Verordnung nach Artikel 293 des Einführungsgesetzes zum Strafgesetzbuch vom 24. Juli 1992 (GVOBl. M-V S. 527), verordnet der Minister für Justiz, Bundes- und Europaangelegenheiten:

§ 1
Allgemeines

(1) Zur Vermeidung der Vollstreckung einer Ersatzfreiheitsstrafe kann die Strafvollstreckungsbehörde einem Verurteilten auf Antrag gestatten, eine uneinbringliche Geldstrafe durch freie Arbeit zu tilgen.

(2) Freie Arbeit im Sinne dieser Verordnung ist gemeinnützige, unentgeltliche Tätigkeit. Geringfügige finanzielle Zuwendungen an den Verurteilten zum Ausgleich von Auslagen im Zusammenhang mit der Arbeitsleistung berühren die Unentgeltlichkeit nicht.

(3) Ein Arbeitsverhältnis wird durch die Leistung der freien Arbeit nicht begründet.

§ 2
Antragsverfahren

Ordnet die Strafvollstreckungsbehörde gemäß § 459 e Abs. 1 StPO die Vollstreckung der Ersatzfreiheitsstrafe an, so weist die Strafvollstreckungsbehörde den Verurteilten zugleich mit der Mitteilung über die Anordnung der Vollstreckung der Ersatzfreiheitsstrafe darauf hin, daß er innerhalb einer bestimmten Frist einen Antrag nach § 1 Abs. 1 stellen kann. Die Vollstreckungsbehörde kann dem Verurteilten bei der Vermittlung eines Beschäftigungsverhältnisses behilflich sein und sich hierbei der Gerichtshilfe bedienen. Die Sätze 1 und 2 gelten nicht, wenn der Verurteilte sich nicht auf freiem Fuß befindet oder unbekannten Aufenthalts ist.

§ 3
Entscheidung der Strafvollstreckungsbehörde

(1) Gestattet die Strafvollstreckungsbehörde die Tilgung der Geldstrafe durch freie Arbeit, so bestimmt sie zugleich die Beschäftigungsstelle, den Inhalt der Tätigkeit, die voraussichtliche täglich Arbeitszeit und den Anrechnungsmaßstab (§ 7 Abs. 1). Die Strafvollstreckungsbehörde weist den Verurteilten zugleich auf seine Pflichten nach § 5 und auf die Rechtsfolgen nach § 6 hin.

(2) Die Strafvollstreckungsbehörde darf den Antrag nur dann ablehnen, wenn

a) Anhaltspunkte dafür vorhanden sind, daß der Verurteilte freie Arbeit nicht leisten will oder dazu in absehbarer Zeit nicht in der Lage sein wird,

b) die von dem Verurteilten vorgeschlagene Beschäftigungsstelle ungeeignet ist und ein anderes Beschäftigungsverhältnis in angemessener Zeit nicht vermittelt werden kann.

§ 4
Vollstreckung der Ersatzfreiheitsstrafe

Die Ersatzfreiheitsstrafe wird nicht vollstreckt, solange dem Verurteilten die Tilgung der Geldstrafe durch freie Arbeit gestattet ist oder über einen nach erfolgtem Hinweis fristgemäß gestellten Antrag des Verurteilten nicht entschieden ist.

§ 5
Weisungen

(1) Der Verurteilte hat den Weisungen der Strafvollstreckungsbehörde und hinsichtlich der ihm obliegenden Pflichten im Rahmen des Beschäftigungsverhältnisses den Anordnungen des Beschäftigungsgebers nachzukommen und Kontakt mit dem Gerichtshelfer zu halten.

(2) Die erforderliche Arbeitskleidung hat der Verurteilte selbst zu stellen, soweit dies bei der ausgewählten Arbeit üblich ist. Der Verurteilte hat eine für die ausgewählte Arbeit erforderliche ärztliche Untersuchung auf seine Kosten vornehmen zu lassen, sofern diese nicht von dem Beschäftigungsgeber getragen werden.

§ 6
Widerruf, Beendigung

(1) Die Strafvollstreckungsbehörde kann die Gestattung nach Anhörung des Verurteilten widerrufen, wenn er

a) ohne genügende Entschuldigung nicht zur Arbeit erscheint oder die Arbeit abbricht,

b) trotz Abmahnung des Beschäftigungsgebers mit seiner Arbeitsleistung hinter den Anforderungen zurückbleibt, die billigerweise an ihn gestellt werden können,

c) gröblich oder beharrlich gegen ihm erteilte Weisungen oder Anordnungen verstößt oder sich dem Kontakt mit dem Gerichtshelfer entzieht oder

d) durch sonstiges schuldhaftes Verhalten eine Weiterbeschäftigung für den Beschäftigungsgeber unzumutbar macht.

(2) Die Gestattung endet, wenn der Verurteilte bei dem bisherigen Beschäftigungsgeber nicht mehr weiter tätig sein kann und ein neues Beschäftigungsverhältnis in angemessener Zeit nicht zustande gekommen ist. Die Strafvollstreckungsbehörde teilt Verurteilten den Wegfall der Gestattung mit.

§ 7

Tilgung der Geldstrafe

(1) Zur Tilgung eines Tagessatzes der Geldstrafe sind sechs Stunden freie Arbeit zu leisten. In Ausnahmefällen kann die Vollstreckungsbehörde den Anrechnungsmaßstab insbesondere mit Rücksicht auf Inhalt und Umstände der Tätigkeit oder auf die persönlichen Verhältnisse des Verurteilten bis auf drei Stunden herabsetzen. Ein Ausnahmefall liegt in der Regel vor, wenn der Verurteilte als Schwerbeschädigter anerkannt ist, die Arbeit im Falle der Berufstätigkeit am Wochenende geleistet wird oder die Arbeitsleistung zur Nachtzeit erfolgt.

(2) Bleibt der Verurteilte der Arbeit fern, wird die versäumte Arbeitszeit auch dann nicht auf die Gesamtarbeitszeit angerechnet, wenn das Fernbleiben entschuldigt ist.

(3) Hat der Verurteilte die erforderliche Stundenzahl freier Arbeit geleistet, ist die Geldstrafe getilgt. Die Strafvollstreckungsbehörde teilt dem Verurteilten schriftlich mit, daß die Zahlung der Geldstrafe erledigt ist.

(4) Der Verurteilte kann jederzeit die noch nicht getilgte Geldstrafe zahlen.

§ 8

Beteiligung der Gerichtshilfe

(1) Die Strafvollstreckungsbehörde bedient sich zur Durchführung der Abwendung der Vollstreckung der Ersatzfreiheitsstrafe durch freie Arbeit der Gerichtshilfe.

(2) Diese vermittelt das Beschäftigungsverhältnis zwischen dem Beschäftigungsgeber und dem Verurteilten. Umstände, die zum Widerruf der Gestattung (§ 6 Abs. 1) oder zu ihrer Beendigung(§ 6 Abs. 2) führen können, teilt sie der Strafvollstreckungsbehörde unverzüglich schriftlich mit. Vor einem beabsichtigten Widerruf der Gestattung ist sie in jedem Fälle zu beteiligen.

(3) Die Gerichtshilfe führt ein jahrgangsweise fortlaufend numeriertes Register, in das sie für jeden Auftrag der Strafvollstreckungsbehörde die laufende Nummer, den Namen des Verurteilten, das Datum des Eingangs der Sache, die Anzahl der abzuleistenden Stunden, den Beschäftigungsgeber, das Datum der Erledigung der Sache und die Anzahl der zu diesem Zeitpunkt abgeleisteten Arbeitsstunden einträgt.

§9

Inkrafttreten

Diese Verordnung tritt am Tage nach ihrer Verkündung in Kraft.

Schwerin, den 23. Februar 1993

Der Minister für Justiz, Bundes- und
Europaangelegenheiten
Herbert Helmrich

Anhang VI: Erste Verordnung zur Änderung der Verordnung über die Abwendung der Vollstreckung einer Ersatzfreiheitsstrafe durch freie Arbeit vom 20.9.1999, GVBl. Mecklenburg-Vorpommern 1999, S.505.

Erste Verordnung zur Änderung der Verordnung über die Abwendung der Vollstreckung einer Ersatzfreiheitsstrafe durch freie Arbeit*

Vom 20. September 1999

Aufgrund des Artikels 293 Abs. 1 des Einführungsgesetzes zum Strafgesetzbuch vom 2. März 1974 (BGBl. I S. 469; 1975 I S. 1916; 1976 I S. 507), zuletzt geändert durch Artikel 2 des Gesetzes vom 26. Januar 1998 (BGBl. I S. 160) in Verbindung mit § 1 der Landesverordnung zur Übertragung der Ermächtigung zum Erlass einer Verordnung nach Artikel 293 des Einführungsgesetzes zum Strafgesetzbuch vom 24. Juli 1992 (GVOBl. M-V S. 527), verordnet das Justizministerium:

Artikel 1

Die Verordnung über die Abwendung der Vollstreckung einer Ersatzfreiheitsstrafe durch freie Arbeit vom 23. Februar 1993 (GVOBl. M-V S. 172) wird wie folgt geändert:

1. In § 2 Satz 2 werden nach dem Wort „Gerichtshilfe" die Wörter „oder eines freien Trägers der Straffälligenhilfe" eingefügt.
2. In § 5 Abs. 1 und in § 6 Abs. 1 Buchstabe c) werden nach dem Wort „Gerichtshelfer" jeweils die Wörter „oder dem freien Träger der Straffälligenhilfe" eingefügt.
3. § 8 wird wie folgt geändert:
   a) In Absatz 1 werden nach dem Wort „Gerichtshilfe" die Wörter „oder eines freien Trägers der Straffälligenhilfe" eingefügt.
   b) Absatz 2 und 3 werden wie folgt neu gefasst:

   „(2) Die Gerichtshilfe oder der freie Träger der Straffälligenhilfe vermittelt das Beschäftigungsverhältnis zwischen dem Beschäftigungsgeber und dem Verurteilten. Umstände, die zum Widerruf der Gestattung (§ 6 Abs. 1) oder zu ihrer Beendigung (§ 6 Abs. 2) führen können, teilt die Gerichtshilfe oder der freie Träger der Straffälligenhilfe der Strafvollstreckungsbehörde unverzüglich schriftlich mit. Vor einem beabsichtigten Widerruf der Gestattung ist die Gerichtshilfe oder der freie Träger der Straffälligenhilfe in jedem Fall zu beteiligen.

(3) Die Gerichtshilfe oder der freie Träger der Straffälligenhilfe führt ein jahrgangsweise fortlaufend nummeriertes Register, in das für jeden Auftrag der Strafvollstreckungsbehörde die laufende Nummer, der Name des Verurteilten, das Datum des Eingangs der Sache, die Anzahl der abzuleistenden Stunden, der Beschäftigungsgeber, das Datum der Erledigung der Sache und die Anzahl der zu diesem Zeitpunkt abgeleisteten Arbeitsstunden einzutragen sind."

Artikel 2

Diese Verordnung tritt am Tage nach ihrer Verkündung in Kraft.

Schwerin, den 20. September 1999

Der Justizminister
Dr. Harald Ringstorff

---

* Ändert VO vom 23. Februar 1993: GS Meckl.-Vorp. Gl. Nr. B 450 - 16 - 3

Anhang VII: Vereinbarung zwischen dem Projekt „Ausweg“ und der Projektstelle

Justizministerium
Mecklenburg-Vorpommern

Justizministerium Mecklenburg-Vorpommern, 19048 Schwerin

bearbeitet von: [redacted]
Telefon: [redacted]
GeschZ.: [redacted]
(Bitte bei Antwort angeben)

Schwerin, den 03. Juni 1999

Vereinbarung zwischen dem Projekt "Ausweg" und der Projektstelle

Präambel

Das Projekt "Ausweg" - Vermeidung von Ersatzfreiheitsstrafen durch freie, gemeinnützige Arbeit in Mecklenburg-Vorpommern will im Vorfeld der Vollstreckung der Ersatzfreiheitsstrafe verschiedene Formen der Vermittlung und Überwachung in freie, gemeinnützige Arbeit im Hinblick auf ihre Effizienz erproben.
Das Projekt, daß durch die Internationale Stiftung zur Förderung von Kultur und Zivilisation finanziell unterstützt wird, hat zum Ziel, einen substantiellen Innovationschub in der Sozialen Arbeit der Justiz und der freien Straffälligenhilfe, verbunden mit einer spürbaren Reduzierung des Freiheitsentzuges, zu erreichen.
Im Landgerichtsbezirk Schwerin soll die Vermittlung und Erprobung modellhaft durch einen freien Träger erprobt werden.

Zwischen dem Justizministerium Mecklenburg - Vorpommern
Demmlerplatz 14, 19053 Schwerin (Postanschrift)
Projekt "Ausweg" als Auftraggeber

und der (Trägernahme)

im folgenden Auftragnehmer genannt,

wird folgende Vereinbarung geschlossen:

§1
Gegenstand des Vertrages

Gegenstand dieses Vertrages ist es, im Rahmen des Projekts "Ausweg" die ... mit der Vermittlung und Überwachung der freien, gemeinnützigen Arbeit zur Vermeidung der Vollstreckung von Ersatzfreiheitsstrafen zu beauftragen.

Die Zuständigkeit dieser Vermittlung und Überwachung erstreckt sich auf den Landgerichtsbezirk Schwerin.

§2
Aufgabe der Vermittlungsstelle

Die Aufgaben der Vermittlungsstelle sind in der Verordnung über die Abwendung der Vollstreckung einer einer Ersatzfreiheitsstrafe durch freie Arbeit vom 23. Februar 1993 und in der Anlage 1 "Aufgaben und Standards der Vermittler in freie, gemeinnützige Arbeit" enthalten und festgeschrieben.

§3
Förderung

(1) Personalkosten

Für das Projekt "Ausweg" muß der Auftragnehmer eine Fachkraft vorhalten, die den inhaltlichen
Ansprüchen des Projekt Rechnung trägt.

Als Qualifikation ist die staatliche Anerkennung als SozialarbeiterIn/SozialpädagogeIn Voraussetzung.

Die Vergütung erfolgt in Anlehnung nach IV b BAT-O.

(2) Sachkosten

Die Sachkosten werden jahrgangsweise kalkuliert und unterliegen während des Förderzeitraumes einer Zweckbindung.

Abweichungen von den festgelegten Sachkosten sind in begründeten Ausnahmefällen möglich und bedürfen der Zustimmung des Auftraggebers.

Die Sachkosten betragen vom 01. 07. 1999 bis 30. 06. 2000 - 20.450, 00 DM.

(3) Eigenbeteiligung

Der Auftragnehmer hat sich an dem Modellprojekt mit Eigenmittel in Höhe von 4.000,00 DM zu beteiligen.

(4) Verwendungsnachweis

Der Auftragnehmer hat einen Verwendungsnachweis über die Personal- und Sachkosten zu führen und diesen halbjährlich der Projektleitung, erstmals bis zum 15. 02. 2000 für 1999, vorzulegen.

§4
Beginn

Der Vertrag tritt am 01. Juli 1999 in Kraft.

§5
Laufzeit

Der Vertrag umfaßt die Förderjahre vom 01. Juli 1999 bis 30. Juni 2000 und vom 01. Juli 2000 bis 31. Mai 2001.

§6
Kündigung

Der Vertrag kann einseitig, ohne Angabe von Gründen, sechs Wochen zum Quartalsende, gekündigt werden.

Ort/Datum Justizministerium - "Projekt Ausweg"

Ort/Datum Trägernahme

Anhang VIII: Aufgaben und Standards der Vermittler in freie, gemeinnützige Arbeit

3. Anlage

Vermittler – Geldstrafenschuldner

Persönliche Kontaktaufnahme zu der Klientel

Differenzierung der Fälle in Klienten (zu Geldstrafen verurteilte) mit und ohne Betreuungsbedarf

Vermittlung der Klientel in Beschäftigungsstellen (BBS) zur Ableistung der gem. Arbeit

Belehrung der Klientel über die Folgen der Nichtableistung der gem. Arbeit und mögliche Alternativen (Ratenzahlung etc.)

Reduzierungsmöglichkeiten in sog. Härtefällen beantragen

Ansprechpartner für die Klientel

Vermittler – Staatsanwaltschaft

Mitteilung- und Verfahrensvorschlag bei auftretenden Problemen bei der Ableistung der gem. Arbeit an die Staatsanwaltschaft

Mitteilung über Abbruch / Beendigung der Ableistung der gem. Arbeit an die Staatsanwaltschaft

Ansprechpartner für die Vollstreckungspfleger der Staatsanwaltschaft

Vermittler – Beschäftigungsstelle (BBS)

Überwachung der Ableistung der gem. Arbeit in den BBS

Systematische Kontaktpflege der BBS (Merkblätter, Gesprächskreis, Einzelberatungen)

Ansprechpartner der BBS im Einzelfall bei Beratungsbedarf bei auftretenden Problemen

Anhang IX: Vereinbarung zwischen dem Justizministerium Mecklenburg-Vorpommern – Projekt „Ausweg“ – zur Tätigkeit der Untervermittlung in freie, gemeinnützige Arbeit

Justizministerium
Mecklenburg-Vorpommern

Justizministerium Mecklenburg-Vorpommern, 19048 Schwerin

Trägername

bearbeitet von: [redacted]

Telefon: [redacted]

GeschZ.: [redacted]
(Bitte bei Antwort angeben)
Schwerin, den

Vereinbarung zwischen dem Justizministerium Mecklenburg-Vorpommern
- Projekt „Ausweg" -
zur Tätigkeit der Untervermittlung in freie, gemeinnützige Arbeit

Präambel

Das Projekt „Ausweg" - Vermeidung von Ersatzfreiheitsstrafen durch freie, gemeinnützige Arbeit in Mecklenburg-Vorpommern möchte im Vorfeld der Vollstreckung der Ersatzfreiheitsstrafe verschiedene Formen der Vermittlung und Überwachung

in freie, gemeinnützige Arbeit im Hinblick auf ihre Effizienz erproben.

Das Projekt, das durch das Justizministerium Mecklenburg-Vorpommern, den Landesverband Straffälligenhilfe e. V. und die Internationale Stiftung zur Förderung von Kultur und Zivilisation, München, getragen wird, hat zum Ziel, einen substanziellen Innovationsschub in der sozialen Arbeit der Justiz und der freien Straffälligenhilfe, verbunden mit einer spürbaren Reduzierung des Freiheitsentzuges, zu erreichen.

Neben dem schon vorhandenen Vermittler im Landgerichtsbezirk Schwerin sollen Untervermittler eingesetzt werden, um die Arbeit des Vermittlers dezentral zu unterstützen.

Zwischen dem Justizministerium Mecklenburg-Vorpommern
Demmlerplatz 14, 19053 Schwerin (Postanschrift)
- Projekt „Ausweg" -

im folgenden Auftraggeber genannt

und der

im folgenden Auftragnehmer genannt wird folgende Vereinbarung geschlossen:

§ 1
Gegenstand des Vertrages

Gegenstand dieses Vertrages ist es, im Rahmen des Projekts „Ausweg" die Vermittlung und Überwachung in freie, gemeinnützige Arbeit durchzuführen, mit der Zielstellung, Ersatzfreiheitsstrafen zu vermeiden.
Der Auftragnehmer wird neben der schon vorhandenen Vermittlungsstelle beim Diakonischen Werk Mecklenburg e. V. als Untervermittler tätig.

§ 2
Regionale Zuständigkeit

Der Untervermittler betreut folgende Bereiche:

§ 3
Aufgaben des Untervermittlers

Der Auftragnehmer benennt für die Laufzeit der Vereinbarung einen festen Ansprechpartner.

Folgende Aufgaben werden von dem Auftragnehmer wahrgenommen:

Im Verhältnis zwischen Untervermittler und Geldstrafenschuldner:

- die persönliche Kontaktaufnahme zu der Klientel
- die Differenzierung der Fälle ohne und mit besonderem Betreuungsbedarf
- die Belehrung der Klientel über die Folgen der Nichtableistung der gemeinnützigen Arbeit
- die Vermittlung in Beschäftigungsstellen
- die Überwachung der Ableistung der Arbeitsstunden
- Ansprechpartner für die Klientel

Im Verhältnis zwischen Untervermittler und Beschäftigungsstelle:

- Ansprechpartner der Beschäftigungsstelle bei auftretenden Problemen
- Kooperationen mit der Beschäftigungsstelle bei der Ableistung und Überwachung der freien, gemeinnützigen Arbeit
- neue Beschäftigungsstellen akquirieren
- Prüfung der Abrechnungen der Fachleistungsstunden und Weiterleitung an den Vermittler

Im Verhältnis zwischen Untervermittler und Vermittler:

- Information über Probleme und Beendigungsformen bei der Ableistung der freien, gemeinnützigen Arbeit
- Vorlage der Abrechnungen der Fachleistungsstunden und Fahrleistungen

§ 4
Name des Untervermittlers

Als Untervermittlerin wird   eingesetzt.

§ 5
Art, Umfang und Höhe der Förderung

Der Träger erhält für die unter § 3 genannten Aufgaben einschließlich aller personellen und sächlichen Aufwendungen 50,00 DM je Fachleistungsstunde als Zuwendung.

Für die Gewährung der Zuwendung wird die zuwendungsfähige Bearbeitungsdauer auf durchschnittlich 5 Stunden pro Vermittlungs-Einzelfall begrenzt.

Werden für den Vermittlungs-Einzelfall mehr als 5 Stunden aufgewandt, so ist ein Ausgleich von den im Einzelfall mehr geleisteten Stunden mit in anderen Vermittlungs-Einzelfällen weniger geleisteten Stunden möglich. Der sich dann ergebene Durchschnitt aller geleisteten Stunden darf jedoch 5 Stunden pro Vermittlungs-Einzelfall nicht überschreiten.

Bei Vermittlungen in die eigene Beschäftigungsstelle und bei Vermittlungen in andere Beschäftigungsstellen mit besonderem Betreuungsangebot wird die zuwendungsfähige Bearbeitungsdauer auf 2 Stunden pro Vermittlungs-Einzelfall begrenzt.

§ 6
Fachliche Anleitung

Die fachliche Anleitung erfolgt durch den Vermittler des Landgerichtsbezirkes und durch die Projektleitung.

§ 7
Laufzeit

Die Vereinbarung tritt am 01. Oktober 2000 in Kraft und endet am 30. September 2001.

§ 8
Kündigung

Der Vertrag kann von jeder Partei, ohne Angaben von Gründen, zum Ende eines Monats gekündigt werden.

Ort/Datum	Justizministerium Mecklenburg-Vorpommern - Projekt „Ausweg" -
Ort/Datum	Auftragnehmer

Anhang X: Vereinbarung zwischen Projekt „Ausweg" und Beschäftigungsstelle in Bezug auf die Ableistung der Fachleistungsstunden

Justizministerium
Mecklenburg-Vorpommern

Justizministerium Mecklenburg-Vorpommern, 19048 Schwerin

Trägername

bearbeitet von: [redacted]

Telefon: [redacted]

GeschZ.: [redacted]
(Bitte bei Antwort angeben)
Schwerin, den

Vereinbarung zwischen Projekt "Ausweg" und Beschäftigungsstelle in Bezug auf die Abrechnung der Fachleistungsstunden

Präambel

Im Rahmen des Projekts "Ausweg - Vermeidung von Ersatzfreiheitsstrafen durch freie, gemeinnützige Arbeit" hat sich herauskristallisiert, dass die Leistungsangebote herkömmlicher Einrichtungen für die Ableistung der gemeinnützigen Arbeit der besonders schwierigen Klientel oft nicht ausreichend sind.

Besonders für problembelastete Personenkreise, wie längerfristig Arbeitsentwöhnte, Personen mit Alkoholproblemen, Wohnsitzlose etc. zeigte sich im Verlauf des ersten Projektabschnittes ein erhöhter Bedarf spezialisierter Beschäftigungsstellen an.

Für die Durchführung der gemeinnützigen Arbeit, flankiert durch eine psychosoziale Betreuung problembelasteter Geldstrafenschuldner, wurde ein Fachleistungsstundenmodell entwickelt, um einen Anreiz für den erforderlichen zusätzlichen Aufwand zu schaffen. Das Fachleistungsstundenmodell ist ein Bestandteil der finanziellen Mittel, die die Internationale Stiftung zur Förderung von Kultur und Zivilisation, München, zur Verfügung stellt, mit der Erwartung, einen substantiellen Innovationsschub in der Sozialen Arbeit der Justiz und der freien Straffälligenhilfe, verbunden mit einer spürbaren Reduzierung des Freiheitsentzugs, zu erreichen.

Zwischen dem Projekt "Ausweg"
Justizministerium M - V, Demmlerplatz 14, 19053 Schwerin (Postanschrift)

und

im folgenden Beschäftigungsstelle genannt

wird folgende Vereinbarung geschlossen:

§ 1
Vermittlung

Die Vermittlung von Geldstrafenschuldnern in freie, gemeinnützige Arbeit erfolgt über Vermittlungsstellen, die in den einzelnen Landgerichtsbezirken verschiedenen Modellansätzen folgen.

§ 2
Vermittlungsstelle

Die Vermittlungsstelle vermittelt den Geldstrafenschuldner in die Beschäftigungsstelle, die unter Berücksichtigung des Einzelfalles sachgerecht erscheint.

§ 3
Betreuungsauftrag

Die Beschäftigungsstelle bemüht sich unter Ausnutzung aller Ressourcen um einen erfolgreichen Verlauf der Betreuungstätigkeit.
Die Ableistung der freien, gemeinnützigen Arbeitsstunden wird dem Geldstrafenschuldner durch die Beschäftigungsstelle bescheinigt.
Bei wiederholt auftretenden Problemen informiert die Beschäftigungsstelle den zuständigen Vermittler.

§ 4
Betreuungsvergütung

Die Beschäftigungsstelle erhält für 10 geleistete, freie, gemeinnützige Arbeitsstunden des Probanden eine Fachleistungsstunde, die pauschal mit 40 DM vergütet wird.
Mit der Vergütung der Fachleistungsstunde sind alle personellen und sächlichen Aufwendungen des Trägers abgegolten.

§ 5
Fachleistungsstunde

Fachleistungsstunden sind Arbeitsleistungen, die das Personal der Beschäftigungsstelle u. a. aufbringen muss, um den Geldstrafenschuldner zu motivieren, die Arbeit aufzunehmen, die Ableistung der freien, gemeinnützigen Stunden zu beenden, den Probanden bei persönlichen Problemen behilflich zu sein sowie eine enge Verbindung zur Vermittlungsstelle zu halten. Die Ableistung der freien, gemeinnützigen Arbeitsstunden sind dem Probanden zu bescheinigen.

§ 6
Abrechnungsmodalitäten

Die Abrechnung der Fachleistungsstunden erfolgt grundsätzlich über die zuständige Vermittlungsstelle, die die Abrechnung auf der Grundlage eines Formblattes sachlich richtig zeichnet.
Die Abrechnung erfolgt bis zum 10. des darauffolgenden Monats über die Vermittlungsstelle. Bis zum 15. des Monats sollte die Abrechnung dem Justizministerium M-V, Abt. 2, Projekt "Ausweg" vorliegen.
Bis zum 20. des Monats erfolgt die Prüfung und Überweisung des Betrages.
Bei terminlichen Überschreitungen erfolgt die Abrechnung im darauffolgenden Monat.

§ 7
Beginn

Die Vereinbarung tritt am in Kraft.

§ 8
Laufzeit

Die Vereinbarung endet am .

§ 9
Kündigung

Die Vereinbarung kann einseitig, ohne Angabe von Gründen, zum Ende eines Monats gekündigt werden.

Ort/Datum Projektleitung

Ort/Datum Beschäftigungsstelle

Justizministerium
Mecklenburg-Vorpommern

Justizministerium Mecklenburg-Vorpommern, 19048 Schwerin

Beschäftigungsstelle
mit besonderem Betreuungsangebot

bearbeitet von: [redacted]

Telefon: [redacted]

GeschZ.: [redacted]
(Bitte bei Antwort angeben)
Schwerin, den [redacted]

Formblatt
zur Abrechnung der Fachleistungstunden im Rahmen des Projekts "Ausweg"

Name/Anschrift der Beschäftigungsstelle:
(Stempel)

BLZ: ________________
Konto-Nr.: ________________
Kreditinstitut: ________________

Name des Geldstrafenschuldners: ________________
geb. am: ________________
Anschrift des Geldstrafenschuldners: ________________

Anzahl der abzuleistenden gemeinnützigen Stunden des Geldstrafenschuldners gesamt: ________________
Davon abgeleistet von bis: ________________
Anzahl der Fachleistungsstunden: ________________
(10 gem. Std. = 1 FlStd.)
(1 FlStd. = 40 DM)

Gesamtbetrag: ________________

Ort/Datum — Unterschrift (Beschäftigungsstelle)

Ort/Datum — Vermittlungsstelle (sachlich richtig)

Ort/Datum — Projekt "Ausweg" (rechnerisch richtig)

Betrag angewiesen am: ________________
Unterschrift (Projekt "Ausweg")

Anhang XI: Statuten des Vereins für Bewährungshilfe und Soziale Arbeit in der Fassung des Beschlusses der Generalversammlung vom 26.11.1999

I. ALLGEMEINES

§ 1 Name und Sitz des Vereins

Der Verein führt den Namen "Verein für Bewährungshilfe und Soziale Arbeit (VBSA)". Er hat seinen Sitz in Wien. Seine Tätigkeit erstreckt sich auf das gesamte Bundesgebiet. Er verfolgt ausschließlich gemeinnützige Zwecke im Sinne der Bundesabgabenordnung und ist nicht auf Gewinn gerichtet.

§ 2 Zweck des Vereins

Das Ziel des Vereins ist es, die Gesellschaft, die politisch Verantwortlichen und die staatliche Verwaltung für Maßnahmen zur Vermeidung von Straffälligkeit, für Alternativen zur Strafe und für die Straffälligenhilfe zu gewinnen.

Er sieht seine Aufgabe darin, die Öffentlichkeit in diesem Sinne zu beeinflussen, sich an Maßnahmen zum Schutze gefährdeter Personen und Personengruppen zu beteiligen (darunter fällt auch die wissenschaftliche Erforschung ihrer Situation und der Methoden sozialer Arbeit), sowie insbesondere Einrichtungen zu fördern und zu betreiben, die der umfassenden und integrierten Straffälligenhilfe dienen. Dazu zählen Stellen, an denen die soziale Betreuung beschuldigter, verurteilter oder haftentlassener Personen oder Unterstützung beim Ausgleich zwischen Straftätern und Geschädigten angeboten werden.

§ 3 Mittel des Vereins

(1) Der Verein strebt die Erreichung seiner Ziele insbesondere an

a) durch die Durchführung gesetzlicher Aufgaben der Straffälligenhilfe (vor allem der Bewährungshilfe in ihren verschiedenen Formen und des Außergerichtlichen Tatausgleichs) aufgrund von Vereinbarungen mit der Justiz und anderen öffentlichen Körperschaften;

b) durch die Errichtung und Führung von Einrichtungen zur Haftentlassenenhilfe, weiters durch die Durchführung unentgeltlicher Arbeitsvermittlung für vom Verein betreute Personen;

c) durch die Einrichtung und Führung von Jugend- und Bewährungshilfeheimen und die Schaffung von Unterkunftsmöglichkeiten für vom Verein betreute Personen;

d) durch die Schaffung und Förderung von Einrichtungen zur Betreuung von Alkohol- und Suchtgiftkranken;

e) durch die Beteiligung an und Einrichtung von Bildungs-, Qualifizierungs-, Beschäftigungs- und Freizeitaktivitäten, einschließlich entsprechender Wirtschaftsbetriebe;

f) durch sonstige Maßnahmen der Vorbeugung gegen Straffälligkeit;

g) durch die Mobilisierung privater Ressourcen und die Unterstützung ehrenamtlicher Mitarbeit in der Straffälligenhilfe;

h) durch Aus- und Fortbildung, die dem Vereinszweck dienen;

i) durch Forschungsprojekte, wissenschaftliche Begleituntersuchungen der sozialen Praxis, Betreuung und Beratung von wissenschaftlichen Untersuchungen von Dissertanten, Diplomanden und Studenten, sowie Kooperation mit anderen auf wissenschaftlichem Gebiet tätigen Institutionen;

j) durch sonstige Einrichtungen und Veranstaltungen, die geeignet erscheinen, den Vereinszweck zu fördern;

k) durch Information der Öffentlichkeit, Veranstaltungen, Fachvorträge und Diskussionen;

l) durch Herausgabe von Publikationen;

m) durch Zusammenarbeit mit zweckverwandten öffentlichen und privaten Organisationen des In- und Auslandes.

(2) Die finanziellen Mittel des Vereins werden aufgebracht durch:

a) Mitgliedsbeiträge

b) Spenden und Sammlungen

c) Erträgnisse oder Überschüsse aus Veranstaltungen des Vereins

d) Subventionen, Aufwandsersatz, Kostenersatz und sonstige Zuwendungen auf gesetzlicher oder vertraglicher Grundlage durch Gebietskörperschaften, andere Rechtsträger oder die Nutzer von Einrichtungen des Vereins.

(3) Die zuständigen Vereinsorgane haben dafür Sorge zu tragen, dass die Verwendung der finanziellen Mittel ausschließlich der Erreichung der gemeinnützigen Zwecke und nicht zur Gewinnerzielung erfolgt.

II. DIE MITGLIEDER

§ 4 Arten von Mitgliedschaft

(1) Der Verein hat
a) ordentliche
b) außerordentliche
c) fördernde Mitglieder.

(2) Mitglieder können natürliche und juristische Personen werden. Ein Verein kann ordentliches Mitglied des VBSA sein, sofern dies im gemeinsamen Interesse liegt und hinsichtlich Mitgliedsbeitrag und Mitwirkung in den Vereinsorganen die Gegenseitigkeit gewahrt ist. Die Feststellung der gemeinsamen Interessen obliegt dem Vorstand. Im Übrigen können juristische Personen nur fördernde Mitglieder sein; Dienstnehmer/innen des Vereins können nur außerordentliche Mitglieder sein.

(3) Wird ein ordentliches Mitglied Dienstnehmer/in des Vereins, verwandelt sich die ordentliche Mitgliedschaft am Tag des Beginns des Dienstverhältnisses in eine außerordentliche Mitgliedschaft. Hört ein außerordentliches Mitglied auf, Dienstnehmer/in zu sein, lebt die ordentliche Mitgliedschaft nicht wieder auf. In diesem Fall entscheidet der Vorstand gemäß § 5 über einen allfälligen Aufnahmeantrag.

(4) Personen, die in Einrichtungen des Vereins als ehrenamtliche Mitarbeiter/innen Betreuungsarbeit leisten, können ordentliche Mitglieder werden.

§ 5 Aufnahme von Mitgliedern

(1) Über die Aufnahme als Mitglied entscheidet der Vorstand. Die Ablehnung der Aufnahme bedarf keiner Begründung und ist dem/der Aufnahmewerber/in bekannt zu geben. Im Falle der Ablehnung von haupt- und ehrenamtlichen Mitarbeiter/inne/n hat der Vorstand diese zu begründen.

(2) Als Mitglied soll vom Vorstand nur aufgenommen werden, wer Verständnis für die Belange der sozialen Arbeit und die Vereinszwecke aufweist.

(3) Förderndes Mitglied wird, wer dazu seine Bereitschaft erklärt und den Verein durch jährliche Spenden oder andere Zuwendungen in oder über der Höhe des Mitgliedsbeitrages unterstützt.

§ 6 Rechte und Pflichten der Mitglieder

(1) Alle Vereinsmitglieder haben das Recht, über die Aktivitäten und Veranstaltungen des Vereins informiert zu werden.

(2) Alle Vereinsmitglieder sind berechtigt, an den Vorstand und an seine Ausschüsse Fragen und Vorschläge zu richten und eine außerordentliche Generalversammlung zu verlangen (vgl. § 25 Abs.2).

(3) Antrags- und Stimmrecht in der Generalversammlung haben ordentliche und außerordentliche Mitglieder, Stimmrecht haben letztere nur in Angelegenheiten, die das Statut vorsieht (vgl. § 12 Abs.3).

(4) Jedes Mitglied hat einen Mitgliedsbeitrag zu leisten, dessen Höhe von der Generalversammlung bestimmt wird. Für Mitglieder, die ehrenamtliche Betreuungsarbeit leisten, kann die Generalversammlung den Mitgliedsbeitrag herabsetzen.

(5) Jedes Mitglied hat sich nach Kräften für die Ziele des Vereins einzusetzen und vereinsschädigendes Verhalten zu unterlassen.

§ 7 Austritt aus dem Verein

Jedes Mitglied kann durch eine schriftliche Erklärung gegenüber dem Vorstand aus dem Verein austreten.

§ 8 Ausschluss eines Mitglieds

(1) Der Ausschluss eines Mitglieds bedarf eines Vorstandsbeschlusses. Der Beschluss ist dem auszuschließenden Mitglied schriftlich samt Begründung mitzuteilen.

(2) Gegen den Beschluss des Vorstandes steht dem Mitglied der Rekurs an die Generalversammlung mit aufschiebender Wirkung offen.

(3) Die Rekursfrist beträgt vier Wochen ab Zustellung des Beschlusses, wobei der Tag der Zustellung nicht mitzählt. Bei Zustellung mittels eingeschriebenen Briefes an die letzte vom Mitglied bekanntgegebene Adresse gilt die Sendung am dritten auf den Aufgabetag folgenden Werktag als zugestellt.

(4) Der Vorstand hat Rekurse, die bis zum Tag vor der Generalversammlung bei ihm einlangen, der Generalversammlung zur endgültigen Entscheidung vorzulegen.

§ 9 Sonstige Beendigung der Mitgliedschaft

(1) Die Mitgliedschaft erlischt durch Tod oder Verlust der Rechtspersönlichkeit.

(2) Die Mitgliedschaft als förderndes Mitglied erlischt mit Ablauf des auf die letzte Spende oder sonstige Zuwendung im Sinne des § 5 Abs.3 folgenden Kalenderjahres.

III. ORGANISATION

§ 10 Die Vereinsorgane

a) die Generalversammlung
b) der Vorstand
c) die Kontrolle
d) das Vereinsschiedsgericht

a) Die Generalversammlung

§ 11 Einberufung und Beschlussfähigkeit

(1) Die Generalversammlung findet einmal jährlich statt. Das Vereinsjahr ist gleich dem Kalenderjahr.

(2) Der Termin der Generalversammlung ist vom Vorstand festzusetzen und den Mitgliedern des Vereins mindestens sechs Wochen vorher schriftlich bekannt zu geben.

(3) Spätestens zwei Wochen vor der Generalversammlung hat der Vorstand den Mitgliedern die Tagesordnung der Generalversammlung schriftlich bekannt zu geben. Anträge von Vereinsmitgliedern an die Generalversammlung, die bis spätestens vier Wochen vor der Generalversammlung beim Vorstand eingelangt sind, sind dabei ebenfalls zuzustellen.

(4) Die Generalversammlung ist beschlussfähig, wenn die Hälfte der ordentlichen Mitglieder anwesend ist. Ein Vereinsmitglied gilt auch dann als anwesend, wenn es durch ein bevollmächtigtes Vereinsmitglied vertreten wird und sich dieses Vereinsmitglied auf die Vollmach beruft. Die Bevollmächtigung bedarf der Schriftform. Ein anwesendes Mitglied kann sich auf höchstens drei Bevollmächtigungen berufen. Unterbevollmächtigung ist unzulässig.

(5) Ordentliche Mitglieder können nur von ordentlichen Mitgliedern vertreten werden.

(6) Ist die Beschlussfähigkeit der festgesetzten Stunde nicht gegeben, so findet eine halbe Stunde später die Generalversammlung im selben Lokal mit derselben Tagesordnung statt. Die Generalversammlung ist in diesem Fall unabhängig von der Zahl der anwesenden Vereinsmitglieder beschlussfähig.

§ 12 *Zuständigkeit der Generalversammlung*

(1) Der Beschlussfassung durch die Generalversammlung ist vorbehalten:

a) Entgegennahme des Berichts des Vorstandes, insbesondere des Finanzberichts des Kassiers/der Kassierin, über das abgelaufene Vereinsjahr und die Entlastung des Vorstandes;

b) Entgegennahme des Berichtes der Kontrolle und deren Entlastung;

c) Wahl und Enthebung von Mitgliedern des Vorstandes und der Kontrolle;

d) Festsetzung der Mitgliedsbeiträge;

e) Bestätigung der vom Vorstand beschlossenen Geschäftsordnung und Wahlordnung für den Vorstand;

f) Änderung der Statuten und die Auflösung des Vereins;

g) Entscheidungen über Rekurse nach § 8;

h) Aufträge an die Kontrolle;

i) Entscheidungen im Sinne des § 13 Abs.3 und § 26 letzter Satz;

j) Ernennung von verdienten Mitgliedern zu Ehrenmitgliedern oder Ehrenvorsitzenden.

(2) Über Anträge auf Änderung der Statuten, Auflösung des Vereins, sowie auf Enthebung und Wahl des Vorstandes findet eine Abstimmung nur statt, wenn diese Anträge in der Tagesordnung angekündigt wurden. Beschlüsse über Statutenänderungen und über die Auflösung des Vereins bedürfen der Zweidrittelmehrheit der anwesenden Stimmberechtigten. Alle übrigen Beschlüsse werden mit einfacher Mehrheit gefällt. Bei Stimmengleichheit ist der Antrag abgelehnt.

(3) In Angelegenheiten des Absatzes 1, lit. a), c), e), f), g) und i) sind nur die ordentlichen Mitglieder wahl- und stimmberechtigt. In Angelegenheiten des Absatzes 1, lit. f) und g) sind außerordentliche Mitglieder insoweit stimmberechtigt, als ihre Rechte und Pflichten verändert werden sollen oder ein außerordentliches Mitglied vom Ausschluss betroffen ist.

§ 13 *Statutenergänzende und statutenändernde Verträge*

(1) Die Genehmigung statutenergänzender und statutenändernder Bestimmungen in Verträgen, die vom Vorstand mit dem Bundesminister für Justiz über die Durchführung der Bewährungshilfe und sonstiger vom Vereinszweck umfasster Angelegenheiten abgeschlossen werden, ist der Generalversammlung vorbehalten. Solche Bestimmungen sind ausdrücklich als statutenändernd zu bezeichnen.

(2) In solchen Verträgen kann vorgesehen werden, dass Vorstandsbeschlüsse über wichtige Angelegenheiten (z.B. die Veräußerung von Vereinsvermögen, die Aufnahme von Krediten, der Budgetvoranschlag und dergleichen) der Zustimmung des Bundesministers für Justiz bedürfen. In diesen Verträgen kann auch ein Recht des Bundesministers für Justiz vorgesehen werden, Beschlüsse des Vorstandes unter bestimmten im Vertrag bezeichneten Voraussetzungen zu beeinspruchen.

(3) Statutenergänzende und -ändernde Bestimmungen in Verträgen nach Absatz 1 und 2 sind mit ihrer Genehmigung durch die Generalversammlung Bestandteil der Statuten und gleich diesen vom Vorstand ordnungsgemäß zu hinterlegen.

(s. auch Anhang - gem.Beschluss der a.o.Generalversammlung v. 25.6.1993)

b) Der Vorstand

§ 14 Aufgaben des Vorstandes

(1) Der Vorstand leitet den Verein.

(2) Er ist für alle Aufgaben zuständig, die nicht anderen Vereinsorganen zugewiesen sind. Er entscheidet insbesondere über die Aufnahme von Mitgliedern und den Abschluss genereller arbeitsrechtlicher Vereinbarungen (Betriebsvereinbarung).

(3) Im Falle der Auflösung des Vereins obliegt dem Vorstand die Liquidation des Vereinsvermögens einschließlich seines Betriebes im Sinne des § 37 sowie unter Einhaltung allfälliger vertraglicher Verpflichtungen des VBSA.

§ 15 Zusammensetzung und Geschäftsordnung

(1) Der Vorstand besteht aus acht Mitgliedern, und zwar aus dem/der Vorsitzenden, zwei stellvertretenden Vorsitzenden, dem/der Schriftführer/in, dessen/deren Stellvertreter/in, dem/der Kassier/in und dessen/deren Stellvertreter/in und einem weiteren Mitglied. Der Vorstand gibt sich eine Geschäftsordnung.

(2) Die Vertretung im Vorsitz erfolgt nach den Grundsätzen des § 17.

§ 16 Wahl des Vorstandes

(1) Der Vorstand wird von der Generalversammlung für drei Jahre gewählt.

(2) Jedes Vereinsmitglied kann einen Einzel- oder Gesamtwahlvorschlag einbringen.

(3) Näheres über die Wahl des Vorstandes bestimmt die von der Generalversammlung zu beschließende Wahlordnung. Briefwahl ist zulässig.

§ 17 Einberufung des Vorstandes

(1) Der/die Vorsitzende beruft die Vorstandssitzung ein.

(2) Im Falle seiner/ihrer Verhinderung geht das Recht auf Einberufung des Vorstandes vorerst auf die stellvertretenden Vorsitzenden, sodann auf die übrigen Vorstandsmitglieder - jeweils in der Reihenfolge der Dauer ihrer Mitgliedschaft im Vorstand - über.

(3) Darüber hinaus können auch drei Vorstandsmitglieder gemeinsam den Vorstand einberufen.

§ 18 Beschlussfähigkeit des Vorstandes

(1) Der Vorstand ist beschlussfähig, wenn allen Mitgliedern mindestens zwei Tage vor dem Sitzungstermin eine Einladung zugegangen ist und mindestens vier Vorstandsmitglieder anwesend sind.

(2) Die Geschäftsordnung kann auch die Fassung von Umlaufbeschlüssen vorsehen. Umlaufbeschlüsse sind unzulässig, wenn ein Vorstandsmitglied eine Beratung der betreffenden Angelegenheit in der Vorstandssitzung verlangt.

§ 19 Vertretung nach außen

(1) Der Verein wird unbeschadet § 33 nach außen durch den/die Vorsitzende/n oder seinen/ihre Stellvertreter/in vertreten. Näheres bestimmt die Geschäftsordnung.

(2) Im Innenverhältnis sind diese an die Beschlüsse des Vorstandes gebunden.

§ 20 Ergänzung des Vorstandes

(1) Scheidet ein Vorstandsmitglied vor Ablauf der Funktionsperiode aus, ist die erledigte Stelle bei der nächsten Generalversammlung neu zu wählen.

(2) Sinkt die Anzahl der Vorstandsmitglieder unter fünf, ist eine (außerordentliche) Generalversammlung zur Neuwahl des Vorstandes einzuberufen.

(3) Scheiden sowohl Schriftführer/in als auch dessen/deren Stellvertreter/in aus, hat der Vorstand eine/n neue/n Schriftführer/in samt Stellvertreter/in aus der Reihe der ordentlichen Mitglieder bis zur nächsten Generalversammlung in den Vorstand zu kooptieren.

(4) Dasselbe gilt für die Stelle des Kassiers/der Kassierin.

(5) Müssten aufgrund dieser Regelung mehr als zwei Mitglieder in den Vorstand kooptiert werden, ist eine (außerordentliche) Generalversammlung zur Neuwahl des Vorstandes einzuberufen.

(6) Bis zur Neuwahl des Vorstandes nehmen die verbleibenden Vorstandsmitglieder die Aufgaben des Vorstandes wahr.

(7) Der Vorstand kann weitere zum Vorstand wählbare Mitglieder mit beratender Stimme kooptieren.

§ 21 Funktionsperiode

(1) Die Funktionsperiode der Vorstandsmitglieder dauert drei Jahre, jedenfalls aber bis zur Wahl neuer Vorstandsmitglieder.

(2) Die Funktionsperiode von zwischenzeitlich gewählten oder kooptierten Vorstandsmitgliedern dauert bis zur ursprünglich vorgesehenen Neuwahl des Vorstandes, jedenfalls aber bis zur Wahl neuer Vorstandsmitglieder.

§ 22 Beendigung der Mitgliedschaft zum Vorstand

Die Mitgliedschaft im Vorstand endet durch Rücktritte, Enthebung durch die Generalversammlung oder Neuwahl des Vorstandes, sowie durch Beendigung der Mitgliedschaft im Verein oder mit dem Eintritt in ein Dienstverhältnis zum Verein.

§ 23 Enthebung eines Vorstandsmitgliedes

(1) Der Enthebung eines Vorstandsmitgliedes durch die Generalversammlung hat die unverzügliche Neuwahl dieser Stelle zu folgen.

(2) Enthebung und Neuwahl sind nur möglich, wenn sie als Punkt der Tagesordnung enthalten waren.

§ 24 Sitzungen

Der Vorstand tritt in der Regel monatlich einmal, jedoch mindestens zehnmal jährlich zu Sitzungen zusammen.

§ 25 Einberufung der Generalversammlung

(1) Dem Vorstand obliegt die Einberufung der Generalversammlung.

(2) Der Vorstand kann die Abhaltung einer außerordentlichen Generalversammlung beschließen. Er ist hiezu verpflichtet, wenn dies ein Drittel der Gesamtzahl der ordentlichen und außerordentlichen Mitglieder verlangt.

§ 26 Besondere Beschlusserfordernisse

Beschlüsse des Vorstandes bedürfen in jenen Angelegenheiten, für die die Generalversammlung dies beschlossen hat, der Zustimmung des Bundesministers für Justiz (§ 13 Abs.2). Wird ein Vorstandsbeschluss vom Bundesminister für Justiz in den vertraglich vorgesehenen Fällen schriftlich beeinspruncht, tritt er außer Kraft.

Die betreffende Angelegenheit kann vom Vorstand einer außerordentlichen Generalversammlung vorgelegt werden, zu der auch der Bundesminister für Justiz unter Bekanntgabe der Tagesordnung schriftlich einzuladen ist. Die Generalversammlung entscheidet über die Angelegenheit endgültig.

§ 27 Bericht des/der Geschäftsführers/in

Der Vorstand hat mündliche, in wichtigen Angelegenheiten schriftliche Berichte des/der Geschäftsführers/in zu Fragen der Geschäftspolitik entgegenzunehmen und sich ein Bild über die laufende Arbeit zu machen.

§ 28 Ausschüsse des Vorstandes

Der Vorstand kann auch Ausschüsse zum Zweck seiner Beratung und der Vorbereitung von Entscheidungen einrichten. Diesen Ausschüssen kommt eine eigenständige Leitungsbefugnis nicht zu.

c) Die Kontrolle

§ 29 Organisation und Aufgaben der Kontrolle

(1) Die Kontrolle besteht aus zwei Mitgliedern. Sie werden von der Generalversammlung gleichzeitig mit dem Vorstand gewählt.

(2) Der Kontrolle obliegt die Überprüfung der Rechnungsabschlüsse.

(3) Die Mitglieder der Kontrolle sind berechtigt, an den Sitzungen des Vorstandes teilzunehmen.

(4) Die Kontrolle kann nach eigenem Ermessen oder über Auftrag der Generalversammlung die laufenden Geschäfte kontrollieren.

(5) Über die Prüfung der Rechnungsabschlüsse berichtet die Kontrolle der Generalversammlung, über die laufende Geschäftskontrolle dem Vorstand. Der Generalversammlung ist über eine laufende Geschäftskontrolle zu berichten, wenn der Vorstand festgestellte Mängel nicht behebt bzw. wenn sie den Auftrag hiezu erteilt hat.

d) Das Vereinsschiedsgericht

§ 30 Organisation und Verfahren

Streitfälle aus dem Vereinsverhältnis können (soweit sich aus den übrigen Bestimmungen des Statuts nichts anderes ergibt) vor einem Vereinsschiedsgericht ausgetragen werden. Dieses Schiedsgericht besteht aus fünf Mitgliedern, von denen jeweils zwei von jeder Verfahrenspartei gewählt werden. Vorsitzende/r des Schiedsgerichtes ist zunächst das jeweils an Lebensjahren älteste Mitglied des Vorstandes, bei dessen Verhinderung oder wenn dieses selbst Partei des Verfahrens ist, das jeweils nächstälteste Mitglied des Vorstandes. Das Verfahren wird durch schriftliche Mitteilung des/der Antragstellers/in an den/die Vorsitzende/n eingeleitet, welche bei sonstiger Unwirksamkeit den Gegenstand des Verfahrens, die andere(n) Verfahrenspartei(en) und die Namen der vom/von der Antragsteller/in gewählten zwei Schiedsrichter/innen zu enthalten hat. Der/die Vorsitzende hat dieses Schreiben der Gegenpartei mit der Aufforderung zuzustellen, sich binnen einer vom/von der Vorsitzenden zu bestimmenden, vier Wochen jedoch nicht übersteigenden Frist zum Gegenstand zu äußern und zwei Schiedsrichter/innen namhaft zu machen. Bei fruchtlosem Verstreichen der Frist bestellt der/die Vorsitzende die Schiedsrichter/innen der säumigen Partei. Als Schiedsrichter/innen kommen nur ordentliche oder außerordentliche Vereinsmitglieder entsprechend dem Mitgliederstatus der jeweiligen Verfahrenspartei in Betracht. Die vier von den Parteien gewählten Schiedsrichter/innen haben bis zum Eingehen in die Sache das Recht, eine/n andere/n Vorsitzende/n einstimmig zu bestellen. Diese/r muss ordentliches Mitglied des Vereins sein. Das Schiedsgericht beschließt, welche gesetzlich in Geltung stehende Verfahrensordnung (ZPO, AVG) es den Grundsätzen bzw. dem Sinne nach anwendet. Das Schiedsgericht soll auf einen Interessenausgleich und eine gütliche Einigung zwischen den Streitteilen hinwirken. Erforderlichenfalls entscheidet es nach bestem Wissen und Gewissen mit einfacher Mehrheit. Der Beschluss des Schiedsgerichtes ist vereinsintern unanfechtbar und endgültig.

IV. DER/DIE GESCHÄFTSFÜHRER/IN

§ 31 Geschäftsführung

Der Vorstand bedient sich bei der Geschäftsführung des Vereins eines/r Geschäftsführers/in.

§ 32 Bestellung des/der Geschäftsführers/in

(1) Der/die Geschäftsführer/in ist vom Vorstand auf bestimmte Zeit, höchstens für fünf Jahre, zu bestellen. Die Wiederbestellung ist möglich.

(2) Er/sie übt sein/ihr Amt hauptamtlich aus. Der Abschluss des Dienstvertrages mit dem/der Geschäftsführer/in obliegt dem Vorstand.

(3) Der Vorstand hat auch den oder die Stellvertreter/innen des/der Geschäftsführers/in zu bestellen.

§ 33 Vertretung nach außen

Der/die Geschäftsführer/in bzw. seine/ihre Stellvertreter/in (§ 32, Absatz 3) vertritt den Verein im Rahmen seiner/ihrer jeweiligen Aufgaben (§ 36) nach außen.

§ 34 Geschäftsführungskonzept

(1) Der Vorstand hat dem/der Geschäftsführer/in ein Geschäftsführungskonzept vorzugeben, an das der/die Geschäftsführer/in gebunden ist.

(2) Der Vorstand hat vor Erlassung des Geschäftsführungskonzeptes oder vor dessen Änderung den Beirat um eine Stellungnahme zum (Änderungs-) Entwurf zu ersuchen.

(3) Der Vorstand kann die Tätigkeit des/der Geschäftsführers/in in bestimmten Angelegenheiten an seine Zustimmung knüpfen.

§ 35 Abberufung des/der Geschäftsführers/in

(1) Der Vorstand kann aus wichtigem Grund die Bestellung eines/r Geschäftsführers/in widerrufen. Ein solcher Grund ist insbesondere grobe Pflichtverletzung oder dauernde Unfähigkeit zur ordnungsgemäßen Geschäftsführung.

(2) Unbeschadet der arbeitsrechtlichen Ansprüche des/der Geschäftsführers/in ist seine/ihre Abberufung auch möglich, wenn dies alle sieben Mitglieder des Vorstandes einstimmig beschließen.

§ 36 Aufgaben des/der Geschäftsführers/in

(1) Dem/der Geschäftsführer/in obliegt die selbstständige Erledigung aller laufenden Geschäfte im Rahmen der ordentlichen Verwaltung einschließlich des Abschlusses und der Beendigung von Arbeitsverträgen im Rahmen und aufgrund der vom Vorstand abgeschlossenen Betriebsvereinbarung.

(2) Der/die Geschäftsführer/in hat für die ordnungsgemäße Buchführung des Vereins und aller seiner Einrichtungen zu sorgen.

(3) Er/sie hat innerhalb der ersten drei Monate des Kalenderjahres dem Vorstand den Jahresabschluss über das vergangene Geschäftsjahr, die Einnahmen- und Ausgabenrechnung und den Voranschlag vorzulegen.

(4) Der/die Geschäftsführer/in hat dem Vorstand zu berichten über
   a) die beabsichtigte Geschäftspolitik und andere grundsätzliche Fragen der Geschäftsführung
   b) den Gang der Geschäfte und die finanzielle Entwicklung
   c) beabsichtigte Veränderungen in den Geschäftsbereichen, Arbeitsfeldern und Einrichtungen, deren Organisation und Leitung
   d) andere Fragen der aktuellen Entwicklung, die dies wegen ihrer Bedeutung erfordern.

(5) Auf Einladung des Vorstandes hat der/die Geschäftsführer/in den Vorstandssitzungen beizuwohnen.

(6) Er/sie ist dem Vorstand über dessen Verlangen jederzeit zur Auskunft verpflichtet.

§ 37 Auflösung des Vereins

Im Falle der Auflösung des Vereins oder bei Wegfall der begünstigten Vereinszwecke, muss sein Vermögen, so weit dies möglich und erlaubt ist, einem Rechtsträger zufallen, der gleiche oder ähnliche Zwecke, insbesondere auch im Hinblick auf die Durchführung gesetzlicher Aufgaben der Straffälligenhilfe, verfolgt und von den Finanzbehörden als gemeinnützig im Sinne der §§ 34 BAO anerkannt ist.

§ 38 Übergangsbestimmungen für Dienstnehmer-Mitglieder

Mit Inkrafttreten dieses Statuts sind jene Dienstnehmer/innen des VBSA, die bisher Vereinsmitglieder waren, als außerordentliche Mitglieder im Sinne des § 4 Abs.1 anzusehen.

§ 39 Inkrafttreten

Dieses Statut tritt mit Ablauf der Untersagungsfrist des § 6 Vereinsgesetz in Kraft. § 13 und die Bestimmungen des Anhangs (statutenergänzende und -ändernde Bestimmungen des Vertrages) sind erst mit Abschluss einer entsprechenden schriftlichen Vereinbarung mit dem Bundesminister für Justiz über die Besorgung von Aufgaben der Straffälligenhilfe anzuwenden.

Wien, 26.11.1999

Anhang

(Beschlossen in der a.o. Generalversammlung vom 25.6.1993)

gem. § 13 Abs. 3

1. Beeinspruchte Vorstandsbeschlüsse gelten ab Zugang des Einspruches als nicht gefasst; eine Wiederholung des Beschlusses ist nur mit Zustimmung des Auftraggebers zulässig.

   Ist der Vorstand des Auftragnehmers der Meinung, dem Einspruch nicht Rechnung tragen zu können, so kann er die Angelegenheit der nächsten ordentlichen oder einer zu diesem Zweck einberufenen außerordentlichen Generalversammlung zur Beschlussfassung vorlegen. Der Auftraggeber ist zu dieser Generalversammlung einzuladen, und es ist ihm Gelegenheit zu geben, der Generalversammlung seinen Standpunkt darzulegen.

2. Bei Beendigung des Vertragsverhältnisses oder Auflösung des Vereins sind alle sonstigen aus Bundesmitteln erworbenen Rechte (z.B. Mietverträge) unentgeltlich an den Bund zu übertragen. Der Auftragnehmer verpflichtet sich in diesem Fall zur Abgabe aller dafür erforderlichen Erklärungen.

Anhang XII: Generalvertrag über die Durchführung der Straffälligenhilfe durch den Verein für Bewährungshilfe und Soziale Arbeit vom 29.06.1994

GENERALVERTRAG
ÜBER DIE DURCHFÜHRUNG DER
STRAFFÄLLIGENHILFE
DURCH DEN
VEREIN FÜR BEWÄHRUNGSHILFE UND SOZIALE ARBEIT

Parteien

Diese Vereinbarung wird abgeschlossen zwischen der Republik Österreich, vertreten durch den Bundesminister für Justiz als Auftraggeber und dem Verein für Bewährungshilfe und Soziale Arbeit, vertreten durch den Vorsitzenden, als Auftragnehmer.

I. Vertragsgegenstand

Vertragsgegenstand ist die Erbringung von Leistungen im Rahmen der Straffälligenhilfe durch den Auftragnehmer.

Diese Leistungen umfassen nach Maßgabe dieses Vertrages und des Jahresplanes (Punkt I. der Allgemeinen Vertragsbedingungen über die Durchführung der Straffälligenhilfe):

Leistungskatalog

1. die von den Justizbehörden angeordneten Tätigkeiten der Bewährungshilfe (insbesondere §§ 50, 52 bis 54 StGB, §§ 180, 197, 265, 494, 494a StPO, §§ 9, 18 bis 20, 22, 40 JGG, §§ 17, 18, 20 SGG),
2. den Außergerichtlichen Tatausgleich (insbesondere §§ 29 ff BWHG, 7 ff JGG),
3. die freiwillige Bewährungshilfe (insbesondere § 27a BWHG),
4. die Haftentlassenenhilfe (insbesondere Artikel II BWHG Novelle 1980),
5. den Betrieb von Heimen (insbesondere § 13 BWHG),
6. sonstige Tätigkeiten, die in Ergänzung dieser Maßnahmen die Resozialisierung der Probanden/Klienten erleichtern, z.B. die Zurverfügungstellung von Wohnungs- und Arbeitsprogrammen, einzelfallübergreifende Aktivi-

täten, soziales Training und Therapie (insbesondere § 8 BWHG, § 52 StGB),

7. die Aus- und Fortbildung von Personen, die für den Auftraggeber sozialarbeiterisch tätig sind (insbesondere § 11 BWHG),
8. die Unterstützung anderer im Bereich der Straffälligenhilfe tätigen Dienststellen oder Einrichtungen.

II. Leistungszeitraum

1. Dieser Vertrag tritt mit 1. Juli 1994 in Kraft. Er wird auf unbestimmte Zeit abgeschlossen und kann mit einer Kündigungsfrist von 2 Jahren zum Ende eines Kalenderjahres gekündigt werden.
2. Beide Vertragsparteien haben darüber hinaus unter Einhaltung der zu 1. genannten Kündigungsfrist das Rest zur Teilkündigung dieses Vertrages hinsichtlich einzelner Leistungsbereiche (Art, Ort, Umfang) des jeweils geltenden Jahresplanes.

   Im Falle einer Teilkündigung durch eine Vertragspartei ist die Kündigungsfrist für die andere Partei für eine weiterreichende Teil- oder Gesamtkündigung zum gleichen Termin auch dann gewahrt, wenn diese Kündigung innerhalb von drei Monaten ab Zugang der Teilkündigungserklärung ausgesprochen wird.
3. Im Falle einer wesentlichen Änderung der gesetzlichen Grundlagen der Straffälligenhilfe oder der zum Zeitpunkt des Vertragsabschlusses gültigen Vereinsstatuten sowie jeder Änderung der Bestimmungen betreffend Vereinsmitgliedschaft ist die Kündigung des Vertrages oder die Teilkündigung hinsichtlich einzelner Leistungsbereiche durch den Auftraggeber zum Ende eines Kalendermonats unter Einhaltung einer zwölfmonatigen Kündigungsfrist zulässig. Dadurch bleibt die Möglichkeit einer vorzeitigen Vertragsauflösung aus wichtigem Grund für beide Vertragsparteien unberührt.

III. Allgemeine Vertragsbedingungen über die Durchführung der Straffälligenhilfe

Der Auftragnehmer anerkennt die Allgemeinen Vertragsbedingungen über die Durchführung der Straffälligenhilfe als integrierten Bestandteil dieser Vereinbarung.

IV. Bundespersonalstelle für Bewährungshilfe

Der Auftraggeber beabsichtigt, eine Bundespersonalstelle für Bewährungshilfe einzurichten. Für diesen Fall ist der Auftragnehmer zur Übernahme der Dienstaufsicht über die ihm im Sinne des § 26 Bewährungshilfegesetz zur Verfügung gestellten Beamten und Vertragsbediensteten verpflichtet.

V. Kontrolle und Aufsicht

1. Der Auftragnehmer wird dem Auftraggeber nach jeder Vorstandssitzung unverzüglich, spätestens jedoch innerhalb von zwei Wochen, ein Protokoll über die gefaßten Beschlüsse übermitteln.
2. Der Auftraggeber hat das Recht, Beschlüsse des Vorstands innerhalb einer Woche ab Zugang des Protokolls zu beeinspruchen, wenn diese nach Auffassung des Auftraggebers
   a. gesetzlichen Bestimmungen, oder
   b. diesem Vertrag widersprechen, oder
   c. den Vereinsstatuten zuwiderlaufen, oder
   d. für ihre Durchführung keine finanzielle Bedeckung vorhanden ist.
3. Beeinspruchte Vorstandsbeschlüsse gelten ab Zugang des Einspruchs als nicht gefaßt; eine Wiederholung des Beschlusses ist nur mit Zustimmung des Auftraggebers zulässig.

   Ist der Vorstand des Auftragnehmers der Meinung, dem Einspruch nicht Rechnung tragen zu können, so kann er die Angelegenheit der nächsten ordentlichen oder einer zu diesem Zweck einberufenen außerordentlichen Generalversammlung zur Beschlußfassung vorlegen. Der Auftraggeber ist zu dieser Generalversammlung einzuladen, und es ist ihm Gelegenheit zu geben, der Generalversammlung seinen Standpunkt darzulegen.

VI. Schlußbestimmungen

1. Soweit in diesem Vertrag keine abweichenden Bestimmungen getroffen sind, werden bestehende Verträge zwischen den Vertragsparteien nicht berührt.
2. Zur Beilegung allfälliges Meinungsverschiedenheiten vereinbaren beide Parteien, einen Schlichtungsausschuß einzusetzen.

   Im Anlaßfall sind von beiden Parteien je zwei Mitglieder einzusetzen, die gemeinsam eine fünfte Person zum Vorsitzenden wählen.

   Das Schlichtungsverfahren hindert nicht die Anrufung der Generalversammlung oder der Gerichte.
3. Für Streitigkeiten im Zusammenhang mit diesem Vertrag wird - soweit diese vor den ordentlichen Gerichten auszutragen sind - im bezirksgerichtlichen Verfahren die Zuständigkeit des Bezirksgerichtes Innere Stadt Wien und im Gerichtshofverfahren jene des Landesgerichtes für Zivilrechtssachen Wien vereinbart.

4. Der Auftragnehmer ist verpflichtet, statutenändernde oder -ergänzende Bestimmungen dieses Vertrages unverzüglich der Generalversammlung zur Beschlußfassung vorzulegen.
5. Jede Änderung oder Ergänzung dieses Vertrages bedarf der Schriftform.

Wien, am 29. Juni 1994

Der Bundesminister
für Justiz

Für den Verein für Bewährungshilfe
und Soziale Arbeit

ALLGEMEINE VERTRAGSBEDINGUNGEN ÜBER DIE DURCHFÜHRUNG DER STRAFFÄLLIGENHILFE

I. Jahresplan

1. Der Umfang der Leistungen (Punkt I. des Generalvertrags) und das vom Auftraggeber hiefür zu leistende Entgelt werden jährlich gesondert vereinbart (erstmalig für das Jahr 1995). Hiezu übermittelt der Auftragnehmer dem Auftraggeber für jedes Kalenderjahr im voraus einen Leistungs- und Finanzierungsvoranschlag, der die nach Punkt I. des Generalvertrags umschriebenen Leistungen nach Art, Ort und Umfang gegliedert darstellt und den jeweils dafür erforderlichen Personal- und Sachaufwand sowie dessen Finanzierung enthält. Für jene Bereiche, in denen nach den gesetzlichen Bestimmungen Förderungen für die Erbringung bestimmter Leistungen vorgesehen sind, gelten darüber hinaus die für Förderungen maßgeblichen Vorschriften des Bundes subsidiär.
2. Der Auftraggeber erteilt für die von ihm anerkannten Leistungen und Kosten seine Zustimmung (Jahresplan). Der Jahresplan umfaßt eine Bedeckungszusage unter Bedachtnahme auf zur Verfügung gestelltes Personal, Sachen und Rechte.
3. Zur Gewährleistung einer rechtzeitigen und ausreichenden Finanzierungsvorsorge gilt im einzelnen folgendes:
   a. Der Auftragnehmer hat einen den vereinbarten Richtlinien entsprechenden begründeten Leistungs- und Finanzierungsvoranschlag bis zum 30. April eines jeden Jahres an den Auftraggeber zu übermitteln.
   b. Dieser hat sich zu diesem Voranschlag bis 15. November eines jeden Jahres zu äußern.
4. Wird kein neuer Jahresplan vereinbart, so gilt der zuletzt vereinbarte, einschließlich der darin festgelegten Leistungen, wobei nicht fortgeschriebene, einmalig dotierte Projekte außer Betracht bleiben; für das Entgelt ist die im vergangenen Jahr eingetretene Entwicklung des Verbraucherpreisindex 1986 für den Sachaufwand sowie des Kollektivvertrages für Handelsangestellte hinsichtlich des Personalaufwandes zu berücksichtigen.
5. Das Entgelt ist dem Auftragnehmer in zwölf Monatsraten im voraus anzuweisen, deren jeweilige Höhe nach einem entsprechenden Antrag des Auftragnehmers durch den Auftraggeber unter Bedachtnahme auf die jeweiligen Erfordernisse (z.B. Sonderzahlungen) festzusetzen ist.

II. Budgetgrundsätze

1. Der Auftragnehmer ist verpflichtet, die zur Verfügung stehenden Mittel sparsam, wirtschaftlich und zweckmäßig zu verwenden. Insbesondere ist der Auftragnehmer zu einer Buchführung nach den Grundsätzen ordnungsgemäßer Buchführung verpflichtet.

   Insbesondere sind bei der Anschaffung von Gütern Skonti und Rabatte, wo dies möglich ist, in Anspruch zu nehmen und in die Verrechnung einzubeziehen.
   Bücher und Belege sowie sonstige Geschäftsunterlagen sind mindestens sieben Jahre sicher und geordnet aufzubewahren, wobei die Aufbewahrungsfrist mit dem Datum der Genehmigung der Jahresschlußabrechnung durch den Auftraggeber beginnt.

2. Der Auftragnehmer führt überdies eine Kostenstellenrechnung. Als Kostenstelle wird dabei jede organisatorische Einheit angesehen, wie z.B. Vereinszentrale, Geschäftsstellen einschließlich ihrer Außenstellen, Heime, sonstige Einrichtungen, Zentralstellen und Projekte. Für jede Kostenstelle ist ein Detailbudget mit einer Gliederung nach Leistungsarten gemäß Punkt I. des Generalvertrags zu erstellen.

3. Inhalt des Budgets:

   a. Das Gesamtbudget ist aus den Detailbudgets aufzubauen.

   b. Ausweis der Kostensteigerungen bei unverändert laufendem Betrieb: Bei quantitativ oder qualitativ ins Gewicht fallenden Veränderungen des Betreuungsangebotes oder Umfanges, bei Neuerrichtung von Projekten oder Einrichtungen oder bei Beendigung von Projekten sind die Kosten detailliert aufzuschlüsseln und zu begründen.

   c. Die vom Auftragnehmer zu erbringenden Leistungen sind im Vorschlag getrennt nach Leistungsbereichen (siehe Punkt 1.1. bis 8. des Generalvertrags) zu definieren.

III. Kontrolle und Aufsicht

1. Der Auftragnehmer unterliegt bei Wahrnehmung der ihm mit dem Vertrag übertragenen Aufgaben - unbeschadet seiner Verpflichtung zum Aufbau und zur Aufrechterhaltung des inneren Kontrollwesens in fachlicher und wirtschaftlicher Hinsicht - der Aufsicht des Auftraggebers. Der Auftraggeber wird die im folgenden vereinbarten Aufsichtsmittel möglichst unter Schonung der Rechte Dritter und unter Berücksichtigung der in diesem Vertrag festgelegten Ziele gebrauchen. Unbeschadet der vereinbarten Aufsichtsmittel sind die Vertragsparteien verpflichtet, bei Meinungsverschiedenheiten zu beraten und diese tunlichst einvernehmlich beizulegen.

2. Neben den folgenden Bestimmungen dienen dem Auftraggeber als Mittel für seine Aufsichts- und Kontrolltätigkeit die Einsicht in Konzepte und Richtlinien des Auftragnehmers, die Einholung von Berichten und Stellungnahmen, die Anforderung statistischer Aufzeichnungen und die allfällige Teilnahme an Leiter- und Fachtagungen und anderen einschlägigen Veranstaltungen, sowie die Information über deren Ergebnisse. Der Auftraggeber wird Richtlinien für die Durchführung der ihm obliegenden Aufsichtsund Kontrolltätigkeiten dem Auftragnehmer bekanntgeben.
   In fachlicher Hinsicht erstreckt sich die Aufsicht des Auftraggebers auf die Aufklärung einzelner Störfälle, die Kontrolle über die Qualität der vom Auftragnehmer geleisteten Arbeit, die einheitliche Durchführung sowie über die Innere Revision in diesem Bereich.
3. Der Auftragnehmer gewährt dem Auftraggeber auf dessen Ersuchen Einsicht in Bücher und Belege an Ort und Stelle. Dem Auftraggeber sind die erforderlichen Auskünfte zu erteilen. Von einer beabsichtigten Einschau ist der Geschäftsführer tunlichst vorher zu verständigen, um diesem Gelegenheit zur Teilnahme zu bieten. Vom Ergebnis der Einschau sind Vorstand und Geschäftsführung zu unterrichten.
4. Der Auftragnehmer hat für jedes Kalenderjahr einen Tätigkeitsbericht und einen Rechnungsabschluß über die gesamte Finanzgebarung zu erstellen und diese dem Auftraggeber bis spätestens 30. April des Folgejahres zu übermitteln; der Rechnungsabschluß bildet die Grundlage für die Ermittlung des endgültigen Entgeltes für das betreffende Wirtschaftsjahr. Der Rechnungsabschluß ist durch einen Wirtschaftsprüfer zu prüfen und der Prüfbericht bis zum 30. September des Folgejahres dem Auftraggeber zu übermitteln. Der Auftragnehmer ist verpflichtet, dem Auftraggeber alle damit in Zusammenhang stehenden Auskünfte zu erteilen und Einsichtnahme in die diesbezüglichen Unterlagen zu gewähren. Im Auftrag des Auftragnehmers führt der Wirtschaftsprüfer Sonderuntersuchungen durch, wenn für die Organe des Auftragnehmers ein Anlaß gegeben ist oder ein Ersuchen des Auftraggebers vorliegt.
5. Der Auftraggeber ist durch Quartalsberichte und Berichte des Wirtschaftsprüfers (Z 4) über die Tätigkeit und die wirtschaftliche Gebarung vollständig zu informieren.
6. Der Auftragnehmer wird dem Auftraggeber über die Tätigkeit der Innenrevision mittels Quartalsberichten und einem abschließenden Jahresbericht berichten und die dem Auftraggeber zusätzlich notwendig erscheinenden Informationen geben.
7. Der Auftragnehmer ist verpflichtet, in folgenden Angelegenheiten vor Beschlußfassung durch den Vorstand die Zustimmung des Auftraggebers einzuholen und zu diesem Zweck dem Auftraggeber jeweils alle für die

vollständige Beurteilung der Angelegenheit erforderlichen Unterlagen zu übermitteln:

a. die Aufnahme von Darlehen, sobald die Gesamtsumme der Darlehensbelastung S 1,000.000,- überschreitet,
b. die Bestellung der Organe der inneren Revision,
c. die Bestellung des Wirtschaftsprüfers und der der Prüfung zugrundeliegenden Prüfungsgrundsätze,
d. die Belastung oder Veräußerung von unbeweglichem Vermögen des Auftragnehmers, sowie von Inventargegenständen im Sinne des Punktes VII.3.,
e. die Änderung der zum Zeitpunkt des Vertragsabschlusses gültigen Bezügeordnung (etwa die Regelung des Entgelts, Vordienstzeitenanrechnung, Verwendungsgruppenschema) der Bediensteten des Auftragnehmers,
f. Verträge über Lieferungen und Leistungen (einschließlich Immobilien betreffend),
   aa. deren Leistungsverpflichtung einen Betrag von insgesamt S 1,000.000,- übersteigt, oder
   bb. welche Verpflichtungen ausschließlich betreffend das laufende Kalenderjahr zum Gegenstand haben, deren Aufwandsvolumen einen Betrag von S 500.000,- übersteigt, sofern für diesen Ansatz im jeweiligen Jahresplan einvernehmlich noch keine entsprechende Vorsorge getroffen wurde oder
   cc. die zu einer über das laufende Kalenderjahr hinaus wirksamen Leistungsverpflichtung des Auftragnehmers führen, deren in die Folgejahre zu übertragendes Auftragsvolumen einen Betrag von jährlich jeweils S 300.000,- übersteigt.

Wird seitens des Auftraggebers innerhalb eines Monats, im Falle der lit. e) von drei Monaten ab Zugang der Unterlagen kein Widerspruch erhoben, gilt das Vorhaben als genehmigt. Der Auftraggeber ist in den Fällen der lit. a) bis d) und f) berechtigt, innerhalb der Frist eine Verlängerung um maximal vier Wochen zu verlangen.

8. Der Auftragnehmer ist verpflichtet, neu abzuschließende Bestandverträge dem Auftraggeber zur Äußerung vorzulegen. Für bereits im Jahresplan vorgesehene Anmietungsvorhaben ist eine Äußerung des Auftraggebers binnen zwei Wochen vorgesehen. Diese Frist beginnt jedoch erst zu laufen, wenn der Auftragnehmer im Genehmigungsantrag ausdrücklich auf sie hingewiesen hat.

   Beim Abschluß von Dauerschuldverhältnissen wäre der Vertragspartner (Dritter) tunlichst zu verpflichten, sich im vorhinein mit einer allfälligen

Vertragsübernahme durch den Auftraggeber bei Beendigung des Vertragsverhältnisses zwischen Auftraggeber und Auftragnehmer oder bei Auflösung des Vereins einverstanden zu erklären.

9. Der Auftragnehmer ist verpflichtet, über das Entgelt (gemäß Jahresplan) nicht durch Zession, Anweisung oder Verpfändung zu verfügen.
10. Der Auftragnehmer ist verpflichtet, bei der Vergabe von Leistungen die für das Justizressort geltenden Vorschriften sinngemäß anzuwenden.
11. Gesetzliche Bestimmungen über die Befugnisse eines für die Führung der Geschäfte des Auftragnehmers einzusetzenden Regierungskommissärs bleiben unberührt.

IV. Hilfestellung

Der Auftraggeber wird dem Auftragnehmer im Rahmen seiner Möglichkeiten Beratung in rechtlichen Angelegenheiten geben.

V Fachaufsicht und Qualitätskontrolle durch den Auftragnehmer

1. Der Auftragnehmer hat bei Erbringung der ihm vom Auftraggeber aufgetragenen Leistungen Fachaufsicht auszuüben und für die Einhaltung der fachlichen Standards zu sorgen.
   Für seine Fachaufsicht hat der Auftragnehmer innerhalb von sechs Monaten ab Beginn des Vertragsverhältnisses Durchführungsrichtlinien zu erstellen. Diese Richtlinien haben sicherzustellen, daß innerhalb des durch die gesetzlichen Bestimmungen und die für die Erfüllung zur Verfügung stehenden Personen und Mittel gezogenen Rahmens die ihm übertragenen Aufgaben nach einheitlichen Gesichtspunkten und nach den Erkenntnissen über ihre zweckmäßigste Gestaltung durchgeführt werden.
2. Die Qualitätssicherung und Entwicklung fachlicher Standards soll den jeweils letzten Stand des allgemein anerkannten methodischen Arbeitens im sozialen Bereich, innovative organisatorische Konzeptionen, sowie kriminal- oder sozialpolitische Zielsetzungen einbeziehen.
   Der Auftragnehmer hat dafür in Abstimmung mit dem Auftraggeber die budgetären Voraussetzungen zu schaffen und für die Durchführung Sorge zu tragen.

VI. Innenrevision

1. Der Auftragnehmer hat durch eine interne Kontrollinstanz als Innenrevision die Ordnungsmäßigkeit und Effizienz der Aktivitäten laufend zu überprüfen. Der Innenrevision obliegt es insbesondere, alle Organisationseinheiten des Auftragnehmers nach den Grundsätzen der Zweckmä-

ßigkeit, Wirtschaftlichkeit und Sparsamkeit in periodischen Abständen zu überprüfen und dabei auch Vorschläge zur Verbesserung der Aufbauund Ablauforganisation zu erstatten. Der Auftragnehmer wird die Revisionsorgane nur im Einvernehmen mit dem Auftraggeber bestellen und sie unmittelbar dem Geschäftsführer unterstellen. Berichte (siehe Punkt 111.6.) der Innenrevision sind dem Auftraggeber vorzulegen.

2. Die Innenrevision hat dem Geschäftsführer des Auftragnehmers einen Jahresrevisionsplan zur Genehmigung vorzulegen. Dieser Jahresrevisionsplan ist dem Auftraggeber zur Kenntnis zu bringen.
3. Der Auftraggeber kann darüber hinaus auch außerhalb des Revisionsplan des Auftragnehmers im Bedarfsfall den Auftrag zur Durchführung von Revisionen (Sonderrevisionen) erteilen.
4. Die Grundsätze, nach denen Revisionen durchzuführen, Nachprüfungen vorzunehmen und sonstige Kontrollaufgaben zu besorgen sind, sowie die Form der Dokumentation und das Berichtswesen der Innenrevision sind im Einvernehmen mit dem Auftraggeber in einer Revisionsordnung festzulegen.

VII. Inventarliste, Rückübertragung an den Bund, Liquidation

1. Der Auftragnehmer hat über die aus Justizmitteln angeschafften Einrichtungen und Geräte ein Inventar zu führen.
2. Die inventarmäßige Erfassung der im Bundeseigentum stehenden Einrichtungen und Geräte wird wie bisher durch die jeweils örtlich zuständige Justizanstalt erfolgen.
3. Bei Beendigung des Vertragsverhältnisses oder Auflösung des Vereins hat der Auftragnehmer über Verlangen des Auftraggebers
   a. die aus Justizmitteln angeschafften Inventargegenstände mit einem Einzelwert von über S 5.000,- (Anschaffungswert) dem Bund oder einem von ihm namhaft gemachten Dritten unentgeltlich zur Übernahme anzubieten oder zum Zeitwert abzulösen sowie
   b. alle sonstigen aus Bundesmitteln erworbenen Rechte (z.B. Mietverträge) unentgeltlich an den Bund oder einen von ihm namhaft gemachten Dritten zu übertragen. Der Auftragnehmer ist in diesem Fall zur Abgabe aller dafür erforderlichen Erklärungen verpflichtet;
   c. die ihm aus Bundesmitteln zur Nutzung zur Verfügung gestellten Räumlichkeiten, und zwar auch jene, hinsichtlich derer der Auftragnehmer als Mieter aufscheint, spätestens bis zum Tage der Vertragsbeendigungen zu räumen und dem Auftraggeber - vorbehaltlich einer Regelung nach Punkt VII.3.a. dieses Vertrages - zu übergeben.

4. Im Fall einer Teilkündigung gilt Punkt 3. sinngemäß hinsichtlich der betroffenen Gegenstände und Rechte.

Wien, am 29. Juni 1994

Der Bundesminister
für Justiz

Für den Verein für Bewährungshilfe
und Soziale Arbeit

Anhang XIII: Auszüge aus der österreichischen Strafprozeßordnung

(BGBl. Nr. 631 / 1975)

§ 84 StPO

(1) Wird einer Behörde oder öffentlichen Dienststelle der Verdacht einer von Amts wegen zu verfolgenden strafbaren Handlung bekannt, die ihren gesetzmäßigen Wirkungsbereich betrifft, so ist sie zur Anzeige an eine Staatsanwaltschaft oder Sicherheitsbehörde verpflichtet.

(2) Keine Pflicht zur Anzeige nach Abs.1 besteht, wenn die Anzeige eine amtliche Tätigkeit beeinträchtigen würde, deren Wirksamkeit eines persönlichen Vertrauensverhältnisses bedarf, oder wenn und solange hinreichende Gründe für die Annahme vorliegen, die Strafbarkeit der Tat werde binnen kurzem durch schadenbereinigende Maßnahmen entfallen.

(2a) Die Behörde oder öffentliche Dienststelle hat jedenfalls alles zu unternehmen, was zum Schutz des Verletzten oder anderer Personen vor Gefährdung notwendig ist; erforderlichenfalls ist auch in den Fällen des Abs. 2 Anzeige zu erstatten.

(3) Die Anzeigepflicht der Sicherheitsbehörden bleibt unberührt.

§ 152 StPO

(1) Von der Verbindlichkeit zur Ablegung eines Zeugnisses sind befreit:

[...]

5. Psychiater, Psychotherapeuten, Psychologen, Bewährungshelfer, Mitarbeiter anerkannter Einrichtungen zur psychosozialen Beratung und Betreuung sowie Mediatoren, die im Sinne des Art. XVI Kindschaftsrechts-Änderungsgesetz 2001 zwischen, wenngleich bloß möglichen, Parteien eines Pflegschaftsverfahrens oder ihren gesetzlichen Vertretern oder im Sinn des § 99 Abs. 1 Ehegesetz zwischen Ehegatten vermitteln, über das, was ihnen in dieser Eigenschaft bekannt geworden ist; [...]

SCHRIFTEN ZUM STRAFRECHT UND STRAFPROZESSRECHT

Herausgegeben von Manfred Maiwald

Band 1 Christian-Peter Frees: Die steuerrechtliche Selbstanzeige. Zur kriminalpolitischen Zweckmäßigkeit des § 371 AO. 1991.

Band 2 Norbert Joachim: Der Hörensagenbeweis im Strafverfahren. 1991.

Band 3 Alfred A. Göbel: Die Einwilligung im Strafrecht als Ausprägung des Selbstbestimmungsrechts. 1991.

Band 4 Karl-Heinz Vehling: Die Abgrenzung von Vorbereitung und Versuch. 1991.

Band 5 Heiko Hartmut Lesch: Das Problem der sukzessiven Beihilfe. 1992.

Band 6 Dirk Schwerdtfeger: Besondere persönliche Unrechtsmerkmale. 1992.

Band 7 Stefan Göhring: Polizeiliche Kontrollstellen und Datenverarbeitung. § 163 d StPO und novellierte Polizeigesetze der Länder zwischen Strafverfolgung, Gefahrenabwehr und vorbeugender Straftatenbekämpfung. 1992.

Band 8 Werner Kemper: Horizontale Teilrechtskraft des Schuldspruchs und Bindungswirkung im tatrichterlichen Verfahren nach der Zurückverweisung. §§ 353, 354 Abs. 2 StPO. 1993.

Band 9 Ovvadias Namias: Die Zurechnung von Folgeschäden im Strafrecht. 1993.

Band 10 Jan Zopfs: Unfallflucht bei eindeutiger Haftungslage? Unverzüglichkeitsgebot und Wahlmöglichkeit in § 142 Abs. 2 und 3 StGB. 1993.

Band 11 Stefan Hiebl: Ausgewählte Probleme des Akteneinsichtsrechts nach § 147 StPO. 1994.

Band 12 Ralf Krack: List als Straftatbestandsmerkmal. Zugleich ein Beitrag zu Täuschung und Irrtum beim Betrug. 1994.

Band 13 Henning Radtke: Zur Systematik des Strafklageverbrauchs verfahrenserledigender Entscheidungen im Strafprozeß. 1994.

Band 14 Bernd J. A. Müssig: Schutz abstrakter Rechtsgüter und abstrakter Rechtsgüterschutz. Zu den materiellen Konstitutionskriterien sog. Universalrechtsgüter und deren normentheoretischem Fundament – am Beispiel der Rechtsgutsbestimmung für die §§ 129, 129a und 324 StGB. 1994.

Band 15 Heinz Koriath: Über Beweisverbote im Strafprozeß. 1994.

Band 16 Burkhard Niepoth: Der untaugliche Versuch beim unechten Unterlassungsdelikt. 1994.

Band 17 Karsten Altenhain: Die Strafbarkeit des Teilnehmers beim Exzeß. 1994.

Band 18 Ina Walbaum: Schuldspruch in der Revisionsinstanz nach freisprechendem Urteil des Tatgerichts. 1996.

Band 19 Birgit Dalbkermeyer: Der Schutz des Beschuldigten vor identifizierenden und tendenziösen Pressemitteilungen der Ermittlungsbehörden. 1994.

Band 20 Thomas Hackner: Der befangene Staatsanwalt im deutschen Strafverfahrensrecht. 1995.

Band 21 Hartmut Loritz: Kritische Betrachtungen zum Wert des strafprozessualen Zwischenverfahrens. 1996.

Band 22 Heinz-Hermann Berghof: Therapie und Strafe im Betäubungsmittelrecht. Recht und Wirklichkeit der Behandlung Drogenabhängiger unter besonderer Berücksichtigung der §§ 35 ff BtMG. 1995.

Band 23 Oliver Mertens: Strafprozessuale Grundrechtseingriffe und Bindung an den Wortsinn der ermächtigenden Norm. 1996.

Band 24 Sönke Bahnsen: Das Akteneinsichtsrecht der Verteidigung im Strafverfahren. Dogmatische Grundlagen und Einzelprobleme im Lichte einer rechtsstaatlichen Verfahrensgestaltung. 1996.

Band 25 Dirk Schwieger: Der Vorteilsbegriff in den Bestechungsdelikten des StGB. 1996.

Band 26 Stephanie Meinecke: Die Auswirkungen von Verfahrensfehlern auf die Strafbarkeit nach den Aussagedelikten. 1996.

Band 27 Ute Lambrecht: Strafrecht und Disziplinarrecht. Abhängigkeiten und Überschneidungen. 1997.

Band 28 Carsten Momsen: Verfahrensfehler und Rügeberechtigung im Strafprozeß. Die Strukturen der Revisionsberechtigung unter besonderer Berücksichtigung des Begriffs "Rechtsnormen, die lediglich zugunsten des Angeklagten gegeben sind" in § 339 StPO. 1997.

Band 29 Ursula Epp: Die Abgeordnetenbestechung – § 108 e StGB. 1997.

Band 30 Bernd Scheiff: Wann beginnt der Strafrechtsschutz gegen kriminelle Vereinigungen (§ 129 StGB)? 1997.

Band 31 Ulrike Fontaine: Max Grünhut (1893-1964). Leben und wissenschaftliches Wirken eines deutschen Strafrechtlers jüdischer Herkunft. 1998.

Band 32 Claudia Keiser: Das Kindeswohl im Strafverfahren. Zur Notwendigkeit eines am Kindeswohl orientierten Umgangs mit minderjährigen Opfern und Zeugen, den Möglichkeiten de lege lata und den Erfordernissen de lege ferenda. 1998.

Band 33 Wiebke Schürer-Mohr: Erlaubte Risiken. Grundfragen des "erlaubten Risikos" im Bereich der Fahrlässigkeitsdogmatik. 1998.

Band 34 Stephan Voigtel: Zum Freibeweis bei Entscheidungen der Strafvollstreckungskammer. Eine Untersuchung zu ausgewählten Fragen des Beweisrechts im gerichtlichen Verfahren in Strafvollstreckungs- und Strafvollzugssachen. 1998.

Band 35 Volkmar Wißgott: Das Beweisantragsrecht im Strafverfahren als Kompensation der richterlichen Inquisitionsmaxime. Die Judikatur des Reichsgerichts zum strafprozessualen Beweisrecht. 1998.

Band 36 Susanne Merz: Strafrechtlicher Ehrenschutz und Meinungsfreiheit. 1998.

Band 37 Uwe Schlömer: Der elektronisch überwachte Hausarrest. Eine Untersuchung der ausländischen Erfahrungen und der Anwendbarkeit in der Bundesrepublik Deutschland. 1998.

Band 38 Michael Liedke: Die Vermögensstrafe gemäß § 43a StGB in ihrer kriminalpolitischen Bedeutung. 1999.

Band 39 Danja Domeier: Gesundheitsschutz und Lebensmittelstrafrecht. Zur Konkretisierung der Verkehrspflichten und ihrer Strafbewehrung, insbesondere mit Blick auf §§ 8 ff. LMBG. 1999.

Band 40 Ritva Westendorf: Die Pflicht zur Verhinderung geplanter Straftaten durch Anzeige. Eine kritische Betrachtung der §§ 138, 139 StGB im Kontext der Unterlassungsdelikte. 1999.

Band 41 Hans Theile: Tatkonkretisierung und Gehilfenvorsatz. 1999.

Band 42 Nicole Lange: Vorermittlungen. Die Behandlung des staatsanwaltschaftlichen Vorermittlungsverfahrens unter besonderer Berücksichtigung von Abgeordneten, Politikern und Prominenten. 1999.

Band 43 Tanja Gunder: Der Umgang mit Kindern im Strafverfahren. Eine empirische Untersuchung zur Strafverfolgung bei Sexualdelinquenz. 1999.

Band 44 Sven-Markus Thiel: Die Konkurrenz von Rechtfertigungsgründen. 2000.

Band 45 Jan Schlüter: Die Strafbarkeit von Unternehmen in einer prozessualen Betrachtung nach dem geltenden Strafprozeßrecht. 2000.

Band 46 Detlef Heise: Der Insiderhandel an der Börse und dessen strafrechtliche Bedeutung. Eine Untersuchung des neuen deutschen Insiderrechts speziell unter Bezugnahme auf die strafrechtstheoretischen und strafrechtsdogmatischen Grundlagen. 2000.

Band 47 Hermann Wichmann: Das Berufsgeheimnis als Grenze des Zeugenbeweises. Ein Beitrag zur Lehre von den Beweisverboten. 2000.

Band 48 Rainer T. Cherkeh: Betrug (§ 263 StGB), verübt durch Doping im Sport. 2000.

Band 49 Kristian Hohn: Die Zulässigkeit materieller Beweiserleichterungen im Strafrecht. Eine Untersuchung über Erscheinungsformen und Grenzen der Lösung beweisrechtlicher Probleme im materiellen Strafrecht. 2000.

Band 50 Malte Rabe von Kühlewein: Der Richtervorbehalt im Polizei- und Strafprozeßrecht. 2001.

Band 51 Donata Meinecke: Die Gesetzgebungssystematik der Versuchsstrafbarkeit von Verbrechen und Vergehen im StGB. 2001.

Band 52 Joachim Bock: Begriff, Inhalt und Zulässigkeit der Beweislastumkehr im materiellen Strafrecht. 2001.

Band 53 Gabriele Rose: Grenzen der journalistischen Recherche im Strafrecht und Strafverfahrensrecht. 2001.

Band 54 Wiebke Reitemeier: Täuschungen vor Abschluß von Arbeitsverträgen. Zum Verhältnis zwischen dem Straftatbestand des Betrugs und dem Anfechtungsrecht wegen arglistiger Täuschung (§§ 263 Abs. 1 StGB, 123 Abs. 1 Alt. 1 BGB). 2001.

Band 55 Peter Rackow: Das DNA-Identitätsfeststellungsgesetz und seine Probleme. 2001.

Band 56 Frank Zschieschack: Geiselnahme und erpresserischer Menschenraub (§§ 239a, 239b StGB) im Zwei-Personen-Verhältnis. 2001.

Band 57 Natascha Sëyfi: Das Sicherungsverfahren (§§ 413 - 416 StPO). 2002.

Band 58 Dirk Seiler: Die *Sperrwirkung* im Strafrecht. 2002.

Band 59 Dorothee Sydow: Die actio libera in causa nach dem Rechtsprechungswandel des Bundesgerichtshofs. 2002.

Band 60 Inga Metrikat: Die Unterbringung in einer Entziehungsanstalt nach § 64 StGB – Eine Maßregel im Wandel? Eine vergleichende, empirische Untersuchung zur Entscheidung des Bundesverfassungsgerichts vom 16.03.1994, BVerfGE 91, 1 ff. 2002.

Band 61 Sabine Caroline Bechtoldt: Die Erledigungserklärung im Maßregelvollzug des § 63 StGB. Eine empirische Untersuchung der Erledigungserklärung und zugleich rechtsdogmatische Erörterung ihrer Rechtskraftproblematik. 2002.

Band 62 Sandra Schulte-Nover: Strafrichter in Deutschland und England. Ein systematischer Rechtsvergleich im Hinblick auf die richterlichen Kompetenzen im Strafverfahren. 2003.

Band 63 Tim Schurig: Belehrung und Beratung des Beschuldigten über sein Aussageverhalten. Eine gemeinsame Aufgabe von Gericht und Verteidigung? 2003.

Band 64 Markus Laski: Die strafrechtlichen Bezüge des Bundes-Bodenschutzgesetzes. 2003.

Band 65 Gunnar Lüer: Die Versäumung im Berufungsverfahren. Das strafprozessuale Anwesenheitsprinzip im Spannungsfeld von autonomer Subjektstellung und öffentlichen Interessen am Beispiel des § 329 Abs. 1,2 StPO. 2003.

Band 66 Thomas Grützner: Die Sanktionierung von Submissionsabsprachen. Eine Untersuchung der bestehenden Möglichkeiten einer Bekämpfung von Submissionsabsprachen unter besonderer Berücksichtigung des § 298 StGB. 2003.

Band 67 Bettina Noltenius: Kriterien der Abgrenzung von Anstiftung und mittelbarer Täterschaft. Ein Beitrag auf der Grundlage einer personalen Handlungslehre. 2003.

Band 68 Bettina Kraft: Tendenzen in der Entwicklung des Jugendstrafrechts seit der Jugendgerichtsbewegung. 2004.

Band 69 Jessica Däbritz: Die Bestimmung strafbaren fahrlässigen Verhaltens in der Forschung am Beispiel ärztlicher Humanerprobungen. Ein Beitrag zur methodischen Ermittlung und inhaltlichen Bestimmung von Sorgfaltspflichten in der Humanforschung. 2004.

Band 70 Maike Steenbock: Über die Unfallflucht als Straftat. Eine kritische Untersuchung zum Zusammenhang der Strafbarkeit der Unfallflucht mit den Besonderheiten des Straßenverkehrs. 2004.

Band 71 Holger Mann: Beschleunigungspotential im Jugendstrafverfahren. 2004.

Band 72 Dorothee Krutisch: Strafbarkeit des unberechtigten Zugangs zu Computerdaten und -systemen. 2004.

Band 73 Heinz-Helmut Fuhrmann: Das Begehen der Straftat gem. § 25 Abs. 1 StGB. Unter besonderer Berücksichtigung der sogenannten "eigenhändigen" Delikte. 2004.

Band 74 Gerwin M. Moldenhauer: Eine Verfahrensordnung für Absprachen im Strafverfahren durch den Bundesgerichtshof? 2004.

Band 75 Dirk Busch: Konzernuntreue. Eine Untersuchung spezifischer Untreuestrafbarkeit innerhalb von Konzernverbindungen mit Aktiengesellschaften und Gesellschaften mit beschränkter Haftung. 2004.

Band 76 Mitsuru Iijima: Die Entwicklung des strafrechtlichen Unrechtsbegriffs in Japan. Eine kritische Betrachtung aus strafrechtsdogmatischer und rechtsphilosophischer Perspektive. 2004.

Band 77 Lena Barbara Kötter: Private Elemente in der Strafvollstreckung. Zur Privatisierung von Bewährungshilfe, Gerichtshilfe und gemeinnütziger Arbeit. 2004.

www.peterlang.de

FSC
www.fsc.org
MIX
Papier | Fördert gute Waldnutzung
FSC® C083411

Kolibri 360 GmbH
Ferdinand-Jühlke-Straße 7
99095 Erfurt, Deutschland
produktsicherheit@kolibri360.de

Druck:
CPI Druckdienstleistungen GmbH
im Auftrag der
Kolibri 360 GmbH
Ferdinand-Jühlke-Str. 7
99095 Erfurt